本书系2020年度教育部人文社会科学研究青年基金项目"智慧学习空间对大学生外语自主学习的影响及作用机制研究：技术接受的视角"（项目批准号：20YJC740047）研究成果

|国|研|文|库|

混合学习空间视域下的大学英语教学研究

潘孝泉 ——— 著

光明日报出版社

图书在版编目（CIP）数据

混合学习空间视域下的大学英语教学研究 / 潘孝泉著. --北京：光明日报出版社，2021.6
ISBN 978-7-5194-6092-1

Ⅰ.①混… Ⅱ.①潘… Ⅲ.①英语—教学研究—高等学校 Ⅳ.①H319.3

中国版本图书馆 CIP 数据核字（2021）第 086218 号

混合学习空间视域下的大学英语教学研究
HUNHE XUEXI KONGJIAN SHIYU XIA DE DAXUE YINGYU JIAOXUE YANJIU

著　　者：潘孝泉	
责任编辑：朱　宁	责任校对：傅泉泽
封面设计：中联华文	责任印制：曹　净

出版发行：光明日报出版社
地　　址：北京市西城区永安路 106 号，100050
电　　话：010-63169890（咨询），63131930（邮购）
传　　真：010-63131930
网　　址：http://book.gmw.cn
E - mail：gmcbs@gmw.cn
法律顾问：北京德恒律师事务所龚柳方律师
印　　刷：三河市华东印刷有限公司
装　　订：三河市华东印刷有限公司
本书如有破损、缺页、装订错误，请与本社联系调换，电话：010-63131930

开　　本：170mm×240mm	
字　　数：238 千字	印　张：17
版　　次：2021 年 6 月第 1 版	印　次：2021 年 6 月第 1 次印刷
书　　号：ISBN 978-7-5194-6092-1	

定　　价：95.00 元

版权所有　　翻印必究

前　言

网络技术的发展给教育教学带来了全新的机遇与挑战。在以网络技术为基本特征的教育生态学中，技术构成了一个重要的空间。人们期望使用技术可以强化传统课堂语言教学的同时，还可以将语言教育延伸到课堂之外，创设基于技术的自主学习型课外语言学习第二课堂。因此，我们应鼓励和支持技术在语言教学与学习中的作用，并且期待最大限度地发挥技术在语言教学与学习中的潜力。传统的语言教学研究往往更关注基于教室的正式学习。不可否认，教室作为一种实体空间，是学生知识建构和学习发生的主要场所。但随着网络技术的发展，在线学习、电子学习等新型学习途径拓展了学习时间与空间，使得教室不再成为唯一的学习场所。非正式学习已成为一种新的学习方式，它通常不依赖于课堂，结构形式相对灵活，学习者可以根据个人兴趣和需求自我掌控学习。从现实来看，无论哪种学习形式都无法真正满足学习需要，而基于教室的正式学习与基于网络的非正式学习的融合成为必然，由此，真实学习空间与虚拟学习空间的融合研究、线上线下混合式学习研究等应运而生。

网络技术环境下，学习空间的研究广受关注。学习空间是一种能让学习者开放获取、自由参与、互动交流的环境，它既包括实体空间也包括虚拟空间。通过梳理文献，我们可以发现，依据学习空间的不同特征、设计原则等，学者们把学习空间分为多个种类，比如技术增强的空间、以学生为中心的学习空间、交互式空间等。从区分个体学习与小组合作学习角度，总体上可以将其归类为个人学习空间和共享学习空间。毕家娟和杨现民（2014）认为，个人学习空间聚焦于以学习者为中心的专业知识的联结，通过将不同学习情境（正式、非正式）的学习网络关联、汇聚，再由学习者自下而上进行有效整合，实现学习者的自由调度，允许学习者在分布式学习环境中进行自如的学习活动。共享学习空间建立在共享的信息资源基础上，具有交互性、协作性特征，通过多维的交互工具，师生之间、生生之间开展社会性交互，并且实现教师与资源、学生与资源之间的交互。

在教育研究领域，教师在帮助引领学生进行知识学习与建构中的作用一直以来都是一个核心的研究主题。网络技术环境下，教师在教学中的作用关键在于实现技术与教学的有效融合。作为教师信息素养的一部分，教师在大多数情况下都需要使用技术工具。随着技术的发展，技术对教学发挥着持续的影响，人们对教师利用技术优势开拓教学途径的期望也会上升，这将导致教师体验到必须尽可能地利用现代教育技术，在教学内容、教学设计、教学方法和技术融合之间实现无缝对接（Sugar, Crawley, Fine, 2004）。实际上，在很大程度上，这种对接取决于教师在教学中使用技术的意愿。从文献资料来看，教师对利用技术开展教学还存在一定的问题和障碍。例如，潘孝泉（2011）讨论了中学英语教学过程中多媒体技术应用的误区。多媒体技术应用仅仅被当作一种知识呈现的工具，很多教师花大量的时间设计多媒体课件，但在课堂上却是一股脑儿把知识呈现给学生，教师成了课件的"放映员"，严重忽视了外语教学中的师生语言互动。在大学英语教学中，这种情况也是屡见不鲜。Jones（2004）认为，教师在教学中实现教学与技术有效整合的障碍主要在于缺乏技术支持、教师自身缺乏自信以及教师缺乏对在教学中使用技术优势的认识。Birch 和 Burnett（2009）指出，在课程设计和授课方法上缺乏明确的技术指导是教师创设基于技术的学习环境的主要障碍。Lim 和 Khine（2006）发现，教师在课堂上对技术的使用仍然缺乏足够的认识，而且教师没有有效地使用技术。

众所周知，教师在教学和指导学生学习方面起着关键性的主导作用。就技术使用而言，教师决定着在课程设计和教学中使用技术工具的类型、方式、频率和数量。虽然看起来技术整合是网络技术环境下教师素养的基本要求，但是教师在其专业领域内对其使用技术的意图和实际使用技术的行为具有完全的自主性（Kiraz & Ozdemir, 2006）。随着技术的快速发展，教师可能面临着更大的使用各种技术工具来进行课程设计与教学实践的压力。此外，面对越来越精通技术的学生群体的隐性期待，将技术融入教学过程是教师的必然选择（Teo, 2015）。许多研究者（比如，Gibson et al., 2014; Teo, 2011）指出，任何将技术融合到课堂教学中的举措都很大程度上依赖于教师自身对技术的接受度。他们认为，如果教师不相信使用网络技术能满足他们自己和学生的需要，就很可能会避免使用技术来开展教学实践。研究者发现，预测教师使用技术意愿的一个重要因素是他们对技术使用的态度（Teo, 2009），由此，技术接受（Technology Acceptance）模型常用于测量教师以及学生对于技术使用的行为意向。

本专著八个章节，构成一个有机的整体，从整体上对基于技术的混合学习空间视域下的大学英语教学进行较为全面而深入的研究和探索。

第一章绪论部分，主要介绍了研究背景、相关概念内涵、研究目的与意义。高校大学英语教学改革以及网络技术高度发展给大学英语教学改革带来巨大影响，传统大学英语教学已不适应现有的教学要求。在此研究背景下，网络技术与大学英语教学的整合已经成为一种趋势和必然选择。相关概念内涵介绍了学习空间、混合式学习、大学英语教学等，目的在于突出网络技术视域下的大学英语教学的内涵特征。研究目的与意义突出强调了在网络技术视域下大学英语教学在教学内容改革、教学与学习方法改革、课程过程性评价体系、有效学习空间创设机制、基于网络技术的课内外教学、解放学生话语权等方面对当前大学英语教学改革与实践产生的借鉴意义。

第二章为有关学习空间、混合式学习、混合学习空间视域下的大学英语教学改革的国内外相关研究概览。本章首先对学习空间开展研究概述，主要包括学习空间的内涵与特征研究、学习空间的构建研究、学习空间的应用研究。本章针对混合式学习的国内外研究综述，突出了混合式学习的理论基础研究、混合式学习的资源建设研究、混合式学习系统设计、学习模式开发研究、混合式学习效果评价研究、混合式学习的应用研究以及国外对于混合式学习的研究侧重点。本章在基于技术的大学英语教学改革方面，突出了现代教育技术与大学英语教学的整合。

第三章是关于混合学习空间视域下的大学英语教学的理论基础。主要从社会学习理论、自主学习理论和建构主义理论方面展开。这些已有的前人研究理论基础是构建本研究的理论框架和导向。

第四章主要探讨了混合学习空间视域下的大学英语教学模式。本章先从基于网络技术的大学英语自主学习型课程设计与实践入手，探讨了网络技术条件下的大学英语学习自主性以及大学英语自主学习型课程的设计与实践。其次，本章探讨了混合学习空间视域下基于问题的大学英语教学模式，结合教学实际，紧紧围绕"基于问题"这一核心要素，探索构建新的大学英语教学模式的可行性。再次，本章探讨了学习空间视域下的任务型混合式大学英语教学模式。任务型教学法是大学英语教学普遍采用的方法，而且已经被证明是一种适合中国大学英语教学环境的教学方法。将任务型教学法与基于学习空间的混合式教学进行整合，是构建新的大学英语教学模式的一种有意义的探索。最后，本章对基于自主学习理论的大学英语阅读教学进行探索，试图进一步丰富混合学习空间视域下的大学英语教学模式。

第五章探讨了混合学习空间视域下的角色定位。本章在讨论教师角色定位时，突出体现了混合学习空间视域下教师作为混合学习课程的设计者、混合式学习活动的组织者以及混合式学习活动的管理者与监督者的角色定位。学生的角色定位主要体现为混合学习空间视域下学生的角色适应、需具备的进行技术整合的角色素养和学生的主体性问题。教师的教学指导定位在于开展学习空间设计时所需要考虑的教学法问题，要能够根据不同的教学法进行灵活的调整和变化，要能综合支持课堂听讲、自主探究和协作的学习方式，同时还要支持课外移动学习和泛在学习方式，通过微翻转课堂和教师在线反馈实现教师指导定位转变。

第六章探讨了技术视域下大学英语教与学的影响因素与策略保障。首先，本章探讨了影响大学生开展基于技术的外语自主学习的因素。其次，主要讨论了技术视域下大学英语教学的技术保障，包括虚拟技术平台、智能教育与电子学习以及人工智能。学校的网络支持以及随着博客、社交网络、云计算等技术的快速发展，互联网用户的交互、来自企业和政府信息以及物联网传感器实时信息等可以生成大量的结构化和非结构化数据。这些数据大量分散在互联网网络系统中，包含了非常有价值的大学英语教学与学习的素材。总而言之，就是社会交互环境为混合学习空间视域下的大学英语教学提供了智慧环境支持。最后，本章探讨了教师专业发展。只有教师掌握了技术，并且乐意接受技术给大学英语教学带来的便利性、易用性和有用性，才能进一步促进混合式大学英语教学的开展。这也是从教师专业发展角度出发来探索技术保障的一个环节。

第七章讨论了混合学习空间视域下的大学英语教学实践与反思。本章首先结合教学实践案例，针对混合学习空间视域下的大学英语教学实践开展实证研究，探索相关的教学模式、教学过程，并对混合学习空间视域下的大学英语学习效果进行分析，以期能够对混合学习空间视域下的大学英语教学改革实践带来新的思考。其次，本章结合教学实践，对大学英语教学开展行动研究，构建了"融合跨文化能力培养的大学英语教学模式"，分析和探索了在大学英语课程上实施的教学改革过程和效果。在构建跨文化能力培养的过程中，我们着重采用了三种建构主义的教学方法，即以内容为依托的教学方法、探究式教学方法和交互式教学方法。这些方法为提高大学英语教学实践、促进学生进行个性化、有意义的学习过程奠定了基础。最后，本章还详细探讨了教学反思与文化差异，以期为大学英语教学反思提供一定的参考。

第八章探讨了大学英语教学改革与实践的趋向，主要阐述了发展性评价视域下学生外语主体能力的培养。技术环境背景下，混合式大学英语学习必然要求培养学生的外语主体能力，调动学生学习与个体发展的主体性。本章结合技术环境，阐述了外语教学的批判性思维视点。批判性思维的教学启示在于充分利用技术环境开展对话型教学，发展批判性外语思维文化，构建基于技术接受视角的外语批判性思维，强调教与学应以学生为主体，把获取知识的主动权还给学生，从根本上改变学生在教学过程中消极、被动的地位。本章还从回归对话角度探讨了外语语言符号控制的解构，以及构建文化差异背景下的反思型教学。

本专著具有两个特点。(1) 具有创新的研究视角和研究方法。本专著将大学英语教与学放到基于信息技术的混合式网络生态环境架构内，探索混合学习空间视域下的大学英语教学机制，为网络技术环境下以学习者为中心的大学英语教学与学习模式研究引入新视角。(2) 本研究不仅有理论研究，还有结合教学实践的实证研究，将期待能够进一步激发学术界对于混合学习空间视域下网络生态系统的前置因素对大学英语教学与学习产生的相关影响及其作用机制的研究兴趣，为后续的理论研究奠定一定的基础。本研究对于教育界、教师和网络技术人员进行科学、规范、合理的混合学习空间系统设计与应用具有实际的指导价值。本专著研究结果，对于大学生合理且有效利用网络生态系统开展大学英语自主学习以及教师如何更有效地开展教学干预具有一定的启示作用。

需要说明的是，本研究的开展得到了多方面的支持与帮助，在此表示由衷的感谢。首先，本研究的开展得益于所在学校大学英语课程学生的大力支持和帮助。学生们是混合学习空间视域下大学英语教学改革实践的参与者、见证者和支持者。其次，在完成本专著的过程中，家人的支持是一种莫大的动力。最后，本研究采用的文献研究、实证研究等研究方法以及有关技术环境下外语教师专业发展的一些理论与实践方法得益于浙江师范大学外国语学院郑志恋教授等的宝贵指导与启发，在此深表感谢。

作者水平有限，有些观点的表达如有不妥之处，恳请各位专家及同行批评指正。

潘孝泉

2020 年 11 月

于浙江师范大学

目 录
CONTENTS

第一章 绪论 …………………………………………………………… 1
 第一节 研究背景 ……………………………………………………… 2
 第二节 相关概念内涵 ………………………………………………… 8
 第三节 研究目的与意义 ……………………………………………… 12

第二章 国内外研究概览 ……………………………………………… 19
 第一节 学习空间研究 ………………………………………………… 19
 第二节 混合式学习研究 ……………………………………………… 28
 第三节 混合学习空间视域下的大学英语教学改革 ………………… 42

第三章 理论基础 ……………………………………………………… 52
 第一节 社会学习理论 ………………………………………………… 52
 第二节 自主学习理论 ………………………………………………… 60
 第三节 建构主义理论 ………………………………………………… 68

第四章 混合学习空间视域下的大学英语教学模式 ………………… 75
 第一节 基于网络技术的大学英语自主学习型课程设计与实践 …… 75
 第二节 混合学习空间视域下基于问题的大学英语教学模式 ……… 83
 第三节 学习空间视域下的任务型混合式大学英语教学模式 ……… 88

第四节　大学英语自主学习型动态教学模式建构……………… **101**
　　第五节　基于自主学习理论的大学英语阅读教学探索…………… **113**

第五章　混合学习空间视域下的角色定位……………………………… **120**
　　第一节　教师角色定位………………………………………………… **120**
　　第二节　学生角色定位………………………………………………… **129**
　　第三节　教学指导定位………………………………………………… **135**

第六章　技术视域下大学英语教与学的影响因素与策略保障……… **148**
　　第一节　基于技术的外语自主学习影响因素研究…………………… **148**
　　第二节　技术支持……………………………………………………… **161**
　　第三节　教师专业发展………………………………………………… **173**

第七章　混合学习空间视域下的大学英语教学实践与反思………… **184**
　　第一节　混合学习空间视域下的大学英语教学实践与研究………… **184**
　　第二节　大学英语教学行动研究……………………………………… **190**
　　第三节　教学反思与文化差异：理论基础、意义与教学方法……… **201**

第八章　大学英语教学改革与实践的趋向……………………………… **208**
　　第一节　发展性评价视域下学生外语主体能力之培养……………… **209**
　　第二节　外语教学的批判性思维视点………………………………… **213**
　　第三节　外语语言符号控制的解构：回归对话……………………… **218**

参考文献………………………………………………………………………… **227**

附录一　教师在线专业发展访谈提纲……………………………………… **257**

附录二　大学英语课程学生学习过程评价表……………………………… **258**

第一章 绪论

随着经济全球化和高等教育国际化时代的到来，国际交流将进一步深化，这意味着人们将有更多的机会把通用语言——英语作为交流的工具。特别是大学生和研究生需要具备一定的英语基础，以便他们更好地学习外文文献、使用外文语料库资源以及开展国际化交流等。因此，高等学校历来重视大学英语教学。2007年我国制定了《大学英语课程教学要求》，提出了包括课程目标、教学模式、教学管理和教学评价等在内的具有创新意义的指导意见。随着社会的进一步发展和现实环境的变化，2010年10月《国家中长期教育改革和发展规划纲要》指出，我国社会需要的是不仅仅有一般大学英语基础能力的大学生，更应该将大学英语学习与专业发展结合起来，通过大学英语学习来获取专业所需要的信息，成为能表达自己专业思想的"具有国际视野、通晓国际规则、能够参与国际事务和国际竞争的国际化人才"。此外，伴随着教育部开展关于高考的改革，2015年5月发布的《大学英语教学指南》对于大学英语课程定位的认识方面发生了根本变化。《大学英语教学指南》（2015版）指出，大学英语课程兼具语言的工具性、人文性、语言学习的策略性等特性，同时对培养学生的自主学习能力、跨文化交际能力、解决问题能力以及批判性思维能力提出了明确的目标。可以这么说，高中阶段的英语学习重在语言的工具性和语言学习技能与策略发展等层面，而大学阶段的英语学习除了通用英语之外，它更强调语言的其他层面，比如，利用外语学习来开拓学生的学术视野，培养学生的跨文化交际能力，将语言学习和专业内容有机结合，提高学生的学术水平，为专业阅读写作和专业交流服务，等等。2020年10月，《大学英语教学指南》（2020版）发布。何莲珍（2020）指出，"信息技术、智能技术为大学英语教学提供了全新的教学方式、学习方式和前所未有的丰富资源"①，因此，《大学英语教学指南》（2020版）倡导高校"充分利用信息技术，积极创建多元的教学与学习环境……建设或使用在线开放课程、线下课程、线上线下混合课程、虚拟仿真实验课程等，实施混合式教学模式，使学生朝着主动学习、自主学习和个性化学习方向发展"。

各个阶段《大学英语教学指南》的发布，都为大学英语课程的教学内容、教学方法、教学评价等方面的发展指明了方向、作出了定位，并且为大学英语教学改革提出了要求。但是对于我国高等教育改革热点和难点的大学英语教学改革来说，现实的状况并不理想。大学生英语能力远不能满足经济全球化挑战和教育国际化要求，大学英语教学依然面临着严重的挑战与困惑。在现有条件下，各高校应结合网络信息技术的发展实际，思考大学英语改革走向，更新教学观念，找准大学英语教学定位，明确教学目标，改革培养模式，创新编排课程体系，重新设计教学内容，创新教学方法，提高教学质量，为继续推进和深化大学英语教学改革，推动大学英语师资队伍建设和培养适应社会和经济发展的需要、具有国际视野、通晓专业领域内国际规则并能直接参与国际交流的专业人才而进行探索。

第一节 研究背景

目前的大学英语教学过分注重语言—语法教学方法，单纯通过学习语言来获取语言能力，将语言技能培养和内容的学习割裂，导致学生在课堂教学

---

① 何莲珍. 新时代大学英语教学的新要求——《大学英语教学指南》修订依据与要点[J]. 外语界，2020（4）：17.

中学习到的知识成为"惰性知识"。这种语言教学模式，教学内容局限，信息滞后；教学方式单一，缺少语言文化的链接，抑制了学生的学习积极性，同时导致学生英语语用能力的缺失。大学英语学习者面临的主要障碍不是语言知识的匮乏，更多的是如何以内容或话题的形式将所学的知识串联起来，实现对语言知识的意义建构，从而自主地使用和表达语言。因此，解决大学英语教学费时低效的现状，使大学英语课堂转变为培养学生自主运用语言能力的教学是我们应该探索的主要问题。目前，在我们的日常生活中，移动技术发挥着举足轻重的作用（Liu et al., 2015）。因此，教育者和研究者将其广泛应用于外语/第二语言学习过程中，以便将课堂语言学习扩展到现实世界（Hsu, 2013；Tudor, 1996）。相关研究中提到了技术对语言学习的助益，例如，可以随时随地进行学习，具有不受时空限制的无缝学习体验特征（Liu et al., 2015）；可以克服传统语言课堂的局限性和障碍：克服传统语言课堂中缺乏语言使用机会、缺乏个性化学习、缺乏即时的反馈和互动等种种弊端（Sharples & Pea, 2014）。技术环境下，我们需要进一步加深对移动技术的应用促进真实环境下的语言学习与教学的理解。网络成为一个广阔和有用的资源，可以提供真实的目的语材料，它可以将传统的课堂教学延伸到课外，并创造真实的语言学习环境（唐斌，2005）。真实语言世界提供真实的话语语境，使学习者能够与真实的对象、人、情景互动，并练习和习得目标语言（Shadiev & Huang, 2016；Chai, Wong, & King, 2016）。例如，在跨文化商务交际中，学生将课堂上学到的知识应用到与外国客商交流的真实环境中（Shadiev, Hwang, & Huang, 2017）。学习者可以借助移动技术开展真实语言世界学习。在移动设备的支持下，学生可以访问在线学习资源，创建自己的数字学习内容，与其他学习者交流和共享学习内容与资源（Chen, 2013；Liu et al., 2015；Shadiev & Huang, 2016）。很显然，技术的发展为以不同方式开展学习提供了便利条件。随着移动技术与设备的发展，应用程序通过在真实的模拟任务中嵌入虚拟操作来支持学习，而且技术可以促进学习。在正式的学习环境中，特别是在线上学习环境中，大规模开放在线课程

（MOOC）、使用数字技术（如 Wiki、博客、社交媒体、移动应用程序、虚拟仿真学习系统等）越来越普遍。在许多情况下，技术是师生之间、生生之间互动的中介手段。技术与教育的整合产生了基于技术的教育理论。许多理论观点被用来研究技术在教育中的应用，包括活动理论、社会认知理论、多模态学习理论、虚拟社区学习理论，等等。有的理论观点将注意力集中在技术强化学习的特定方面，从整体上分析了基于技术的学习情况下，学习是如何发生的。"基于技术的学习"一词指技术是信息传递和人与人之间联系的手段。比如，当教师在计算机上设计一个图表并将其放在网上供学生在笔记本电脑或智能手机上进行学习时，交流行为完全通过数字技术来促进。如果没有数字技术的调解，交流和任何相关的学习就不会发生。类似地，当使用视频会议软件进行课程教学时，硬件和软件这两种技术可以协调整个交互过程。尽管 Khechine 和 Lakhal（2018）指出，在现实生活中，技术似乎是理所当然的存在，以至于人们不会注意到它的存在，但事实上，技术、技术的特性以及技术的使用方式确实对教学和学习产生了重大影响，因此，重要的是，将基于技术的学习以及技术强化的学习作为一个专门的领域，全方位地分析其教育用途。

因此，从整体的角度来探讨技术对学习的中介意义是非常重要的。它通过整合技术与教育的特征，为我们分析和理解技术中介环境中学习的本质提供参考。特别是，其是基于技术强化学习领域和其他领域有影响力的相关理论和发现提出的，在某些情况下，解释了技术与教育的相互关联，从而为该领域研究提供一个总体方向。技术对影响教育环境变化起着突出的作用，但它们需要由人类有意设计出来，并不是技术本身所自带的行为（Dashtestani，2016）。尤其重要的是，至少从认识论的角度来看，可以明确基于技术的学习的基本假设，因为它将技术中介学习决策的责任赋予了人（尤其是教师和学生）。在绝大多数教育环境中，教育者正利用技术来调节学生的学习，这种说法是有根据的。

从活动理论的角度来看（Engestrom，1987），教师和学生经常使用技术工具创设学习环境，试图达到预期的结果。这种情况是将学习放到技术背景中发生的。活动理论很重要，因为它强调了技术在教师和学生试图于社会学习环境中实现期望的学习结果时可以发挥的重要中介作用。然而，尽管活动理论不是专门为教育技术环境设计的，在许多技术强化学习研究中仅被用作理论参考（参见 Carvalho et al., 2015; Lewin, Cranmer, & McNicol, 2018; Zurita & Nussbaum, 2007），实际上它可以同样应用于基于目标导向的协作式学习环境，如在线协作式学习。此外，根据活动理论，"工具"不仅指技术，如数字技术、移动技术、网络技术，而且指任何可用于信息交流与转换过程的资源，如认知资源、语料库。因此，虽然活动理论有助于确立基于技术的学习的重要理论方面，尤其是当学习者从事目标导向学习时，数字技术可以发挥关键的促进作用，但它并没有具体说明数字技术或学习者的性质。因此，在技术强化学习文献中，技术中介学习的语境创建理论更加值得深入探索。

社会认知理论（Bandura, 1977）强调了个体、个体行为及其外部所处的环境三个要素之间一直进行着持续的相互作用；而个体的行为决策则是内部个体因素（自我效能感、自我调节）和外部环境因素共同作用的结果（秦丹，2016），个体的行为决策就包括人们在社会环境中开展学习。这一理论反映在技术强化的学习理论、框架和特征中。Mishra 和 Koehler（2006）通过技术、教育学和 TPACK 模型广泛探讨了与技术强化学习相关的教师知识，例如与使用技术应用于特定教学实践相关的知识。从学生的角度来看，数字技术对学习过程的影响也得到了广泛的研究（Littlejohn, Beetham, & McGill, 2012）。一些实证研究（比如，Ertmer et al., 2012; Teo, 2011）强调了教师基本信念的重要性，根据这些研究，教师的态度对教师如何利用技术促进教学产生了重大影响。学习环境的设计，例如学习发生的空间（包括数字空间），会对学习结果产生相当大的影响（Goodyear, Carvalho, & Dohn, 2014）。从社会政治的角度来看，环境因素，如政府政策、行业组织、社会关注、教育部门的决策支持，通过规定和限制技术应用于学习的方式，对教育信念和实践有着重要的影响（Selwyn, 2007; Smith & Berge, 2009）。最近，研究者越来越重视教师如何设计技术增强型学习（Bennett, Agostinho,

& Lockyer，2015；Laurillard，2012）。这是学习环境设计领域的基础。

学习环境设计领域旨在帮助教师创造技术所能创设的教育环境，特别关注技术的使用（Dalziel et al.，2016）。创建有效学习任务、资源和环境的过程，通常被称为"为学习而设计"（Beetham & Sharpe，2013），要求教师以帮助学生实现学习成果的方式设计任务（Biggs & Tang，2011）。为了帮助教师在教育环境中有效地应用技术，许多技术增强型学习设计框架以及支持这一过程的一系列技术工具应用方案得以建构。在设计和实施学习环境过程中，关键是要考虑到影响学习的各种个人差异和背景因素（Brook & Oliver，2003）。最近研究的一个重要发展是，越来越强调学生的反馈，包括学习数据分析，因此应该在技术中介学习的环境中为学习设计提供信息（Lockyer，Heathcote，& Dawson，2013）。这符合教师从学习资源提供者向学习资源构建者的转变，教师协调了许多复杂的技术增强的设计、评估和实施角色（Roschelle，Dimitriadis，& Hoppe，2013）。

既然技术是学习的中介，那么使用技术的行为意向必定影响可能发生的学习。Teo（2011）重点探讨了影响教师对技术使用行为意向的因素，包括技术接受、态度、技术自我效能感、技术条件等。这与 Norman（1998）的观念不谋而合，他将技术概念从纯粹的效用扩展到包括可用性，将技术属性定义为"事物的感知和实际属性，主要是那些决定事物可能如何使用的基本属性"[①]。有许多研究描述了技术所提供的各种资源（Bower，2008；Dalgarno & Lee，2010），比如网络、空间、时间、虚拟学习空间等要素，并且注意到技术要素促进了接受性学习，而更多的互动性促进了更多的生产性学习（Bower，2008）。

基于人们选择技术开展有效学习的动机，教师和学生选择适当的技术是很重要的，这些技术将有助于更好地促进预期学习任务的表现、互动和要求。在技术强化学习领域，人们很早就认识到了采用适当技术的价值，比如

---

① NORMAN D A. The Psychology of Everyday Things［M］. New York，NY：Basic Books，1998：9.

Hannafin 和 Land（1997）指出，"计算机可以提供关于选择的个性化反馈，保持记录，并作出如何更好地利用技术开展学习的决策规范"①。当学习通过技术进行中介时，所有的交流都是一种或多种方式的结合。技术可以用来呈现有意义的（符号学）资源，如图像、声音、文本和视频（Jewitt, 2006）。尽管多模态领域中的模式概念不同于多媒体领域中的模式，但多媒体学习领域的一系列研究已经在如何解释模式的不同组合和安排方面建立了某种可靠的效果。值得注意的是，虽然传统的研究关注的是如何有效地安排学习方式，从而对学习的认知方面产生积极的影响，但我们也应该注意到，我们使用学习技术的行为意向与我们的学习态度、学习动机、学习自主性也是相关的（Lai, 2013）。

基于技术的学习的一个主要方式是网络学习。在数字环境中，网络学习可以定义为通过计算机网络技术以及相互连接起来的人员和设备进行的一种学习活动。网络学习通过使学习者在线贡献和分享他们的想法，使更多的互动和生产性学习成为可能，这项研究是计算机支持的协作学习领域的基础（Dillenbourg, Järvelä, & Fischer, 2009）。在计算机支持的协作学习中，技术的使用方式对协作的形成起着重要的作用。当学习通过技术得以开展时，所有的在场感与技术联接感都必须通过这些技术和它们的使用方式来建立。根据调查模型分析，学生的技术在场感与他们的学习内容、教师和同伴的联接感有关（Garrison, Anderson, & Archer, 2010）。如果学生对正在使用的中介技术没有信心，也没有强烈的教师支持感、认知参与感或社会联接感，就会产生一种"疏离"（Moore, 2013）。另一方面，当技术得到很好地应用时，它会导致"学习共同体"的发展（Wenger, McDermott, & Snyder, 2002），在这里，学习者和教师相互参与，共同探索，并在课程内外分享他们的发现。特别是，在技术中介学习中，技术被定位为参与者之间的中介，信念、

---

① HANNAFIN M J, LAND S M. The foundations and assumptions of technology – enhanced student – centered learning environments [J]. Instructional Science, 1997, 25 (3): 176.

知识和实践特征在更广泛的环境中产生影响,教师的职责是根据学习者的反馈来优化学习任务的设计和实施。识别和有效利用技术是至关重要的,使用技术的方式将影响学生的信息获取,通过技术中介网络的互动,可进一步影响学习过程。可以说,中介技术的使用方式将影响学生在技术环境中的在场感和协作式学习体验。由此,教育技术研究的关键要点是,技术被视为发生在社会环境中,受到参与者和环境的影响,而不是被视为自动具有特定效果的技术(Selwyn,2007)。

第二节 相关概念内涵

一、学习空间

大数据信息运用、移动互联网普及给全民生活带来了翻天覆地的改变,这一改变在高等教育方面则体现为物联网、移动互联网、云计算等新一代信息技术融合而成的智慧教学环境,构建了智慧学习空间。根据学习空间的定义(Brooks,2011;Radcliffe,2008;杨俊锋等,2013),学习空间是一种能让学习者开放获取、自由参与、互动交流的环境,它既包括实体空间(课堂空间、课外活动场所等),也包括虚拟空间(智慧学习空间)。智慧学习空间的基础始终建立在高科技信息技术手段上,以学习者为中心且具备以下特征:可以适应学习者不同的学习风格和学习能力;可以为学习者终身学习提供支持;为学习者的发展提供支持。信息技术的发展使学习空间得到大大的扩展,不再局限于传统的课堂学习空间。学习空间被分为真实学习空间和虚拟学习空间。实际上,两者是相对而言的。梅家驹(2001)认为,"虚拟与真实之分,主要在于学习空间中所触及的对象与事物是否真实,凡是触及的是真人、真物或现场实况,这种学习空间应称为真实学习空间,否则称为虚拟学习空间,譬如说,听教师面授上课所处的空间应称为真实学习空间,而通过电视屏幕看教师的影像上课所处的空间则为虚拟学习空间。从这个意义上说，虚拟学习空间、真实学习空间与远程教学、常规教学属于两种不同性质的概念，虽有联系，但不能混为一谈。远程教学虽然以利用虚拟学习空间为主，但不排斥真实学习空间的利用，而常规教学虽然以利用真实学习空间为主，也并不排斥虚拟学习空间的利用"①。

网络技术环境下，学习空间的研究广受关注。学习空间研究作为一个新兴的研究方向，是在技术发展基础上，为了实现学习者自主、灵活和投入地学习而开展的研究（杨俊锋等，2013）。研究者从不同的领域、不同的角度对学习空间做了相关探索（梁为，2014；许亚锋等，2015；胡永斌等，2016）。通过梳理文献，我们发现，依据学习空间的不同特征、设计原则等，学者们把学习空间分为多个种类，比如，技术增强的学习空间、以学生为中心的学习空间、交互式学习空间，等等。但现有研究主要探讨了如何利用学习空间进行资源共享、学习情境构建、开展社会性交互等（毕家娟，杨现民，2014；胡智标，2014；丁超，王运武，2017；张思，2017），较少有研究学习空间对大学生外语学习的影响及其作用机制。

二、混合式学习

混合式学习是信息技术发展视域下所产生的新的学习方式。今天的教育工作者越来越感受到技术对教学工作产生的深远影响。混合式学习是一种在教育中发挥越来越重要作用的现象。然而，什么是混合式学习呢？

混合式学习的理念是学生既可以受益于在数字环境中进行的一部分学习，也可以受益于面对面的一部分学习。混合式学习的好处包括学生可以在自己的时间范围内，通过与数字技术的接口，独立地进行学习。同时，以这种虚拟方式完成的学习最好是通过面对面交流来进一步巩固。在许多方面，混合式学习结合了两种范畴的优点。

---

① 梅家驹. 虚拟学习空间与真实学习空间 [J]. 现代教育技术，2001（2）：10.

混合式学习有六种基本模式，它们描述了如何在课堂上使用混合式学习（Garrison & Vaughan，2007）。

混合式学习的一个模式是面对面驱动模式。在混合式学习的面对面驱动模式中，学生主要遵循传统的基于课堂的方法，但随后使用在线学习、互动交流和体验来进一步巩固学习。这使教师能够更有效地调整教学节奏并通过发挥技术的作用使教学与众不同。

在混合式学习的轮换模式中，学生可以在任意的学习进程进行线上线下轮换，学习主题的不同方面。有些学习途径是虚拟的，而另一些则要依靠教师的当面指导。

混合式学习的弹性模式是一种大多数教学都在网上进行的模式，教师在课堂上充当学习的促进者。这种模式的学习大多是自主式的，因此学生要具有较高的学习自主性。

混合式学习的在线实验室模式包括学生通过在线模块接受学习。对于资源有限的学校或地区来说，这种方法是一种可行的选择，因为它可以腾出教师的时间来关注最需要帮助的学生。

在混合式学习的自我混合模式中，学生参与传统的面对面的学习，然后通过他们自主选择的在线教学加以补充。

在混合式学习的在线驱动模型中，学生在家或其他远程位置进行学习，然后再向老师汇报在线学习结果，以获得教师的线下指导。

混合式学习的整体优势之一是灵活性。因为混合式学习有很多不同的模式，所以在选择一个特定的模式时，考虑每个学习者和教师的确切需求和目标是很重要的。不同的模式更适合不同的学生、环境和资源。

随着技术的发展，混合式学习越来越受到关注，这主要是因为技术的可获得性越来越高，人们对使用数字学习技术的兴趣也越来越浓厚。许多混合式教学倡导者都提到了混合式学习在课堂上的优势，例如教学以学生为中心、易于利用技术收集数据和增加学习参与度。当然，和任何教育模式一样，混合式学习模式应该更突出技术的优势，具有可操作性，着眼于丰富学生的学习体验。

混合式学习一词被广泛用于描述面对面学习和基于技术的学习的结合。虽然定义松散，但强调"结合"是其最大的特征，即沟通渠道和活动形式的组合，以实现预期的学习成果。解决这些问题已经成为混合式学习活动的一个共同主题。O'Toole 和 Absalom（2003）认为，依据网络技术的发展，简单地用面对面的教学方式无法适应现实的教学与学习需求，相反，他们呼吁教师根据自身的相对优势和集体能力整合基于技术的沟通渠道，以加强预期学习成果的进展。

三、大学英语教学

大学英语作为一门外语，是相对于英语专业而言的。大学英语不是高等学校学生的一门专业，而是一门外语课程。根据本科专业类教学质量国家标准、《大学英语教学指南》、大学英语人才培养目标，大学英语课程被定位为非英语专业学生在本科教育阶段必修的公共基础课程。《国家中长期教育改革和发展规划纲要（2010—2020）》指出："提高质量是高等教育发展的核心任务。"高校开设大学英语课程，一方面是满足国家战略需求，为国家改革开放和经济社会发展服务，另一方面是满足学生专业学习、国际交流、继续深造、工作就业等方面的需要。大学英语课程对大学生的未来发展具有现实意义和长远影响，学习英语有助于学生树立世界眼光，培养国际意识，提高人文素养，同时为知识创新、潜能发挥和全面发展提供一个基本工具。因此，大学英语课程的性质是：以通用英语为基础，促进文化融合，有机结合学科专业内容，立足语言的工具性和人文性之根本，突出跨文化教育和英语在学术或职业领域的应用，注重语言学习的策略性和可持续性，创建多元教学目标，加强信息技术的应用、以学生为中心的课堂教学和综合多元的评价方式，满足大学生专业学习、继续深造、工作就业和个人兴趣与全面发展等不同需要的新课程体系。

大学英语的教学目标是：培养学生的英语应用能力，增强跨文化交际意识和交际能力，同时发展自主学习能力，提高综合文化素养，使他们在学习、生活、社会交往和未来工作中能够有效地使用英语，满足国家、社会、学校和个人发展的需要。针对教育信息化背景下的大学英语教学改革，张松松和顾云峰（2017）开展了相关调研，提出教师应主动适应信息化条件下的大学英语教学需要进行教师专业发展，"应结合高校自身实际情况，建立和完善高校英语教师教育技术能力培训和进修的制度；在培训内容设置上，兼顾技术层面培训和教育思想、教育技术理论，强调方法论的指导，实现教育理论与教学实践的有效整合；要采取灵活多样的培训模式和教学方法；要以教师为主体、以任务为驱动；应建立由学科教师、教育技术专家和学科专家共同组成的学习共同体，为交流工作经验和方法，解决教学中遇到的困惑和问题，以及分享教学工作的心得体会提供一个有效的平台，进而使之演化为基于教育技术的合作共同体"①。

第三节 研究目的与意义

本研究具体将从大学英语课程教学内容、教学方法、评价体系等方面着手开展。

一、教学内容改革

传统大学英语教学中，每学期固定使用一本教材，少有课外补充内容，教学常侧重语言点讲解。而本研究实践将依据技术环境，探索拓展教学内容的空间。教学内容的选择分为教师选择和学生自主选择。教师充分利用网络技术对大学英语的学习资源进行调度，对学习材料、学习资源加以选择性使用，形成独特而完备的教学文本；利用网络技术，选择和编排教学资源、教学辅助资

---

① 张松松，顾云峰. 教育信息化与新一轮大学英语教学改革［N］. 中国社会科学报，2017－12－13（04）.

料等，并选取有效资源运用于大学英语教学中；通过实践教学，以建构主义和自主理论指导教学实践，并通过多媒体对资源整合的支撑形成大学英语教学的实践行为。学生根据自己的现有英语水平和小组协作学习要求来选择学习内容，改变由教师指定学习内容、学生被动接受学习的现象，把决定学习内容的自主权交给学生，体现学生学习的自主性，促进学生主体学习能力的提升。

二、教学与学习方法改革

传统意义上的大学英语教学过分依赖真实的物理学习空间，即师生之间依托教室开展的单一、封闭式的教学模式，却对以新技术为基础所构建的虚拟空间利用不足。随着高科技的迅猛发展，一个又一个新型媒体不断涌现，并运用于教学领域，创造了大量的虚拟学习空间，十分有利于教学规模的扩大与教学效果的提高。虚拟学习空间与真实学习空间都是学习空间，正是这些不同的学习空间使学习者得以直接或间接地获取经验，学习者通过直接或间接的经验学到知识并掌握技能。

本研究所倡导的学习空间强调教学方法、教学手段和教学环境的开放性。教师的教学活动，既可以在传统的教室里用粉笔和黑板进行，也可以利用教学课件在多媒体教室演示，更可以在活动教室组织各种任务型、互动式和参与式小组讨论；可以在任何一台电脑上利用BBS平台对学生进行答疑、交流等，还可以利用微信、电子邮件等形式实现师生的交流。而学生的学习活动同样是形式多样、方法灵活的，可以在一定程度上不受时间、地点的限制进行个性化、开放性的自主学习。

在本研究所开展的教学实践中，大学英语有效学习空间的创设在以下几点体现出来。（1）学生的学习范式的变化：获取信息的渠道被无限地扩大，传递信息的载体也发生着深刻变化。（2）教师教学范式的转变：在多媒体网络快速发展的环境下，大学英语改革需要充分利用现代教育技术，构建多维互动的大学英语教学模式，更好地通过网络教学增强英语教学的实用性，提高学生英语综合应用能力，尤其是强化听、说与交际能力的训练与培养。基于建构主义理论的大学英语多媒体网络教学延伸和拓展了传统课堂教学内容及方式，学生能充分利用网络上自然、鲜活的资料画面，网络教学弥补了传统教材在内容和形式上的不足，增大了知识的输入量。网络教学具有信息量大、交互性强、实时性和实用性强、知识新、资源共享等优点，革新了传统的教学模式，给我们传统的教学带来了巨大的冲击。（3）师生交流互动范式的变革：技术环境下，师生的交流互动不再局限于课堂的话语互动，而是拓展为课堂学习空间中的学生与媒体资源的互动，以及课外学习空间中，师生通过网络技术进行的"在线"或"在网络空间"的交流互动、利用移动技术开展的交流互动等。

三、课程过程性评价体系

作为拓展大学英语课程教学空间的一部分，在本研究所开展的教学实践中，课程评价体系除了结果性评价即期末考试的成绩，以闭卷的考试形式衡量学生的学习结果之外，更重要的是体现过程性评价，即通过构建电子学档、网络学习记录、学生小组协作学习成果来对学生的学习过程进行全程性评价。评价体现师生、生生之间的过程性协商，力求共同营造协作式学习探究的氛围。评价主体多元化，即教师、学生和学习同伴对所完成的任务进行及时的评价、互评，调动学生的学习自主性，有助于促进、激发学生学习愿望和积极性。

四、具体研究目标

（一）创设大学英语的有效学习空间

未来课堂的学习趋向于 Kinshuk 教授提出的"5R 适应性框架"，即在适当的时间、适当的地点，通过适当的移动设备，为适当的学生提供适当的内容。高互动促进学生学习，自由发展；建立灵活的无缝连接，构建智慧学习空间，实现人与人（师生、生生）、人与技术、人与环境、人与资源，以及技术环境下技术与技术、技术与资源、资源与资源、技术与环境、资源与环境之间的互动。创设大学英语有效学习空间不仅包括以现代教育技术、多媒体设备、网络技术等为支撑，更好地拓展课堂学习空间，优化课堂教学，而且包括创设师生信息交流互动的网络平台（本研究称为"云空间"）以及"个人学习空间"（本研究所构建的"电子学档"和课内外学习空间）。"云空间"其实是一种资源集合库，学生可以自由访问和学习资源库中的资源。世界是开放的，资源是共享的，云空间的理念是创建一种交流与共享、信息自由流动的信息资源云端。这种学习平台不仅能实现对于显性知识的管理和应用，还可以通过知识交流、知识挖掘等实现对于隐性知识在空间的共享和交流。个人学习空间，则是注重个人内隐学习的培养，相比之下具有一定的隐私性和独特性。祝智庭教授提出利用"电子学档"，选择性地记录学生使用相关的数据，实现数据的整合，为学生提供反思，有效促进学生的反思能力。当然，电子学档也可以作为分析学习对象（兴趣、认知程度、学生特征等）的工具，提供学习的建议，做到一定程度上的因材施教。

（二）以多媒体网络技术为平台，构建起多元互动的大学英语新型教学模式

从学习空间构建角度来说，这里的空间包括课堂空间、学生课外活动场所、网络虚拟空间三维环境。多元互动是指师生，作为教与学活动的双主体，在课堂空间、学生课外活动场所、网络虚拟空间三维环境中所进行的师生、生生、生机（学生与计算机）间的英语互动活动。在此过程中，教师的作用是"引导、促进、协调"，而学生作为活动的主体，通过探索、实践与合作，在做中学、探中学中完成对语言使用规则的认知和外化。而本研究重点推行一种"以学生协作学习、自主学习为主导，教师指导为辅助，多媒体技术为平台"的多元互动新型教学模式。该新型教学模式是多媒体网络在教学内容、教学范式、教学评价等方面的全方位整合，其突出的特点是学生在整个学习过程中主体性和能动性的激发。具体而言，它包含4个步骤：（1）教师作为教学设计的主体，根据具体教学目标，在分析学生和资源的基础上，进行学习任务设计，并促进、协调、参与学生的知识建构；学生作为知

识建构的主体，对完成任务的步骤、时间、空间做出计划，并对方法和资源进行选择；（2）学生在课堂空间、学生课外活动场所、网络虚拟空间三维环境中，和教师、其他学生、网络资源进行交互活动；教师根据活动的情况，对教学设计做出必要修正或调整；（3）学生在做中学、探中学中完成意义建构，并将获得的知识外化为具体的学习成果；（4）教师、学生和其他学习伙伴对所完成的任务及时评价，反馈前述环节，以改进教与学。这些评价包含小组协作学习评价、网络学习记录评价、"电子学档"评价，等等。

（三）解放学生的话语权

目前对于大学英语教学的研究，较少从学生的话语权角度考虑学生的学习需求，较少关注开展对话型思维教学。"课堂作为学生学习共同体""技术环境下的大学英语多元互动新型教学""基于网络技术平台的大学英语第二课堂活动"以及"电子学档"的开发与应用，都可以真正实现从学生的发展角度来看待教育过程，这是本研究比较独特的实践视角。同时，将学生的话语权拓展与自主学习型思维培养相整合，致力于引导学生获得发展的主动权，从而主动地构建自我体验与探究的行为方式，正是本研究的关注点。

（四）应用"电子学档"，构建起大学英语共享"云空间"和"个人学习空间"

电子学档是依托现代信息技术和互联网而建立起来的学习档案袋，它突破了传统纸质档案袋的时空限制，能够有效促进师生间和生生间的网上交互。电子学档可以与网络交互平台进行融合，进一步扩大电子学档的应用优势，其主要由教师模块、学生电子学档和网络交互平台三个部分构成。教师模块除了教学文档和作业审评外，还包括策略指导和学生网络学习监控。学生电子学档模块主要由个人信息管理模块、自我学习管理模块和学习资源管理模块三个主体部分构成。在这些模块中，学生可以根据自己的实际情况制订个性化的学习计划，及时总结和反省自己的学习。个人自主学习和小组协作式学习中信息的呈现体现的是多样化、情景化和真实化原则，信息可以是文字，也可以是学生自己录制的视频，还可以是小组呈交的PPT报告。学生在自评、互评和教师评价中吸收有益的意见和建议，不断反省学习中的不足，修订自己的错误，积极思考，主动寻求更好的学习方案。最后的成果展示呈现的是学生经过一段时间的努力所获取的成就，无论是电子文档还是视频，班级所有成员都可以访问。该部分可以增强学生的自信心、参与意识和竞争意识，促进学习向着良性循环的方向发展。网络交互平台包括了班级论坛、资源共享、在线答疑和评价反馈四个方面的内容。网络交互平台可以实现信息资源共享。这是本研究的重点内容之一。

五、研究的意义

本研究的意义主要体现为四点。（1）"电子学档"的开发和利用，促进电子网络的交互平台建设、教师模块建设、学生模块建设，能够构建起大学英语过程性评价体系。（2）以大学英语学习空间创设为依托，构建起"以学生协作学习、自主学习为主导，教师指导为辅助，多媒体技术为平台"的多元互动新型教学实践体系。（3）形成学生自我构建的学习资源库、学生小组协作学习成果、学生网络学习成果、师生网络交互平台建设与学习资源库、学生外语学习过程反馈表等一系列的文件和资料。（4）进行理论性概括，形成研究见解。本研究能够为今后大学英语教学方式的改进以及技术环境下大学英语学习空间拓展的研究提供一定的理论支撑，主要体现在三个方面。（1）给大学英语教学模式构建提供借鉴。本研究实践中，构建师生网络交流平台、拓展大学英语教学与学习空间以及形成以"电子学档"为基础的过程性评价体系等，对大学英语教学模式与方法的改革，可以起到一定的借鉴作用。（2）所在学院、学校教师共同体发展。通过该研究实践，所在学校和学院组建网络技术视域下的大学英语学习空间的拓展研究，充分调动学院乃至学校参与教师的教学与研究积极性，通过教学研究团队建设，搭建教师学习和研究的共同体和合作平台。（3）对外语教育技术学的发展提供一定的启示。本研究将从技术基础、学习空间理论基础着手，构建信息技术支撑的外语教学的逻辑框架，分析信息技术支撑的外语教与学空间的各种表现，指出信息技术支撑的外语教学的实质。信息技术与二语习得理论和现代学习理论相结合，促使外语教与学发生了根本性的变化，利用信息技术创建的信息化教学环境为改变教学模式提供了可能，教学模式的改变促进了教与学的评价方式的改变，并最终内化为学习者的信息化学习方式，实现了从"技术"立场向"教育"立场和"人"的立场的回归。

技术支撑的外语教与学要落到实处，必须着眼于学习者学习方式的转变，以"教"的转变促进"学"的转变，这是学校教育条件下的必然途径。简单地说，信息技术改变了教学内容、教学策略和教学手段，这些改变的背后是变革的教学观，所有这些变化必然作用于学习者的学习方式，促使学习者学习方式发生根本转变。学生学习方式的转变有利于学生主体学习能力的提高，有利于学生获得外语学习的话语权；同时，有利于教师共同体的建设与发展。本研究有利于转变传统的记忆型外语教学文化，创设技术支持的大学英语教学范式，优化课堂教学与学生评价。本理论研究完成后，学术成果将被应用到教学实践与改革中，使学生继续受益。本研究实践的实然性研究成果可以推广到其他学校的外语教学实践中，提高外语课堂质量和教师的课堂言语行为水平。

总之，信息技术应用于外语教学，发展到今天，已经进入信息技术与课程整合的阶段，主要体现为语言教材的多样化、语言资源全球化、学习自主化、教学模式多元化、教学管理自动化和教学环境信息化。信息技术已经成为外语教与学的支撑力量。技术环境下，外语的学习空间已经突破了传统意义上的"课堂空间"的范畴，转变为三种形态：课堂、课堂教学、课程教与学综合体（包括人、技术、环境等）。从微观上看，本研究依据学习空间理论，构建基于技术环境的全新教与学的模式，给学生提供了和谐、自由、个性化的学习空间、环境和资源，使课堂从原先静态的、预设的、缺乏人本关怀的形态转变为动态的、生成的、人性的形态。从宏观上看，这一模式的广泛应用一定程度上为技术支持下的大学英语教学改革提供了可持续的有效方案。诚然，基于技术环境的大学英语教与学研究仍处于探索实践阶段，需要进一步总结、提升和完善，但本研究可能在培养建立大学英语创新模式上发挥一定的作用。

第二章　国内外研究概览

经济全球化、网络技术的发展带来了语言学习的新环境和机遇，同时促进了技术和在线社交媒体的快速变化与发展。这些变化对学习者和教师的身份和实践提出了重要的问题。新的学习空间是什么？国内外学者在多大程度上对新的学习空间构建起相关研究？与传统的课堂学习空间相比，新的学习空间到底有何特征？他们为语言学习者提供了什么样的机会与路径？教师和学生怎样通过构建新的学习空间使学生学习外语更为轻松、学得更有效率？本章将对学习空间研究、混合式学习、混合学习空间视域下的大学英语教学改革与实践研究等主题的国内外研究进行介绍和归纳。

第一节　学习空间研究

随着第四次工业革命后新技术的出现，教学和学习进入了一个新的时代。越来越多的事物在我们身边变得"智能"，许多工作和生活方式也在虚拟的空间中进行着变革，学习方式不可能一成不变。教育的新面貌现在正被技术综合的方法塑造，这些方法已经渗透到各个层次。在征服新领域和开拓新视野的道路上，技术的作用已凸显出来，技术的力量势不可当。

借助网络技术的发展，学习空间的重构以及混合式学习模式的应用已经成为一种不可改变的趋势。这种趋势促进了以学生为主体的学习活动、更便捷的小组互动和以协作式为特征的学习项目的开展。在许多情况下，这种趋势也代表着技术环境与技术工具的完美融合。技术已经改变了我们看待虚拟空间与真实空间的方式，技术改变并影响着我们学习的方式、场合以及时空。可以说，网络技术为我们创设了一个无所不在的学习空间。无论是在家里，还是公共场所、咖啡厅、图书馆，甚至在高铁上，我们都可以拥有自己的虚拟学习空间。从教育的角度来看，真实空间与虚拟空间的耦合构建了一个开放的学习环境。对处在 21 世纪的学生而言，网络技术就是整个社会环境一个自然的部分，他们更倾向于利用网络来搜集和获取学习资源，并进行信息交流与互动。这种学习方式将改变传统的教师角色。教师角色由知识的"传播者"转变为通过应用技术和传授学习方法来帮助学生进行学习的"促进者"。学习空间的设计就像一个控制室，我们操纵和控制信息的输入与输出。我们可以将学习空间看作一个交织网。在这里，我们通过使用数字媒体来进行知识创造、收集和处理经验；通过教育互动，可以促进协作学习、培养团队合作精神和激发创造力。在物理学习空间设计的学习场景里，我们融合了技术、方法和教学方法。

  Stockert 和 Stoica（2017）在关于创设协作、交际、互动的学习空间的文章中，向我们介绍了挪威科技大学正在为混合学习开发大量的学习空间的案例。其协作和通信是在几种类型的设备上完成的，是社交网络、工作网络和学习环境的混合。以学习空间为例，它支持电子学习、音频/视频会议、BYOD（自带设备）和共享多点触摸界面，以便在小组工作中进行交互和协作。为了利用所有这些特性，研究必须考虑到物理环境，同时还要考虑到在这个学习空间中所采用的教育和学习方法。文章还讨论了学习空间的设计、利用和评价的过程。这个过程中出现了许多挑战：学习空间的主要目标是什么？在学习空间中，应该使用什么样的教学方法和阐释方法？谁应该使用空间以及如何使用？如何培训和激励教师和学生使用学习空间？他们会像我们在设计阶段所期望的那样使用它吗？我们如何衡量学习空间的影响或学习效果？在技术学习空间的生命周期中会出现什么样的障碍和困难？因此，该文的研究结果将为未来学习空间的成功设计提供关键指导和借鉴。

设计一个学习空间用以支持学生知识的生成是一个重要的但被忽视的领域。秦丹（2016）认为，"在以 Web 2.0/3.0 技术为核心构建的网络学习空间中，学习者不仅拥有一个独立的个性化学习空间，而且拥有与处于不同时空的学习者进行交流与共享的人际交往空间，这让学习变得更加开放自由"①。因此，我们需要重构、重新设计学习空间并重新思考学习空间的应用问题。例如，在大教室通常较难应用学习空间，那么许多大学已经通过改造主要结构项目实现了创建新型学习空间，促进协作学习。这些行动的例子包括使用圆桌或实验室的长凳、灵活的可移动的座椅、广泛的新无线技术、新的房间配置以及增加同伴互动的机会，等等。

如何有效创设非正式学习空间是一个需要进一步研究的课题。关于非正式学习空间设计的讨论主要从学习理论、空间建构和建筑学出发，需要理解三者之间的协同作用。来自谢菲尔德哈勒姆大学的纵向、定量和定性研究探究了学习者的行为、态度以及对非正式学习空间的偏好。该学习空间研究通过产生九个学习空间偏好属性的类型学分析对非正式学习空间的设计做出了贡献，这些属性涉及学习理论、空间建构和建筑学的各个方面；类型学分析可用于评价现有空间，并告知高等教育机构如何重新开发非正式学习空间。谢菲尔德哈勒姆大学的相关研究得出了一个关键性的结论：开发一套离散的、相互关联的学习环境，提供具有明确身份的空间，并鼓励学生将他们的学习偏好转化为空间选择（Harrop & Turpin，2013）。

在高等教育机构，为了更加适应新一代学生的学习需要，学习空间的设计已经不是什么新鲜事。许多大学正努力优化学习空间，包括加大财力投入改造传统教室，使其更适应网络化、协作式、互动式教学的需要。建构主义学习理论强调，学生通过与周围环境的互动和体验来建构自己的知识，其核

---

① 秦丹. 社会认知理论视角下网络学习空间知识共享影响因素的实证研究［J］. 现代远程教育研究，2016（6）：74.

心观点在于认为学生是主动的信息处理者,这与行为主义所强调的学生是知识的被动接收者形成了鲜明的对比。正是在建构主义学习观基础上,高等学校越来越重视培养学生的批判性思维、协作式能力、沟通交流能力、信息技术素养以及创造性,那么传统教室的布局很难适应这种教学需要。由此构建一个协作式的课堂学习空间需要打破固定的座位,采用圆桌型座位,以利于小组讨论、问题解决和协作探究。有关学习空间的文献表明,改变教室环境来促进协作、讨论和开展灵活的学习活动是非常有意义的。

教室、校舍、走廊、班级等元素在很大程度上定义着教育的环境。这些物理机构形成学习空间,深深影响着教学和学生的学习方式。然而,在过去的十多年间,新的时空元素通过网络技术的广泛应用被引入这些现有的学习环境。这些技术的引入基于一个连贯的教学框架,集成现有教育学的学习空间,大大扩展了作为真实学习空间的教室范畴。使用这些技术结构来超越传统课堂的时间和空间,需要新的教学模式的构建模型,为教师更好地利用虚拟和真实的学习环境提供一种范式,尤其需要考虑通过虚拟环境整合课堂和课外活动以及协作式学习经验(Weiss,2007)。

一、学习空间的内涵与特征

空间是一个很广阔的概念,在日常生活中,我们常常会看到"空间"这样的字眼,比如物质空间、生活空间、学习空间、真实空间、虚拟空间、外层空间,等等。《现代汉语词典》(第六版)将其定义为:物质存在的一种客观形式,由长度、宽度、高度表现出来,是物质存在的广延性和伸张性的表现。从词典的解释,我们可以看出,空间更侧重于物质层面,是一种可以直接触摸的东西。但是随着网络空间、虚拟空间的出现,我们发现空间的范畴大大拓展了,已经超越了原来的意义范畴。这里我们不去探讨广义意义上的空间,我们仅仅围绕学习空间这个概念。从字面上来看,学习空间指的是学习发生的场所。许亚锋和尹晗等(2015)认为,"学习空间是指用以学习的场所,它蕴含着学习可以发生在任意场所、学习空间包括物理空间和虚拟空间、以建构主义等主流学习理论以及学习科学为关照理论、需要借助信息技术的增强、其最终目标是为了促进学习者的学习等丰富隐喻"①。因此，与传统的教学空间相比，学习空间不再局限于课堂，而是扩展到任意的学习场所；不再局限于物理空间，而是真实空间与虚拟空间的融合；不再局限于正式的课堂教学，而是将正式学习与非正式学习相结合，发挥学生的主体性，尤其是课外非正式学习中的自主性；不再局限于教师的教，而是转变为如何更好地借助各种空间的要素来激励、支持、促进学生的学；不再受制于传统的"知识授受主义""以教师为中心"的教学方式，而是转变为建构主义、意义协商、协作学习的范式。但是，学习空间的拓展需要借助现代教育技术，特别是网络技术的发展，这是毋庸置疑的。

王广新（2000）指出，学习空间具有以下两个特征。一是物理特性。"我们认为学校内部空间环境的物理特征主要是指学习场所内空间环境的构成及其学习空间的组织形式，它们的构成和分配构建了学校内部一切学习活动的有效发生。"② 二是网络特性。网络学习空间是开放的、可控的、灵活的。首先，网络打破了学校与社会、人与人之间的空间隔绝与封闭性，在网络空间里，各种因素之间都可以开展交流与活动，因此它具有开放的、自由的特性。其次，网络又是由人来操控的。任何人只要进入网络学习空间，都可以开展信息交流、下载学习资源、分享学习成果、参与协作式问题解决等。最后，网络学习空间不受物理空间的限制，只要连接上网络，学生在任何时间、任何地点都可以进入空间进行学习交往，能适应各种学习要求。

当然，学习空间的构建研究最终要达成实践中的使用才有意义，也即我们需要从实用的视角来关注学习空间的实用性特征。"而从实用的视角研究技术支持的学习空间就起到这样一种作用——它搭建了理论与实践之间的桥梁，这主要体现在两个方面：一是从实用的视角来看，由社会文化、心理

---

① 许亚锋，尹晗，张际平. 学习空间：概念内涵、研究现状与实践进展［J］. 现代远程教育研究，2015（3）：82.
② 王广新. 网络环境下学习空间的特征分析［J］. 电化教育研究，2000（2）：58.

学、学习科学、教学法四个领域基础研究得出的不同设计理念和特征应当加以综合以达到最好的效果，并且在综合的过程中最重要的是首先确定这些设计理念和特征的优先级；二是从实用的视角来研究技术支持的学习空间，意味着要根据客观条件来选择合适的实践方案。"① 学习空间的实用性特征既是网络技术赋予的新特性，又是我们开展学习空间研究的最终归宿点。

二、学习空间的构建研究

网络学习空间不是新事物，是信息技术发展背景下出现的个性化虚拟学习环境。杨现民等（2016）指出，目前的研究尚未形成权威通用的网络学习空间定义，一般认为，根据网络学习空间运行载体服务性质的不同，可以将其分为广义的网络学习空间和狭义的网络学习空间。广义的网络学习空间是指运行在任何平台载体之上，支持在线教学活动开展的虚拟空间；狭义的网络学习空间特指运行在专门的教育服务平台之上，支持在线教学活动开展的虚拟空间。

依据不同的媒介、资源、服务对象、服务方法、服务手段等，学习空间可以分为多种类型。在构建学习空间时，我们需要确定哪种类型空间是最符合自己的实用需求的。胡永斌等（2016）结合实践领域的案例，将网络学习空间分为五种类型：第一种类型是教学资源型空间，以提供视频、音频、教案、讲稿、课件、习题、多媒体素材等教学资源为共同特征；第二种类型是直播教学型空间，以提供在线视频或音频实时直播教学为共同特征；第三种类型是学习社区型空间，以提供学习交流服务为共同特征；第四种类型是角色扮演型空间，以角色代入开展探究学习为共同特征；第五种类型是课程服务型空间，以同时提供课程平台、课程内容和学习支持服务为共同特征。

关于学习空间的构建，贺斌和薛耀峰（2013）将学习空间的框架分成学

---

① 许亚锋，赵博，张际平．论技术支持的学习空间的领域基础［J］．现代教育技术，2015（8）：37-38．

习文化、资源形态和应用场合三个维度,并且着重分析了个人学习空间的八大价值诉求:获得更大的拥有感、控制感、责任感、安全感和舒适感;培养学习者的高阶思维和元认知能力;促进有意义的、深度学习的发生;促进参与实践与做中学;丰富和扩展学习体验;更好地助力个性化学习;促进社会交往与协作能力;提升创新思维与创造能力。通过引入TPACK框架,王伟等(2014)从需求分析、技术维度、学科内容维度、学习者能力维度、沟通及管理维度,分析了网络学习空间的构建维度,并结合案例,为我们构建了基于翻转课堂的网络学习空间设计,这将给翻转课堂的教学模式改革、网络学习空间建构提供一定的参考和借鉴。秦丹(2016)则依据社会认知理论,结合知识的提供、接受、转换、共享过程,深入探讨了网络学习空间的知识共享这个主题,主要分析了网络学习空间知识共享的模型建构、影响因素和优化策略,并且指出,"学习者作为知识共享的主体,借由网络学习空间的技术网络平台和社交网络平台,在个体及群体间,通过信息获取、知识生成、知识内化、信息外化的内部循环建构,以及知识编码、知识转移、知识寻求、知识应用的外部循环途径,完成网络学习空间的知识共享行为,达成知识的交换与创新"[①]。

在物理学习空间里,课堂教学的基本特征之一就是教师与学生之间的交互。一方面,这种课堂交互体现为师生面对面的语言交际、交流讨论、答疑解惑、小组协作等形式。另一方面,课堂交互还体现在学生与学习资源、学习资料(教科书)、媒体信息之间的行为交互。但是,"在虚拟学习空间中开展教学,师生之间、生生之间、人机之间的交互不是简单、偶然、自发地发生的,而是非常复杂的,涉及学习媒体、技术支持、教学心理、学习内容等方面,所以应该设计足够的、多种形式的、恰当的教学交互手段,充分挖掘和利用各种交互方式的潜力,创造出与课堂教学相比拟的交互效果"[②]。徐

[①] 秦丹. 社会认知理论视角下网络学习空间知识共享影响因素的实证研究[J]. 现代远程教育研究,2016(6):74.

[②] 李欣. 虚拟学习空间的建构与交互设计[J]. 中国电化教育,2008(8):95-96.

刘杰等（2014）认为，网络教育资源的高效发展与利用需要建立在连通主义的基础上，因为在网络学习空间里，学习者除了获取资源外，还应该成为资源流通的媒介与管道。可以说，连通具有以下优势：连通能促进知识节点发展；连通能提高资源的利用率；连通能使资源形成一个生态链的整体，优化资源整合。杨进中和张剑平（2015）结合网络学习的社会化、个性化、碎片化、关联性等特征，探讨了基于社交网络的个性化学习环境构建，由此展望，"基于社交网络的个性化学习资源聚合模式是'以学为中心'的学习系统研究的新发展，是技术支持学习隐喻的新型学习模式，代表了未来学习环境构建的发展方向"①。梁为（2014）结合体验式学习强调个体参与、真实情境、学习者对经验的获得和再次利用等特征，探讨了基于体验式理念的网络学习空间的构建与设计，其最大的特点在于游戏化教学、实时的交互与协作以及个性化的学习环境。该模式进一步丰富和优化了网络学习空间功能，扩大了应用范围，增强了应用效果。

三、学习空间的应用研究

技术和教学创新创造了新的学习空间和新兴的机会：在线教师学习网络、远程教育的跨文化交流以及基于网络技术的协作式学习。在每一个案例中，研究者们都对相关主题进行了探讨，并讨论了存在的问题、框架和工具，这些框架和工具可以用来指导对新的学习环境的探究。共享学习空间的一个重要的特征是信息共享。比如，信息化时代的图书馆共享学习空间的构建，不仅需要有纸质的书籍、期刊、杂志等，还需要提供在线图书馆资源，并提供整套的应用软件，如文字处理、电子邮件和网页浏览，以及强大的网络和服务器基础设施支持。图书馆"信息共享"的另一个显性特征是图书馆里的师生可以使用各种各样的学习空间。为此，图书馆需要提供各种舒适和

---

① 杨进中，张剑平. 基于社交网络的个性化学习环境构建研究 [J]. 开放教育研究，2015（2）：95.

灵活的学习空间,以支持专注的个人学习,并考虑什么类型的学习空间能满足学习者最大的需求,提供最大的可能性,并可能达到最优化的效果。"学习者学习空间中的知识共享主要包括信息获取、知识生成、知识内化和知识外化四个主要阶段。在信息获取阶段,学习者在学习任务的驱动下主动寻找和获取信息;在知识生成阶段,学习者将获得的信息与自身原有知识相结合,生成新的知识;在知识内化阶段,学习者将新生成的知识内化到原有知识中,作为自身知识的一部分;在知识外化阶段,学习者通过多种方式与他人进行交流互动,交换和获取知识。"[①] 网络学习空间的知识共享行为的实质是学习者之间通过社会交换而进行的互惠互动过程,因此,社会需要为学习者的知识共享提供足够的支持,包括网络技术的支持、网络管理的支持以及网络学习大数据分析的支持,以便提升网络学习空间知识共享的效果和效率。

依据泛在学习视角,杨玉宝和吴利红(2016)系统论述了网络学习空间的构建原则、概念模型,并具体阐述了五种基于网络学习空间的创新应用模式,包括翻转课堂模式、个性化学习模式、创客教育模式、家校协同模式以及专业发展模式。此外,该研究还从实证研究角度,具体介绍了翻转课堂模式的应用,为我们指明了该模式应用的有效性及其实践意义。就利用网络学习空间来促进个性化学习而言,何一茹(2017)讲述了 SNS 型区域网络学习空间在促进学生个性化学习的技术支持、应用模式、案例分析以及效果总结,为推进网络学习空间的区域化和应用研究提供了参考。郭炯等(2017)开展了有关网络学习空间支持的协同教学模式研究,该研究详细阐述了网络学习空间支持的协同教学内涵、分析框架、模式分类以及案例分析等,是对网络学习空间支持不同角色实体之间的互联互通、知识创生、协作交流的深入探索,对开展协同教学、组织教学活动以及教师在线专业发展等方面都具有一定的指导意义。

大学英语学习空间需要创设一个虚拟仿真的语言环境,使学生能够进入语

---

① 张思. 社会交换理论视角下网络学习空间知识共享行为研究 [J]. 中国远程教育,2017(7):26 – 27.

言学习的状态，从而能产生更多的语言输入和输出。靳琰和杨明托（2017）探索利用 VIRTOOLS 平台开发设计大学英语的虚拟学习空间。该研究阐述了虚拟场景的建设、交互式英语虚拟学习空间的创建及其在教学实践中的应用等方面。虚拟学习空间的创建及应用具体可以体现为以下几方面的优势：有利于整合学习资源；有利于优化语言学习环境；有利于混合式教学模式的开展；有利于学生的自主学习；有利于师生之间、生生之间的知识共享与交流互动。为了利于增强学习效果，胡智标（2014）探讨了利用增强现实技术来拓展学习空间的做法。所谓增强现实，是指应用电脑技术，实现虚拟信息与真实世界的叠加，使其存在于同一个画面或空间里。该研究认为，增强现实技术，不仅可以创设智慧学习环境，提升教学效果，而且可以对教学模式进行变革，改善课堂教学。增强现实技术在大学英语课堂中的应用，有利于虚拟学习环境与真实学习环境的进一步融合，对于语言环境的塑造具有不可替代的作用。增强现实技术的应用与情境认知学习理论非常契合，它强调了语言知识习得中情境的基础性，通过使学生体验到真实的语言情境，更好地实现将语言知识与现实生活链接，从而转变为知识的内化。语言学习更多地体现为交互式，这种交互是学习者与系统之间的交互、学习者与学习资源之间的交互、学习者与他人之间的交互，目的是促进交流与发展，因此具有过程的属性。朱珂（2017）在分析网络学习空间学习者交互不足的基础上，提出了学习者交互分析模型，并依据某大学的慕课学习空间为案例，分析了网络学习空间中，学习者交互模型的具体应用，该研究既是对信息技术与课程教学的整合研究，又是对网络学习空间学习分析技术的特定研究，具有较好的应用参考价值。

第二节　混合式学习研究

许多人认为，混合式学习就是将传统的课堂教学与课后的网络学习混合起来。当然，这只是相对于狭义上的定义而言的。实际上，定义混合式学习比想象的要复杂得多。不同的学者对混合式学习进行了不同的定义。Mcgee 和 Reis（2012）将混合式课程定义为：教师和学生通过混合式信息传递的方式（通常为面对面或以信息技术为媒介）合作共事，达成学习目标，这些目标的实现需要依托恰当的作业、活动、评价等教学手段，并且以一种对学习者有意义的方式来建构课程环境。这表明，在混合式学习中，网络技术不仅是一种补充，而且是课程的核心要素。Osguthorpe 和 Graham（2003）从三个主题来界定混合式学习：结合教学方式、结合教学方法、结合网络与面对面的教学指导。前两个主题讨论了教学方式、教学方法对学习的影响。根据这个主题，混合式学习的定义太过于广泛，几乎涵盖了所有的学习系统。换句话说，很难找到一个不涉及多个教学方法和多重媒介的系统。因此，使用这两个定义无法传达混合式学习的意义。第三个主题是最准确的，它强调了计算机基础技术在混合式学习中的核心作用。混合式学习可以被简单地定义为将技术与面对面学习相结合的学习方式。换句话说，混合式学习意味着采用多种授课方式，将传统课堂教学与在线教学相结合（Akkoyunlu & Soylo, 2006），以达到最佳的课程目标。根据 Bersin（2003）的说法，"混合式学习是不同的训练（技术、活动和事件类型）的组合，为特定的学习者创造一个最佳的训练计划"①。

Graham（2006）认为，混合式学习发生在以下不同的层次。（1）活动层面：一个活动包括面对面和计算机中介的元素。（2）课程层面：在这个层次上的混合是最常见的混合方式之一。课程层面的混合涉及将不同的面对面活动和计算机的中介活动结合起来。一些混合的方法涉及学生在面对面活动以及计算机中介的活动的深度融合，这些活动在时间上重叠，而其他的方法将时间划分成块，这样它们是连续的，但不会重叠。（3）程序层面：在程序层面，混合通常包含这两个模型中的一个。在一种模式中，学习者在面对面课程和在线课程之间选择一种混合，而另一种模式是由程序安排的两者之间的

---

① BERSIN J. The Blended Learning Book: Best Practices, Proven Methodologies, and Lessons Learned [M]. New York: Jossey–Bass/Pfeiffer, 2003: xv.

混合。(4) 机构层面：一些机构致力于融合面对面和计算机中介的教学。除了高等教育机构之外，许多组织都在机构层面上建立混合式学习模式。基于以上提到的不同层面，Graham（2006）认为学习者或教师决定了混合式学习的性质。学习者可以经常选择机构层面和程序层面，而在课程和活动水平上的混合是由教师决定的。

一、混合式学习的国内研究现状

目前国内对于混合式学习的研究和探索正处于火热阶段。许多教育界专家从不同的视角出发，对混合式学习进行了阐述与探索，概括起来主要体现为以下几个方面。

（一）混合式学习的理论基础研究

首先，我们需要了解什么是混合式学习。对于混合式学习的内涵，祝智庭（2003）提出，混合式学习是在"适当的"时间，通过应用"适当的"学习技术与"适当的"学习风格相契合，对"适当的"学习者传递"适当的"能力，从而取得最优化的学习效果的学习方式。李克东（2004）对混合式学习的理论基础、设计原理、应用模式等进行了系统的阐述，为我们理解混合式学习提供了理论框架和设计模型。随着混合式学习应用范围日益广泛，人们对混合式学习的本质也产生了误解与歧义，因此，有必要在应用这个层面对混合式学习的本质内涵进行再审视。王靖和陈卫东（2016）从具身认知的视角，结合混合式学习的三个基本问题，即为谁混合、为何混合以及如何混合，提出"作为一种特殊认知活动的混合式学习本质，是将技术支持下的学习环境内化为学习者认知系统的一部分，从而扩展学习者的认知系统，技术从'可见'走向'隐形'"[①]。黄怀荣等（2009）构建了混合式学习的课程设计理论，并从混合式学习课程设计框架、混合式学习课程过程模

[①] 王靖，陈卫东. 具身认知视角下的混合式学习本质再审视［J］. 远程教育杂志，2016（5）：74.

型、混合式学习课程活动模型三个方面加以具体阐述，为我们提供了具有可操作性的混合式学习课程设计架构。

(二) 混合式学习资源建设研究

共享学习空间视域下，学习资源已经不再局限于传统意义上的纸质版素材，比如教科书、报刊资料、教师讲义等，而是扩展到以电子版为形式的基于网络流通的学习素材。无论何时何地，只要打开网络页面，使用搜索引擎，都可以搜索到我们所需要的学习资源。这种学习资源获取的便捷性不仅大大改变了知识的交流传递形式与速度，而且改变了我们的学习范式。王小根和范水娣（2018）指出，生成性资源已经成为学习资源的重要环节，在混合式学习模式下，我们不仅需要整合学习资源，更重要的是如何生成资源，由此，他们探讨了混合式学习环境下学习资源的生成模式，并阐述了该模式的每个环节，为我们开展大学英语学习资源生成实践提供了明确的指导。依据生态学视角，郭冠平和张小宁（2013）构建了以学习共同体为特征的混合式学习模型。实际上，生态视域下的混合式学习模型是建立在学习资源共享、综合考虑生态主体和生态环境的交互的基础上的，它结合了学习共同体、物理环境构建、社会环境构建、规范环境构建等多个方面，将混合式学习资源建设研究放置到社会语境中，真正考量了混合式学习系统的生态动力平衡，使混合式学习发挥更大的价值。张务农（2017）从认知工具的视角来探讨混合式学习中的深度学习，并且提出："混合式学习认知工具是一种建构工具，意味着在混合式学习中技术参与认知的目的是促进深度学习，而不是作为高级的学习信息通道。深度学习不仅涉及积极主动等学习的态度品质，更是把学习目标指向多学科、多渠道、多信息渠道知识以及新旧知识之间的联系和贯通，涉及分析、综合、评价、应用等高阶的思维方式和深层次的知识处理加工，是一种探究性的学习。"[1]

---

[1] 张务农. 混合式学习认知工具研究 [J]. 中国远程教育，2017 (6)：20.

(三) 混合式学习系统设计、学习模式开发研究

马武林和张晓鹏（2011）在简要介绍混合式学习的基础上，提出了大学英语混合式学习模式，并且详细阐述了大学英语混合式学习模式案例设计，为大学英语教学开展混合式模式改革提供了借鉴。杜星月和李志河（2016）则对混合式学习空间的构建进行了研究，提出了综合意义上的空间概念，指出"混合式学习空间的构建基于云计算架构，将教学信息、学习资源、教学服务融为一起，为学生提供个性化、高交互、智能化的学习空间"[①]。混合式学习模式下，同伴互评也成为一个独特的研究视角。比如，柏宏权等（2017）提出了融入同伴互评的混合式学习模式，并结合实证研究，得到研究启示：混合式学习有助于师范生教学模式创新，助力师范生成长；有助于促进学生的学习参与、促进师生互动；有利于同伴互评，促进评价的公平性。在混合式学习系统、学习模式建构中，很多学者结合MOOC、微课、微信、翻转课堂、网络交互平台等来开展探索。凌茜和马武林（2009）探讨了基于Web 2.0平台的大学英语混合式教学模式，通过平台解决传统大学英语中教学内容单一、教学容量过窄的问题，以及利用平台变革传统课堂的语言知识授受主义，提高学生的学习兴趣。杜世纯和傅泽田（2016）开展了基于MOOC的混合式学习模式及实证研究，研究发现，与传统的面对面教学相对，该混合式教学模式打破了传统的以教师为中心的教学范式，提高了学生的学习参与性，赋予了教与学新的内涵。赵振华和张芳（2015）将微信作为连接大学英语教学的平台与媒介，详细地分析了基于微信的大学英语教学平台构建，丰富了大学英语教学的手段，更新了大学英语过程性评价方法。潘孝泉（2017）依据混合式学习理论基础，开展了微翻转课堂的大学英语教学设计，通过实验研究表明，微翻转课堂能够提高学生的学习参与度，促进学生的学习自主性。网络平台作为混合式学习的一个技术媒介，也引起了很多

---

① 杜星月，李志河. 基于混合式学习的学习空间构建研究［J］. 现代教育技术，2016（6）：36.

学者的极大关注。杨根福（2015）依据IS持续使用理论与任务技术匹配理论，深入研究了混合式模式下网络平台使用的绩效问题，通过实证研究得出结论："首先，任务与技术匹配程度受学习任务的复杂程度、结构化程度、网络教学平台功能特征的影响，当学习任务越简单、明确、常规化以及网络教学平台功能符合学习需求时，任务与技术匹配程度越高。其次，任务与技术匹配能提高学生满意度和持续使用意愿。再次，持续使用意愿对学生学习绩效有显著正向影响"[①]。孔维宏和高瑞利（2008）介绍了MOODLE平台以及混合式学习的整合，从学习资源优化、学习活动组织、学习评价设计等方面进行了阐述，结合教学实践，表明了基于MOODLE平台可以更加有效地开展混合式学习，提高教学效果。赵冬梅和尹伊（2012）对基于Blackboard平台的混合式教学模式，分别从课程导入、教学组织、教学评价等环节进行了详细的探究，具有一定的借鉴意义。梅明玉（2017）探索采用微信公众平台以及微社区为媒介，对《开放英语》课程进行混合式学习设计，研究发现，微信平台可以成为远程教学、翻转课程教学等有效的工具，合理利用这些平台能促进学生参与度，提高学习效果。乔慧娟（2017）不仅为我们介绍了基于探究社团体系来构建混合式学习模式的可行性，而且结合高级英语教学的实证对该教学模式的效果进行分析，研究发现，在基于探究社团体系的混合式学习模式中，学生的学习满意度较高，学生的自主探究得到很大的强化，提高了高级英语教学的效果。

（四）混合式学习效果评价研究

近年来，混合式学习成为一种非常受关注的对象。作为一种新的学习模式，其应用效果势必需要通过教学实践来加以验证。实际上，从文献来看，与混合式学习模式建构的探索相比，相关学者们对混合式学习模式的应用效果的专门性研究似乎偏少。这主要有两方面的原因：一是学者们更加重视如

[①] 杨根福. 混合式学习模式下网络教学平台持续使用与绩效影响因素研究[J]. 电化教育研究，2015（7）：47.

何构建混合式学习模式，以便人们可以在实践中进行操作；二是在介绍、阐述混合式学习模式建构的基础上，学者们往往采用实证的研究方法，结合具体的教学实践，已经对混合式学习的应用效果进行了有益的分析和总结。当然，从文献中，我们也可以找到一些专门针对混合式学习效果评价的研究，这些研究是对混合式学习模式建构探索的有力佐证和补充。高瑞利（2010）探讨了混合式学习的评价体系，具体从评价体系设计原则、评价体系量表等方面，为开展混合式学习效果评价提供了有益的参考。吴彦茹（2014）以大学生批判性思维能力培养为视角，通过实证研究发现，混合式学习在促进大学生批判性思维能力发展方面具有明显的效果。王琛和国兆亮（2014）采用质的研究方法，对 21 位大学生的混合式学习进行追踪研究，结果发现，混合式学习在学习资源设计、学习平台应用、学习效果评价等方面都具有明显的优势。柳兵（2010）对基于 MOODLE 平台的混合式学习效果进行了统计比对分析，研究发现，混合式学习模式学习效果优于网络自主学习模式，其原因在于 MOODLE 平台能够更好地整合在线学习资源，比如在线课程学习、在线自主学习、在线自我测评等；更好地支持教师的课程设计，比如，设置主题式讨论、在线答疑、在线布置作业、师生在线交流互动等；既能发挥教师的主导作用，又能为学生搭建自主建构知识的环境。钟玉琴（2017）依托《大学英语精读课程》，采用威斯康星大学教授 Donald L. Kirkpatrick 提出的四层级评估模式，即反应、学习、行为和结果，对混合式学习评价进行探究，数据分析发现，大学英语混合式学习评价中暴露了一些问题，由此提出构建双金字塔互补型评价模型的建议。韩立华等（2010）依据混合式学习理论，阐述了混合式课程设计、实施、评价等教学改革的全过程，教学实践与调研结果表明，混合式教学模式能促进学生知识习得的主动性，提高信息能力和知识应用能力。赵国栋和原帅（2010）以国内外混合式学习理论为基础，构建了混合式学习满意度分析模型，对北京大学教学网络的学习满意度展开实证调查研究，发现学生对电脑的适应性、学习任务的实用性、教师反馈的及时性、学习认知的难易度以及课程的适用性等方面都会影响学生的混合式学习满意度。王欢和陈冰冰（2010）认为，"混合式大学英语教学模式的成功构建，关键要有一个高效课程管理系统，将课堂集体授课式教学与网络自主式学习结合起来。在这个管理系统中教师可以发挥自己的主导作用，发布课程要求和相关学习资源、创设各种学习交流活动，并监控学习过程及成效；学生则可以在其中发挥自己的主体作用，自主调节学习的进程和内容，参与各种学习讨论，并在与同伴的合作学习中体验共同成长的乐趣"①。

（五）混合式学习的应用研究

随着混合式学习研究的深入，学者们开始越来越关注其应用研究。这种应用研究的探索主要体现为以下几个方面：(1) 除了文科类领域，比如外语教学、语文教学，混合式学习还可以应用于理工科类领域；(2) 混合式学习模式的应用还扩展到除学校之外的领域，比如虚拟社区学习、在线开放课程等；(3) 混合式学习模式在某学科的一门课程教学中的应用研究，比如，黄红兵和李跃平（2015）开展了有关大学英语写作中应用新混合式学习模式的可行性的探索，研究发现，基于新混合式学习模式的大学英语写作能充分发挥网络技术的优势，强调人机互动、师生互动、生生互动、资源共享等，突显了过程性评价在促进学生外语写作能力中的作用。黄义娟（2016）则开展了混合式模式应用于大学英语听说教学的研究，发现混合式学习在大学英语听说课的课程导入、自主学习、学习支持、课堂学习、评价与反馈等方面都可以得到有效的、具体的应用。混合式学习也可以应用于成人大学英语学习，比如，刘延（2010）采用混合式学习方法开展成人大学英语教学的实验，阐述了混合式学习理论在成人大学英语教学中应用的有效性。不仅可以应用于教学方面，混合式学习还可以应用于教师的专业发展。比如，符章琼（2016）积极探索了混合式模式下大学英语教师专业发展的路径，特别阐述了借助网络技术平台开展大学英语团队建设的策略。廖春燕（2009）在建构

---

① 王欢，陈冰冰. MOODLE 支持下的混合式大学英语教学设计 [J]. 浙江万里学院学报，2010（6）：96.

主义理论的基础上，探讨了大学英语课程教学中基于混合式模式的教师角色期待，并且着重研究了该模式下教师的角色转变问题。混合式学习还可以应用于教师技术培训，比如，刘红（2010）认为，混合式学习"融合了课堂教学与网络教学的优势，以教师的工作作为切入点，将教育技术的理论知识嵌入到实际工作中，与教师课程建设相结合，使信息技术有效整合到课程建设中来，具体来说，具有以下优势：教师既是混合式学习的体验者，又是混合式学习的实施者；培训内容与教师工作情境相一致；与非正式学习相结合"[①]。韩颖（2017）以学术英语听力为研究对象，开展融合移动技术、网络技术以及传统教学为一体的多模态混合式学习，通过多模态的听力输入和转换来促进学生听力能力的提高，研究发现该模式在提高学生听力技巧、促进语言习得、优化任务环境、改善常见网络听力问题等方面具有明显的优势。衷克定和岳超群（2017）从学习者的主体意识发展方面对混合式学习模式进行了探讨，指出，学习者的主体意识包括自我意识、实践意识、社会意识，开展了基于主体意识的混合式学习设计，并且结合两次实验对该模式设计的应用效果进行了分析，"经过横向比较对照和纵向发展评估，两次实验研究反映了：（1）混合式学习模式可以提升学习者主体意识总体水平，对于学习者自我认识与评价、认识自己的能力、对自己有恰当评价等方面有显著的作用；（2）在混合式学习模式下，学习者学习成绩的提升与主体意识的提升有着共同的分布规律，而后者之意义不仅限于知识的学习和成绩的获取，对于其今后的学习方式和对主体的认识有更为深远的影响；（3）对于混合式学习模式注重的平时表现和小组表现，主体意识的三个维度的影响是不同的，贡献率的大小、方式都会形成不同的作用程度"[②]。

---

① 刘红. 混合式学习应用于教师教育技术培训的研究［J］. 教学与管理, 2010（7）: 32.

② 衷克定, 岳超群. 混合式学习模式下学习者主体意识发展研究［J］. 现代远程教育研究, 2017（6）: 55.

二、混合式学习的国外研究现状

教学环境涉及许多改革创新,其中就包括以混合式学习形式出现的技术应用。混合式学习是一种创新的概念,它既包含了传统课堂教学的优点,同时也包含了计算机辅助离线学习和在线学习的优点;它涵盖了协作学习、建构主义学习、计算机辅助学习等范畴;在实施过程中,混合式学习需要实在的努力、正确的态度、可观的预算以及教师和学生的积极主动性;由于它融合了多种模式,所以它是复杂的,组织起来是一项困难的任务(Lalima,2017)。混合式学习虽然是一种较为新潮的学习模式,但是也面对着许多的挑战和质疑。混合式学习的有效性就是其中之一。国外对于混合式学习的有效性研究一直以来非常关注,这也是国外相关研究以实证研究为主的主要原因。混合式学习的有效性研究主要涵盖混合式学习设计特征,比如生生互动、面对面支持、学习管理工具、技术素养,而混合式学习结果包括学习满意度、学习成绩、内部学习动机、知识建构等。Kingtu 和 Zhu(2016)探究了是否学生的特征和背景会对混合式学习结果产生明显影响。研究发现,学习者的态度是影响混合式学习满意度和动机的主要因素。Larsen(2012)研究了混合式学习的应用模式、使用效果以及这些因素在多大程度上影响英语第二语言习得,研究发现,学生自主性增强,专注力提高,而且更能对自己的学习负责。混合式学习模式不仅增强了学生的自主学习能力,而且能够开展自我导向性学习。Poon(2013)认为,强化学习者的动机,使他们能够按照自己的节奏、自己的时间安排是混合式学习环境的一个重要方面。

Banditvilai(2016)阐述了使用混合式学习加强学生的语言技能的个案研究,该研究聚焦于融合电子学习与传统语言课堂学习方式的 ESP 课程的学习效果,对比实验组和控制组的学习成绩与态度变化,来评估基于网络技术的混合式学习在发展学生的语言技能以及自主学习上的作用。研究发现,在线学习直接有利于发展学生"听、说、读、写"四种语言技能,加强学生的学习自主性和学习动机。Kintu et al.(2017)通过分析学习者特征、混合式学习结构特征以及学习成绩之间的关系，调查了混合式学习环境的有效性问题。该研究目的在于将学习者特征、混合式学习结构特征作为自变量，将学习成绩作为因变量，来测定影响混合式学习有效性的重要指标。该研究对238名研究对象的学习特征、混合式学习结构特征、期末考试成绩进行了数据搜集。回归分析结果表明，在混合式学习模式下，混合式学习结构特征（包括技术能力、在线工具、面对面学习支持）以及学习者特征（包括学习态度、自我管理）与学习成绩效果之间存在明显的关系。Donaldson et al.(2017)探讨了协作式工具对强化混合式学习环境下学习者参与度的作用，这些协作式工具包括实时协作建站工具（Padlet）、推特（Twitter）、维基空间（Wikispaces）等，来强化生生之间、师生之间以及学习者与学习资源之间的互动。研究表明，在混合式学习中，协作式工具的应用有利于加强交流互动，我们应进一步利用好社交网络，研究协作式工具的辅助功能，优化网络空间学习。Ghazizadeh（2017）开展了一项旨在检测混合式学习对外语学习者阅读能力的影响研究。在该项实验研究中，60名研究对象的外语达到中等水平，被随机分成两组，控制组接受传统的通用英语课堂教学，而实验组接受融合通用英语课堂教学以及混合式教学模式，实验结果表明，混合式学习模式对学生的阅读能力的影响在统计学上表现出显著正相关，由此建议，在外语教学中，混合式学习模式可以被采用，尤其可以应用于学生阅读能力的培养。Romeo et al.（2017）探讨了在一所研究型大学的西班牙语项目中，技术使用与学生表现之间的关系。通过课堂观察、学生和教师自我报告以及第一、二学年课程相关数据，该研究分析了技术使用的类型和分布、教师和学生对技术使用的价值的感知以及可观察到的学生参与者的技术使用与学习能力评级之间的关系。研究发现，学生和教师在语言学习中使用不同程度的技术，并重视不同类型的技术，但仍然将面对面交流视为最重要的因素。此外，无论不同教师和课程之间技术实现存在差异，学生的学习能力程度都达到了每个课程的预期水平，并且在个人之间是非常一致的。在《混合式学习：概念、新兴实践与未来前景》一文中，Derbel（2017）将"混合式学习"的已有相关学术研究作为理论和实践基础，对混合式学习课程实施、研究方向、观点和结果进行批判性研究。该文首先对混合式学习的概念进行界定，提出了采用混合式学习模式的原因，对这一新兴但不断扩大的领域的实施和研究进行了概述，并对概述的问题进行了讨论，强调了混合式学习的新兴趋势、模型和常见的实践，以期促进对混合式学习更好的理解。作为一种将面对面的和在线的信息传递方式混合在一起的程序化指令扩展方法，混合式学习有其独特的魅力，因此，重要的是要了解混合式学习的总体目标、教学目的、技术部署以及构成"正确混合"的人际互动之间可能的相互联系。在研究讨论这一部分，该文断言，混合式学习有可能改变未来网络学习的面貌，未来的混合式学习项目将变成数据驱动的实践以及以教学为导向的研究。这种以教学为导向的研究侧重于探索特定的混合学习活动所带来的学习机会、利用的相关技术以及解释混合学习环境中的学习经验。该文最后还讨论了混合式学习可能的研究途径，以期为未来的研究者、教育领导者和实践者建立必要的理论基础和研究框架。由于混合式学习的双重组成部分，将面对面的课程学习与在线学习相结合，为学生提供各种各样的材料和资源，并以一种方法论的方式组织起来，混合式学习已经成为目前技术支持下的外语教学最普遍的方式之一。多年来，因为新的教育技术、网络技术已经广泛应用于教育教学中，教师和学生们改变了传统的面对面教育过程的方式，教师们不得不提出新的教学方式，以补充和拓展外语课堂教学资源和途径。然而，在外语教学中，混合式课程的实施必须建立在教育学基础以及语言习得规律之上。Ochoa（2011）介绍了混合式学习的一些整合性组成部分，它们在不同语境下的应用，以及在设计、实施和评价该模型时要注意的一些问题。此外，他还鼓励教师反思这种教学模式，将混合式学习作为一种潜在的、不同的、新兴的教学工具。作为不同于母语的语言，学习外语给学生带来了许多挑战，因此，寻找"最佳"条件，以增加接触目标语言的机会是必不可少的。在这一背景下，移动混合协作学习模式已经融入课堂学习，使语言学习者能够通过基于项目的学习方法，通过协作的、真实的语言活动来练习外语。Avci 和 Adiguzel（2017）探讨了有关使用移动即时通信应用程序对英语学习者语言能力的影响研究。该研究以伊斯坦布尔基础大学的 5 个高级预备班共 85 名学生为研究对象，这些对象参加了为期 7 周的移动混合协作学习模式。通过半结构化的访谈和小组讨论、小组工作的自我和同伴评价、项目评估以及使用移动即时通信应用程序进行对话的日志文件等进行数据收集。研究结果显示，学生在真实的环境中练习英语，使他们的语言学习更有帮助，提高了他们的交际能力和词汇知识，并使他们能听懂英语口语。此外，该研究表明，在非正式教育平台上的即时通讯对学生的学习表现和学习效果有积极的影响。Sanprasert（2010）则探讨了如何在混合学习情境下将课程管理系统融入传统的面对面英语课堂中来培养学习者的自主性。该研究目的在于确定是否有证据表明这种课堂管理系统的干预导致了学生对自主学习的认知和实践的改变。该研究对参加英语基础课程的两组泰国大学生进行了实验研究。在泰国的教育背景下，文化影响和规矩的教育实践有可能成为自主学习的障碍。与中国学生相类似，泰国学生的主要特点是听话、不喜欢批评、不愿意挑战教师的权威。因此，在泰国，促进自主学习是一项挑战。该研究采用定性和定量相结合的方法。来自问卷以及学生学习日记等研究数据表明，课程管理系统在学生自主学习的四个方面，即自主感知、自主行为、自主战略和相互依赖，发挥了突出的作用。我国自 1999 年大学扩招以来，学生人数增加、学生学习背景呈现多样化、现代教育技术的广泛使用，使得学生在高等教育中获得更多的学习体验和知识获取。教育研究表明，用于教学和学习的方法已经被证明对学生的学习有直接的影响，并大大提高了学生的学习体验。作为一种新型的学习模式，混合式学习通常被看作面对面授课和在线授课方式的结合，可以影响学生对学习环境的认知，进而影响学生的学习体验、学习成果和最终的学业成就。Poon（2013）向我们介绍了英国诺丁汉特伦特大学一项关于混合学习的案例研究。该研究旨在探讨混合式学习对学生学习体验的益处，集中在教师们的切身体会与经验教训，并报告了学生对混合式学习环境的认知。该研究收集的数据包括对教师的采访和学生对问卷调查的反应。这些研究结果为学习和教学实践的发展，尤其是就如何更好地提高学生的学习体验，提供了宝贵的建议。Kim（2017）探讨了翻转课堂教学法在基于内容的教学情境下的认知效果，将第二语言学习者在翻转课堂与传统课堂中的话语进行比较，比较的参数包括参与率、评论内容、推理技巧和互动模式。该研究采用对比研究法，其中两个完整班级的学习者参与翻转课堂学习（学生数为 26 人）以及传统课堂学习（学生数为 25 人）。在翻转课堂上，学习者在课前听在线讲座，并在课堂上参加小组讨论。与此相反，传统课堂上的学习者在课堂上听教师讲课，然后立即参加课堂上的小组讨论。在研究过程中，学生们的小组讨论通过录音进行了记录。定量和定性分析表明，参与率无差异；然而，参与翻转课堂的学生产生了更多的认知评论，涉及更深层次的信息处理和高阶推理技能，并表现出比传统课堂上的学生更有凝聚力的互动模式。这些研究结果表明，翻转课堂能够有效地促进学生高阶思维过程，并能激发学生在基于内容的第二语言中进行深入、连贯的讨论。Isiguzel（2014）开展了一项混合式学习实验研究，该研究的目的是确定混合式学习环境对学生外语学习动机及学业成绩的影响。研究样本来自土耳其某大学旅游与经济管理学院旅游与酒店管理专业三年级学生。研究时间是 2012—2013 学年秋季学期。研究小组由 62 名学生组成，其中 35 名学生属于实验组，其余 27 人属于对照组。实验组在网上学习 14 小时以及传统面对面学习 6 小时；对照组则只接受 6 小时的传统面对面学习。经过 10 周的实验研究，这项研究顺利完成。通过外语学习动机量表，研究收集了外语课程成绩测试的数据。结果表明，在传统学习环境下，参加外国语言学习班的学生在混合学习环境下的实验组比对照组的学生更成功、更有动力。即使学习者在传统课堂和面对面的环境中接受教师的指导，取得了一定的成功和增强了学习动机，也无法达到混合式学习环境的成功和激励效果。实际上，混合式学习模式的应用能够得以迅速增长，是由于它在网络教学或课堂教学上的优势。既然混合式学习是指网络学习与课堂教学的融合，那么在教师的心目中，到底这二者哪个比较受青睐呢？Jeffrey et al.（2014）针对这一问题，开展了一项对混合式课程的教学实践进行检验的研究。他们对使用混合学习的教师在网上和课堂上的使用以及他们做出这些教学决策的原因进行了采访。在教学框架上,对他们课程的在线和课堂两方面进行对比分析。教师们认为,课堂教学内容比网络教学更受教师的重视,这种态度很大程度上是由他们的观念所驱动,即特定的学习功能最适合于特定的格式。课程本身反映了这些价值观。大多数教师在课堂教学中使用了完善的参与策略,而在网络上使用的策略很少。此外,在线教学与课堂教学组件之间缺乏集成。除非教师重新思考和设计融合在线与课堂的课程模式,使学生能够获得更多的知识,混合式学习将无法实现它的最优化效果。

第三节 混合学习空间视域下的大学英语教学改革

随着信息时代知识的迅速更新和人才需求的多元化,现代教育技术使大学英语教学面临着严峻的挑战,同时也赋予其全新的内涵与方向。具体表现在:知识的迅速更新;现代教育技术在学习资源优化上的定位;现代教育技术视域下教与学方法的多元化和可变性;学生英语自主学习能力的培养;等等。大学英语教学活动应突破教师课堂控制的单一性,转向整合现代教育技术与大学英语教学,以发展学生的知识获取能力、知识整合能力以及创造力为主要目标。笔者结合在大学英语立体化教学改革中的具体实践,依据现代教育技术与大学英语教学整合的理论框架,从课程教学内容、教学方法、评价体系等方面进行探索,并且提出了具体的教学改革路径。

大学英语教学改革,不论是教学模式改革,还是课程设置改革,成功的关键性标志在于能否促进学生自主学习能力的发展,能否促进有效的个性化学习。因此,我们在有关大学英语课程定位与性质的描述中,专门提到了学生语言学习的策略性和可持续性。"语言的工具性"是大学英语教学的根本特性。因此在今后的教学中,需要探索"如何在大学英语课堂中有体系地融入语言学习策略"的教学方法，这对于学生的自主学习能力的提高起到关键作用。同时，这对于后续的教材建设也有指导性作用。在教材建设中，语言的策略学习也是一个重要的部分。当然，除了课堂教学和教材建设之外，教师还要充分利用网络交互教学平台，为学生提供自主学习路径和丰富的自主学习资源。针对目前大学英语教学"费时低效"这一突出问题，毛伟和盛群力（2016）提出，大学英语教学需要聚焦教学设计，强调教学目标、教学设计、课堂教学组织、教学评价的有机结合。从教学的定义来看，教学是教师教与学生学的统一活动。我们需要思考如何才能实施有效的大学英语教学。那么，首先就需要确定一个教学目标。教学目标属于学校教育目的的范畴，它是教学的出发点和归宿点。其次，需要通过完整的教学设计和课堂教学组织来执行并实现教学目标。教学设计、课堂组织活动需要与教学目标达成匹配和一致性。比如，在大学英语课堂教学中，教师需要思考知识与技能、过程与方法、跨文化能力培养、情感态度与价值观培养的有机统一。最后，教学评价不仅需要有结果性评价，更重要的是过程性评价体系，因为语言学习体现为过程、一种体验和经历，并在日常生活中具体地综合应用。

信息化时代为外语教学提供了全新的学习方式和前所未有的丰富资源。因为现代教学手段的使用能适应新时代大学生的学习特点和学习方式。《大学英语教学指南2015版》中提到，有条件的高校可以设计和构建"移动英语学习平台"，凸显现代学习方式的自主性、移动性、随时性等特点。针对此，在听说课程教学中，积极鼓励教师尝试利用网上交互学习平台开展教学。借助网络平台，教师可以有计划地开展网络在线课程、在线精品课程以及网络在线学习平台的建设，学生可以从传统的课堂教学中的"被动学习"向基于技术平台的"主动学习"转变。另外，《大学英语教学指南2015版》积极鼓励教师参加微课大赛、微视频录制，建设和使用慕课、微课，充分利用网上优质教育资源来更新课程设计框架，改造和拓展教学内容，实施基于课堂、慕课和翻转课堂的混合式教学模式，使学生朝着主动学习、自主学习和个性化学习方向发展。

一、现代教育技术与大学英语教学的整合

目前在网络技术快速发展的条件下,大学英语教学呈现出以下的特征:英语教材多媒化、英语资源全球化、教与学个性化、学习合作化、自主学习网络化和教学管理自动化等(康萍,2009)。在现代化信息技术的教学环境中,教师要由灌输者转变为学生活动的组织者;学生要由被动接受地位转变为主动探究和建构知识意义的主体地位。学生自主学习过程、师生角色的转换以及媒体作用给网络教学环境下的教学过程带来了学习结构与过程的全新面貌。

随着现代网络技术的发展,依据建构主义理论和多元智力理论,电子学档的建设得到了很大的关注。电子学档一词是由学习档案袋这一概念发展而来的。学习档案袋展示的是学生一段时间以来的学习过程的详细记录。电子学档是依托现代信息技术和互联网而建立起来的学习档案袋,它突破了传统纸质档案袋的时空限制,能够有效促进师生间和学生间的网上交互(周梅、邹晓玲,2010)。随着大学英语教学改革的不断深入,基于计算机网络技术的新型英语教学模式为电子学档的开发和使用提供了无限的空间。电子学档在大学英语教学中的应用范围十分广泛,既可以帮助学生进行信息化学习、促进学生的个体发展,实现集合型的自我学习管理和学习者之间的交流,也可以帮助教师开展基于信息技术的教学和对学生进行发展性的评价。

大学英语教学中,教师应致力于引导学生获得发展的主动权,成为有独立思维的个体,从而主动地构建自我体验与探究的行为方式;同时学生应获得自主的话语权,摆脱以课程体系为表征形式的各种控制符号和制约因素,实现本质层面的主体性回归(潘孝泉,2009)。借助现代教育技术的优势以及根据信息载体及介质特点,人们提出充分利用网络平台强大的网络信息资源,发挥学生的学习自主性,进行任务型网络自主学习。网络技术在大学英语教学中的应用不仅在于选择和优化学习资源,还在于开展信息化的教学活动,促进学生的自主学习和自我参与。借助网络可以实现学生的自主学习:

利用媒体创设情景，引导学生主动参与；利用媒体教学资源，加强师生的情感交流，促进学生自主体验；利用网络优势，让学生自主搜集资源，并及时反馈，体验成功的乐趣，促进自主学习（洪春梅，2009）。

二、大学英语立体化教学改革的内容

（一）教学内容改革

目前大学英语教学的不足在于教学内容局限于课本，缺乏针对性，信息滞后。传统大学英语教学中，每学期固定使用一本教材，较少有课外补充内容，教学常侧重语言点讲解。而在大学英语立体化教学改革中，课程体系的构建体现了大学英语课堂教学内容和课外自主学习内容的优势互补。通过网络资源整合来优化课堂教学内容和自主学习内容。比如，基于计算机网络的自主学习有利于培养学生的学习兴趣和自主学习能力，较容易实现个性化学习；而在课堂教学内容上，教师可以利用现代网络技术搜集教学资源，优化教学内容。立体化的大学英语教学体系在改革教学内容方面的最大特点在于促进教学资源的最大优化和最充分的利用，在最大程度上达到教育部所制定的《大学英语课程教学要求》的教学目标，即"培养学生英语综合应用能力，特别是听说能力，使他们在今后工作和社会交往中能用英语有效地进行口头和书面的信息交流，同时增强其自主学习能力，提高综合文化素养，以适应我国经济发展和国际交流的需要"。

（二）教学方法改革

传统意义上的外语教学是一种灌输式的记忆存储文化，忽视了教师与学生的平等对话和沟通合作，不利于学生的创造精神的培养和主体学习与实践能力的发展。外语课堂上，教师应为学生提供自我发现问题和自我表达的机会，让他们自我发现信息，并实现与外部知识的有效连接。首先，大学英语立体化教学改革将变革传统的教学方法，全方位地将现代教育技术与外语教学紧密结合起来。多媒体课堂教学、基于电子学档的信息化教学模式、基于网络的第二课堂自主学习等将现代教育技术的运用贯穿于课堂内教学和课堂外自主学习，使课内外的学习成为一个有效的整体。其次，该立体化的教学体系突出了以学习者为中心的地位，实现多渠道的资源输入，并且通过学生对知识和能力的内化，来获得学习的产出。在这样的教学模式中，学生成为学习的主体，有利于激发学生学习自主性和积极性，有效地培养学生的自主学习能力。最后，教学方法的改革将改变传统的记忆型教学文化，创设独特的"立体互动型教学文化"，将课堂转变为学生发展的学习共同体，注重培养学生的合作精神。

（三）大学英语课程管理体系和评价体系改革

保证教学质量的关键在于对课程设计与实施、课程评价和课程管理各环节进行有效控制。该立体化教学改革体系依托现代化教育手段，利用电子学档对学生的学习过程进行追踪与记录，形成发展性课程评价体系；依托电子学档的课程与教师模块对课堂进行独特的管理；基于现代教育技术进行学生第二语言课堂的管理与评价。该立体化教学改革中，课程评价体系将发展性评价体系与结果性评价体系结合起来，充分考虑学生的学习过程和学生的实际发展。基于发展性评价，在教学行为与评价上，培养学生的主体思维和英语语用能力，而不是进行灌输式的外语教学实践。其次，在学生的学习行为与评价上，主体性学习是学生的重要品质，关系到课堂教学质量的提高，关系到学生的终身发展。

三、现代教育技术视域下大学英语立体化教学改革的路径

（一）多媒体辅助课堂教学模式

基于现代教育技术的大学英语立体化教学改革的其中一个路径在于多媒体辅助教学模式的构建。传统的大学英语教学是教师单向灌输知识而学生被动地接受，这种教学模式不仅信息量小，课堂教学效率低，而且很容易挫伤教学双方的积极性。现代外语教学应强调培养学生掌握知识的方法、语言运

用能力和创新能力。为了改变学生被动接受知识的地位，大学英语课堂教学应改变"知识授受主义"的传统教学模式，采用促进学生主体性参与的对话型教学模式。多媒体辅助课堂教学的优势在于：通过多媒体教学手段，利用文字、图片、音频、视频等媒介构建立体多元化的外语学习环境，调动学生的学习积极性；利用多媒体技术选取和展示教学资源，扩大教学信息量，丰富教学内容，提高学生的语言输入，进而有利于语言输出。

（二）大学英语教学电子学档的构建

多年来，我们采用考试、测试等传统的评价方式来评估学生的学习表现，但这些评价方法并不有效或高效，它们不能显示学生的实际学习表现和学习过程。因此，传统的评价方式不足以衡量学习者的学业成果。"建构主义理论认为，学习是学习者通过与周围环境交互而自主建构内在心理表征过程，知识不是靠教师传授得到的，而是学习者在一定的情境即社会文化背景下，借助其他人（包括教师和学习伙伴）的帮助，利用必要的学习材料，通过意义建构的方式而获得。"[①] 现代教育方法和技术应关注学生，支持"以学生为中心"的学习，其重点在于强调通过实践来学习，而这个实践的过程需要不同的评估方法将学生的理解、个体差异和个人表现纳入评估的范畴。依托现代信息技术，新的评价方式——电子学档评价应运而生。大学英语教学电子学档的构建是借助现代教育技术进行大学英语立体化改革的新思路。电子学档是指信息技术环境下，学习者运用信息手段表现和展示其在学习过程中有关学习目的、学习活动、学习成果、学习业绩、学习付出、学业进步及关于学习过程和学习结果进行反思的一个集合体，其主要内容包括学习作品、学习参与、学习选择、学习策略、学习自省等材料，主要用于现代学习活动中对学习和知识的管理、评价、讨论、设计等，由学习者本人在教师、学伴、助学者等的协助下完成，内容和标准的选择必须体现学习者的参与

[①] 段钨金，张畔枫. 建构主义理论指导下的大学英语开放式教学模式研究 [J]. 现代教育科学，2008（5）：83.

（王佑美，2002）。电子学档可以收集和记录学生的学习与反思，展示学生学习实践过程中的成长和发展。而学生的自主学习被看作非常重要的学习方式。它强调学生学习的"自决"，依据个人设定的学习目标来调整自己的学习行为和过程。因此，使用电子学档来评价学生的自主学习是非常契合的。基于电子学档的学习体现的是学习者整个学习过程，要求学习者进行自主学习、自我管理、自主评价，这样能够极大地促进学习者的学习自主性和自我效能感。技术视域下，电子学档的应用给高等教育带来重大的变革。区别于传统的纸质档案袋，电子学档是"数字化的集合"，即以数字化的形式收集和记录学生的学习表现、学习资源、素材等。其特征在于数字化、组织化、易传播。同时电子学档还具个性化特征。一方面，电子学档是由学生自主构建的"电子档案"，可以自主阐明个人体验、成就和学习过程，而且数字化地记录他们的学习能力、思想、证据、反思、反馈等。另一方面，学生可以开展基于网络的资源收集，"在线"与同学、老师开展信息共享和交流。

1. 电子学档的优点

技术视域下，电子学档的应用给高等教育带来重大的变革。作为学生学习实践过程的"数字集合体"，总体来看，电子学档具有以下的优点。

（1）学业成果评价显性化和个性化

教师和学生受益于电子学档。通过电子学档，教师可以了解教学的效果、学生对课程和自我理解的进步程度；学生能够评估自己的学习经历和学业成就，以及这些与他们个人学习目标的契合度。基于电子学档的本质要求，电子学档可以增强学习过程和评估的真实性。通过要求学生有目的地自我组织材料，自我评估学习，反思自我的学习过程、学习发现、经验和技能，学生可以构建自己的学习行为，激发学习动机。电子学档要求学生参与整个学习过程，有助于对学生有真实的评估，有助于真实记录学习者的体验。由于学生负责电子学档的构建过程，他们可以开展个性化的学习。

（2）调动学生学习的自主性和积极性

电子学档能促进学生学习的自主性。首先，他们能够发现和意识到语言学习中所涉及的所有重要的无形因素、程序和态度，增加对语言学习过程及其意义的认知。其次，学生能够明白他们是语言学习的主体，语言学习必须超越课堂范畴，延伸到课外学习。最后，学生利用电子学档开展自我反馈、反思和反省。作为一个"数字集合体"，电子学档与学生的目标、成果、经验、思想联接起来。它要求学生反思自己的学习过程，评估自己的学习成果和课程学习的有效性。电子学档还可以调动学生学习的积极性。依据电子学档，学生可以利用网络技术，自主地搜集学习资源，开展基于真实任务的探索性实践，如在线收集相关语言知识、问卷调查、采访、撰写报告等。这些探索性实践能充分调动他们的学习积极性和参与意识。

（3）关注学习的过程性

电子学档将学习视为一个不断构建知识的过程，记录的是学生整个学习历程、参与的学习活动、完成的学习任务、获得的学习成果以及学习感受等。电子学档重视真实体验和进步累积，让师生都能亲眼目睹进步变化，摒弃了以往将学习过程与学习结果相割裂的状况。

（4）促进师生间和学生间的交流协作

电子学档以电子版形式通过"在线"提交，不仅便捷，而且有利于师生、生生间进行信息反馈与交流，并在交互中实现知识的增值。学生还可以自主搜集学习资源，实现共享。可以说，电子学档的交流协作学习是对课堂学习的扩展与延伸，它打破了课堂封闭式、孤立式的学习状态，使学生拥有大量且便捷的与他人交流合作、共同进步的机会。

2. 基于自主学习的大学英语"电子学档"的设计与实现

Garrison（1987）强调自主学习过程中学习者对学习的自我管理和自我监控。自我管理是自发的思想、感受和行动，并做出有计划、周期性的调整以适应个人目标的实现。在自主学习过程中，个人、行为和环境过程是互动的，需要自律。这就要求学习者监控、控制和评估他们的认知、行为和环境的某些方面。除此之外，自主学习需要一些心理要素，包括动机、策略、自我意识和对环境与社会因素的敏锐感。自主学习激励学生设定目标，并自我决定采用哪些计划和策略以达成这些目标,从而增强他们的自我意识和对学习过程的自我监控。

基于其独特的优点,电子学档可以增强学生的参与性,提高他们的学习热情,并且与他们的认知、动机、情感因素存在高度相关性。使用电子学档能够支持和促进学生的学习,提高自主学习能力。基于自主学习导向的电子学档可以增强动机和自我效能感,促进专业和学术发展。此外,研究表明,学生可以获得自主学习的一些技巧,所以电子学档可以用来提高自主学习。电子学档还可以促进自律,帮助学生开展自主批判性反思。

我们发现,运用网络技术,学生可以自主地构建大学英语电子学档,并且通过交流活动,实现信息的交互和资源共享。可以说,电子学档将学生学习过程体验、语言能力训练和自主学习管理相结合,真正实现信息化条件下的语言教学,提高学生的自主学习能力。

此外,随着电子学档应用研究的深入,电子学档的整合化模型也得以设计和开发。它将学生学档、教师学档、课程学档整合起来,形成一个体系,其目的是能够为教师提供在线开设课程的平台,其中教师可以设定各大模块,并在模块中设定不同的活动,学习活动包括目标、资源、策略等信息,教师在教学过程中对自身的教学和学生学习效果进行反思与评价;学生根据教师开设的课程提供的大纲、目标和资源,自主选择参与感兴趣的课程,并参与学习活动,根据课程的计划设定自己的学习计划,在学习过程中进行反思和完成成果作品(王佑美,2007)。电子学档的整合模型不仅能够实现在线课程开发、在线组织教学和在线教学管理与评价,而且能够进行师生之间的在线交流,实现资源的共享。

(三)基于网络的第二课堂自主学习模式

基于现代教育技术的大学英语立体化教学改革的另一个路径在于充分利用电子学档中的课程学档模块促进学生第二课堂自主学习的开展。该电子学档的教师模块以多媒体和网络技术的应用为框架,利用校园网实现网络互动,充分整合语言教学资源,创设开放的大学英语教学与交流平台,使之成为语言课堂教学的延伸，成为学生课外学习和提高语言技能的资源库。课程学档模块选取多样化的教学资源，比如，大学英语等级考试资料，英文原版电影、英语报刊、英语新闻、英语教材、在线英语水平测试系统等，来满足不同学生的需要，使学生尽可能多地从不同渠道接触和学习英语，亲身感受和直接体验语言及语言运用。基于这样的平台，学生可以进行自主性的语言训练，提高自己的语言能力。同时，作为一种网络平台，它还能进行基于校园网的互动，帮助教师和学生、学生和学生之间的沟通与资源共享。

（四）课程的管理与评价

基于现代教育技术的大学英语立体化教学改革还在于转变传统的课程管理与教学评价方式。首先，在课程管理上，我们可以充分发挥电子学档的作用，结合课程实施过程中多元性、灵活性、复杂性的特点，开发一个符合该课程要求的电子学档，运用在线的管理方式，完善学生的日常学习过程、学习反馈和学习成果管理等。其次，为加强对学生自主学习的有效监督和检测，我们可以充分利用电子学档的作用进行发展性评价。发展性评价将根据学习者个体的差异和不同的发展需要，在评价内容、评价方式、评价手段上体现其综合性、多样性和层次性。

总之，基于现代教育技术的大学英语立体化教学改革是一个系统性的工程，其目标在于实现以下几个转变：以多媒体网络技术为平台，构建大学英语新型教学模式，实现课堂灌输型教学向学习者自主学习型教学转变；利用电子学档促进学生的自主学习，使学生获得学习与发展的真正话语权；改变传统的课程管理与评价方式，发挥发展性评价的作用，注重学生的学习过程和体验。

第三章 理论基础

本章将对混合学习空间视域下的大学英语教学研究与实践构建理论基础，主要包括社会学习理论、自主学习理论和建构主义理论。混合学习空间的构建与社会环境和技术条件密切相关，它是一种基于整个社会结构的学习模式。大学英语教学与实践不仅需要强调学生课外基于技术的自主学习，而且更要突出教学与学习都是知识建构的过程。

第一节 社会学习理论

社会学习源于社会学习理论。根据这一理论，学生的学习兴趣可以通过互动分享来促进隐性技能和知识的习得（Langley，2007）。其结果是课外学习得到了极大延伸，因为从整个社会维度来看每个学生都可以从他人的背景和经验中获得学习，也可以从相互观察中进行学习。为了获得更好的学习体验，知识不仅是通过学习者的合作与信息共享来传递的，而且是通过学习者的合作来构建的。这一原则与现代教育理论所坚持的社会建构方法不谋而合（Popescu & Cioiu，2011）。在社会建构方法中，知识是通过每个学生与教师和其他学生的互动来构建的。与协作式教学法一样，学生同时也是知识和内容的生成者或与他者分享知识的合作者（Popescu & Cioiu，2011）。

一、基于社会维度的学习理论

班杜拉的社会学习理论认为，无论是内在的力量还是环境的刺激，都不会将人作为孤立的个体而施加影响。人类行为和复杂的学习必须"以个人环境决定因素的持续交互作用来解释……实际上，所有由直接经验产生的学习现象都是通过观察他人的行为及其对他们的影响而间接发生的"①。因此，人类行为受观察和直接经验的影响。社会学习理论强调行为是人与环境社会互动的结果。个人因素和环境因素相互决定，产生双向的影响作用。社会学习理论通过认知、行为和环境决定因素之间的持续交互作用来解释人类的行为。相互作用被视为一个相互决定的过程；行为、其他个人因素和环境因素都是相互关联的决定因素。学习者和榜样之间的社会互动是进行社会学习所必需的。没有互动就没有学习。社会互动受社会存在的影响。学习者必须承认并重视他人的社会存在，否则，社会互动就不存在，社会学习就不会发生。行为、个人因素和理想的社会学习环境可以促进基于网络通信技术的学习，并具有适当的社会存在度。如果社会存在度低，就失去了社会学习和社会互动的基础。

基于社会维度的学习理论提出四种观察学习过程来解释社会学习模型：(1)对相关活动的观察；(2)对模型事件进行编码以进行记忆表征；(3)保留记忆内容；(4)产生足够的学习动机。当缺乏情境线索时，社会存在在观察学习中的重要性就显现出来了。社会学习行为与社会存在的情境具有重要的关联性。忽视对相关的观察活动、缺乏记忆表征的模拟事件编码、缺乏保留记忆内容或缺乏激励措施，都可能会影响学习效果。观察学习要求学习者注意到模型行为的显著特征。对模型的特别关注发生在人际吸引/关系中，这主要受基于网络通信技术设置的社会存在程度的影响。如果社会存

---

① BANDURA A. Social Learning Theory [M]. New York, NY: General Learning Press, 1977: 11-12.

在情境缺乏令人愉悦的特征,学习者就会忽视或拒绝它们。网络通信技术扩展和构建了学习者可用的社会存在情境。学习者通过基于网络通信技术提供的丰富的符号与社会存在情境进行有意义的学习。然而,在网络环境下,学习者拒绝或不能与技术构建的社会存在情境进行恰当地互动,就不会发生有意义的学习活动。因此,情感学习作为一个重要参数被引入社会学习理论的研究范畴。情感学习能够提高学生的注意力水平。学习的情感领域是指学生对主题和学习经验的态度、信念和价值观。Kearney(1985)等人以642名商务专业大学生为研究对象,研究了教师即时性/社会在场行为与情感学习的关系。结果表明,无论是以人为本的课程还是以任务为导向的课程,都对教师的即时性/社会存在性与学生的情感学习之间的关系产生了积极的影响。当感知到教师的社会存在度越高,学生对该学科的态度、信念和价值观也就越高。关于教师互动风格,Anderson(1981)等人也得出了类似的结论,他们发现,学习者必须有一个最佳的社会存在,以创造一个基于社会存在的学习环境。社会存在是一个复杂的变量,是社会学习的基本原则。互动风格、计算机素养、语言技能等对基于技术的社会存在的感知有很大的影响。

信息保留和信息回忆是观察学习的必要条件。言语和想象两种表征系统是社会学习的关键。人类某些行为是在意象过程中保持的一种感官刺激。在网络技术环境下,视觉表象在社会学习中起着非常重要的作用,因为学生的学习会受到技术所产生的多模态因素的影响。基于网络通信技术,人们必须知道如何使用在线交流来增加感官刺激,例如表情符号、文体交流风格以及互动对话来刺激交流过程。适当的感官刺激使学生产生适当的行为意向,提高熟练程度和记忆力。在异步学习中,缺乏即时互动交流的情况下,学习者需要借助内部记忆、信息回忆和认知功能,因此即时的社会存在情境对认知学习产生积极影响。例如,Kelley 和 Gorham(1988)研究了1000名本科生,发现教师的即时性交流反馈对学生的信息回忆产生了积极的影响。更高的教师即时性交流反馈,更高的社会存在将支持社会学习的保留过程,并有利于强化学习效果。

此外，激励学习动机是进行社会学习的关键要素。学习动机一直以来都是心理学研究领域的一个重要课题。激励对于学习者的学习至关重要。由此，外语习得理论与心理学研究实现了跨学科的整合，用于研究学习动机在学生学习外语过程中的重要性。心理语言学正是在这样的背景下应运而生的。

二、维果茨基的社会发展理论

维果茨基的社会发展理论是对班杜拉社会学习理论的补充，是社会文化学习理论的重要组成部分（Vygotsky，1978）。维果茨基认为，全面的认知发展需要社会互动。社会互动是认知发展的基础。维果茨基的主要论述是，"儿童文化发展中的每一个功能都会出现两次：首先，在社会层面，然后在个人层面；首先，在人与人之间（心理间），然后在儿童内部（心理内）"①。这同样适用于自我注意、逻辑记忆和概念形成。所有更高的功能起源于个人之间的实际关系。社会化的最终结果，即学习者的意识，是由维果茨基的社会发展理论提出的。根据维果茨基的理论，社会互动是社会学习的重要组成部分。基于计算机的通信技术主要致力于社交互动（Reid，1991），因为计算机通信技术使人们感知到更高程度的社交存在（Walther，1995）。在远程教育中，参与者一致认为，由于教师创造了高度的社会参与度，社交互动得到了加强，社交学习也得到了提高（Gunawardena & Zittle，1997）。从社会环境的角度来看，维果茨基的社会发展理论指出了社会环境对学生的学习的影响。在基于计算机的通信技术环境中，工具（计算机、软件、键盘和监视器）和符号工具（文本/语言）用于实现在线交流互动（Freire，1994）。Wertsch 和 Tulviste（1992）证明了工具的使用和作为个体的行为表现之间通过技术中介手段的运作关系。

---

① VYGOTSKY L S. Mind in Society [M]. Cambridge, MA: Harvard University Press, 1978: 57.

在基于计算机通信技术环境中，人们使用相同或类似的工具（如计算机、键盘、监视器和软件）来生成文本或语言。虽然工具是相同的，但在社会学习环境中，人们对工具功能的感知可能会有很大的不同。Altheide（1995）认为"键盘是一种社交形式"①。不同的人在不同的社交活动中使用键盘。对一些人来说，键盘是一种通信设备，用它来和别人交流，而不是用口头或手写的形式。对一些人来说，键盘是一种产生具有个人意义的文本的工具，例如打字员。对其他人来说，键盘是一种娱乐，一种玩游戏的工具。另一些人则认为键盘是日常生活中的一项技能。

基于计算机通信技术环境，使用文本和语言来实现交互。文本除了传递信息外，还用于揭示参与者在社交活动中的意图和关系。换言之，文本可以被看作具有两个基本功能：充分传达意义和产生新的意义（Lotman, 1988）。Wertsch 和 Toma（1991）阐述了语料和对话功能。语料被定义为接收的文本内容，而对话功能则被定义为发送者和接收者之间传递恒定信息的活跃环节。在这种情况下，由于发送者和接受者内部信息过程的异质性，他们都会对同一文本产生不同的新意义。换言之，人们创造自己对文本的印象。Freire（1994）从情境和符号学两个角度对此进行了分析，并指出，文本具有概念、人际和语篇功能，这些功能揭示了管理信息、与其他个体互动以及根据上下文组织和调整语篇的形式，场（社会活动的性质/概念元功能）、基调（关系/非个人元功能）和模式（语言/文本元功能）的理念完全符合社会存在的三个维度。

总之，社会存在是社会学习应用于教学的最关键因素之一。社会互动是解释社会存在如何影响社会学习和社会文化学习的关键。因为社会存在是一个动态变量，这使得在线交互式学习变得更加复杂，需要从社会存在的角度来审视它。以上讨论是对关于社会发展理论视域下社会学习的探索。无论是将基于计算机通信技术视为一个学习环境，还是将学生学习和社会文化学习

---

① ALTHEIDE D I. An Ecology of Communication: Cultural Formats of Control [M]. New York: Aldine De Gruyter, 1995: 46.

应用到基于计算机通信技术环境中,都必须从社会存在、社会情境、在线交流互动三个维度来考察社会存在。

三、基于技术的社会学习理论

在网络技术环境下,社交媒体或 Web 2.0 技术是实现主动和协作学习体验最常用的工具(Vaughan, Cleveland-Innes, & Garrison, 2013)。许多研究报告称,这些工具有助于提高学生的满意度、知识和学习(Popescu & Cioiu, 2011)。Vaughan 等(2013)认为,这些工具包括在线网站、博客、维基百科、社交网络系统(如 Facebook 和 Linked In)、社交内容应用程序(如 YouTube)、同步通信技术(如 Skype 和 Adobe Connect)和虚拟世界应用程序(如 Second Life)。由于这些工具是大多数学习管理系统的外部工具,如果教师的教育方法依赖于社会学习,那么教师就需要具备让学生采用这些工具的技术素养。然而,如果这些技术是课程中使用的学习管理系统的一部分,则可以改进社会学习技术的使用。

基于网络技术,以往那种处于孤立状态的学习以及学习者依赖教师的灌输式教学方法的日子已经一去不复返了。时代已经变化了,新技术背景下的学习需要适应 Web 2.0 时代。这种整合是通过社会学习进行的,社会学习将社会媒介视为学习的一部分。由于社交媒体在高等教育中的使用更为普遍,Gisbert 和 Johnson(2005)认为我们必须关注社交网络对教育和学习以及知识传播的影响。社会学习是从社会学习理论中产生的一个概念。加拿大心理学家阿尔伯特·班杜拉(Albert Bandura)在 20 世纪 60 年代早期发展了这一理论,他认为,我们所学到的大部分东西都来自我们的物质社会环境。我们通过观察父母、同学和同事来学习(Bandura, 1977)。通过使用 Web 2.0 技术替代物理社交环境,该理论扩展到虚拟世界(Smith & Berge, 2009)。在 Web 2.0 工具中,Popescu 和 Cioiu(2011)报告了在教育环境中成功使用博客、社交书签工具、Twitter 等微博工具以及 YouTube、Picasa 和 Slide Share 等媒体共享工具的情况。大多数学习管理系统都链接到外部社交学习工具(如

Web 2.0 平台）。鉴于社交网络对学习的潜在影响以及作为对 Gisbert 和 Johnson（2005）等学者提出的研究要求的回应，我们的研究需要确定综合社交学习工具的学习管理系统的意图和有效使用的决定因素。正如谢静（2018）所指出的那样，非正式学习过程契合意义的双向建构；非正式学习形式依托对话与协作；非正式学习结果属于非结构性知识；非正式学习受到外在因素的驱动。研究者们（比如，Venkatesh, Morris, Davis, & Davis, 2003）发现，外在驱动因素来自最初的技术接受和使用统一理论（UTAUT）模型。这些外在驱动因素包括绩效预期、努力预期、社会影响和便利条件。除了这些外在驱动因素外，还增加内在价值结构来评估其对行为意向和使用行为的影响，从而扩展了原有的 UTAUT 模型。内在价值、执行活动的兴趣是维持用户参与和使用系统的自我激励的主要因素（Turel & Serenko, 2012）。尽管被称作"数字一代"的学生们喜欢并对将社交媒体用于个人社会活动非常感兴趣，但他们在学习时使用社交媒体的积极性并没有得到保证（Quong, Snider, & Early, 2018）。我们认为，教育是基于社会框架结构之下的，在这种背景下，喜欢和兴趣必须被视为采用和有效利用行为意向的重要内在驱动力。因此，研究者们建议通过在喜欢维度上增加兴趣维度来扩展 UTAUT 模型的动机结构。实际上，喜欢和兴趣两个维度构成的内在价值结构是社会学习系统采用的决定因素。

由于在线学习所提供的各种优势，例如允许高等教育机构提供远程的学生注册在线课程，许多大学越来越多地采用远程在线学习方式（Langley, 2007）。当然也有人反对这种有别于传统课堂的授课模式。然而，在线学习随着时间的推移而发展，并采取了多种形式来满足学生的需求。例如，为了避免与传统课堂教学的脱节，通过将在线学习技术与传统的面对面学习方法相结合，在线课程已转变为一种混合式课程。在混合式学习中，社交互动可以在课堂上进行，也可以在网上进行。最近许多研究都集中在评价混合式学习中社会互动的效率。例如，Dang（2019）等研究者们发现，混合式学习互动对计算机信息系统初级入门班学生的学习氛围和感知学习成绩有显著影响。Osatuyi 和 Passerini（2016）展示了 Twitter 如何促进学生参与信息系统管理入门课程。他们还得出结论，积极使用 Twitter 和传统的讨论板进行互动与学生的学习表现存在相关性。因此，他们鼓励教师在混合课程中使用 Twitter 或其他社交媒体技术。开展基于教室的面对面课堂教学的教师认识到在线社交互动对混合课程的积极作用，因此面对总是与现代社交媒体联系在一起的学生一代，这些教师努力在课堂教学中采用基于技术的互动学习，就像在混合式学习中那样。根据 Popescu 和 Cioiu（2011）的说法，教师必须调整传统的教学方法，以满足所谓的"数字一代"的需求，这可以通过培养在线社交学习来实现。

很显然，社会存在是远程教育的一个重要因素。社会存在理论并不是为了基于计算机通信技术提出的。教育中的基于计算机的通信技术要求检验社会存在对学生学习的影响。在进行知识性研究之前，必须对其进行操作性地理解和明确地定义，阐明社会存在与社会学习理论之间的关系。社会互动是解释这种关系的基础。社会学习需要认知和环境决定因素，社会存在需要加强和培养在线社交互动，这是社会学习的主要工具。社会存在被定义为在社交互动中对另一个人的意识和人际关系产生显著性的影响。针对复杂的社会存在，Biocca（1997）认为，当用户感觉到一种形式、行为或感官体验表明另一种智能的存在时，社会存在就出现了。社会存在的数量是指用户感受到他人的智能、意图和感官印象的程度。社会存在首先被假设为媒介本身的一种属性或技术社会存在。Gunavardena 和 Zittle（1997）等人研究表明，个体对社会存在的感知会有所不同。社会存在应被视为基于个体主观感受的媒介特性，这取决于媒介的技术社会存在。

首先，媒介的特性和个体的感知决定了社会存在的程度。社会存在是一个动态变量。个体在不同的媒介中能辨别出不同程度的社会存在。许多人将计算机拟人化，并将其视为"社会角色"。社会存在是感知者对一个移动的、富有表现力的身体的内在形象，类似于戈夫曼的"自我呈现"。个体感知社会存在的程度。在开展关于在线学习研究时，Short（1976）等人使用语义差异技术量表来测量社会存在，指出，社会存在是可以培养的，个体通过改变参与度来调整社交状态。Gunawardena（1995）的研究表明，教师建构基于技术的互动技能会影响学生对于社会存在的感知。因此，应该培养教师的这些技能素养，并将其作为教师专业发展的一个重要方面。

其次，社会情境对社会存在的程度有影响。Walther（1992）提出，不同的社会过程、环境和目的是社会情境的组成部分，影响社会存在。任务类型影响社会存在程度和沟通过程。Hollingshead 和 McGrath（1995）提出了四种任务类型：（1）产生想法或计划；（2）选择答案或解决方案；（3）协商冲突的观点/利益；（4）与对手或外部标准竞争。正如 Emerson 为社会交换理论建立了数理模型，对社会结构变化、社会交换动因以及社会交换的制度化过程进行探索（Emerson，1976），该研究是对社会交换理论的一种拓展和延伸。Walther（1992）认为社会关系会刺激互动的变化。最初，基于计算机的通信技术系统阻碍了面对面的关系交流；社会关系是由基于计算机的通信技术传递的信息形成的；参与者在基于计算机的通信技术交流的后期变得更加社会化。对隐私的感知影响社会存在的程度。当隐私缺失时，社交活动就会减少。再次，在线交流与交互性是网络语言的属性，是网络语言的应用。培养学生熟练地使用在线技术是协作学习成功的关键。Perse（1992）等发现社交能力和学生对自己计算机专业知识的认知之间存在着积极的关系。另外，反馈的频率与个体在互动中的投入程度相关。当一个即时的反应被期待而没有收到时，互动性会减少，积极社交状态的出现减少。

第二节 自主学习理论

Henri Holec 于 20 世纪 80 年代率先提出了"自主学习"这一术语，并将其引入外语学习的研究。最初有关外语自主学习的研究主要集中于学习者的自我掌控能力、自主学习行为以及自主学习过程（如 Holec，1981；Zimmermann，1989；Littlewood，1999；Pintrich，2000；庞国维，2003）。随后，学者们将教育心理学、认知心理学、动机理论等引入外语自主学习研究，由此外语自主学习研究进入了蓬勃发展的阶段（如秦晓晴，2003；程红，2005；杨新厚，2005；肖武云，曹群英，2005；胡阳，张为民，2006）。随着多媒体网络技术的应用，许多学者探索了多媒体技术在外语自主学习过程中的应用（如张虹蔚，王玉新，2006；刘玉梅，2006；李琳琳，高鹏，2007；陈亚轩，陈坚林，2007；王海波，郭艳玲，2007；陈坚林，2010）。网络通信技术的进一步发展，促使大数据时代的到来，利用信息技术、互联网（比如慕课、微课）开展外语自主学习研究也得到很大的关注（如冯霞，黄芳，2013；云天英，杜中全，2013；陶久胜，2013；陈坚林，2015；陈坚林，贾振霞，2017；李立贵，黄立鹤，2017）。随着网络通信技术进一步应用于教育领域，许多有关大学生外语自主学习的研究放到了智慧学习空间这一客观架构。提高智慧学习环境下学习者的自主学习能力，可从提高元认知能力、自主规划能力、自我激励能力、信息加工能力和交流协作能力几个方面着手（胡乡峰等，2018）。基于智慧学习空间，一些学者探讨了智慧教育环境这一外在因素对大学生外语自主学习的影响，比如，网络环境下大学生外语自主学习监控体系（刘小洁，2018）、基于网络平台的"微课"在英语体验式自主学习的应用（朱丹，宋嘉，2018），但较少从学习者对学习空间的技术接受视角开展相关研究。

通过回顾文献，我们发现，自我导向学习的概念源于成人学习理论（Knowles，1975）。根据Knowles的观点，自主学习是指个体独自或在他人帮助的情况下，主动诊断自己的学习需求、制订学习目标、确定学习资源、选择和实施学习策略以及评估学习结果的过程。通过将在线学习与自主学习的原则联系起来，Garrison（1997）将自主学习视为一种基于个人属性的学习过程。此外，他的方法强调学习者使用资源、确立学习动机、实施学习策略，特别是在特定的教育背景下与他人合作，以达到他们的学习目标。根据他的模型，自主学习包括三个相互作用的维度：自我管理、自我监控和学习动机。自我导向学习与学习情境之间存在着动态的互动关系。Song 和 Hill（2007）提出了一个概念模型，用于理解和研究在线学习环境中的自主学习，该模型由三个维度构成：（1）学习者的个人属性；（2）详细阐述的学习过程（计划、监控、评估）；（3）学习环境（即资源、策略、任务性质）。

自主学习理论的一个重要理论框架是将学习描述成一个过程，并且将学习结果与学习者的目标、动机、意志和行为联系起来。自我调节的概念通常基于齐默尔曼（Zimmerman，2008）的三阶段周期性学习过程，包括计划、绩效（监控和策略使用）和评估（反思）。齐默尔曼还指出，自主学习是一种积极的、建设性的过程，学生通过设定目标、选择和部署策略、管理材料和资源、自我监控其有效性以及调节学习达到特定目标，从而获得新的知识和技能。同样，Pintrich（1999）提出了一个自我调节学习模型，包括三大类学习策略：（1）认知学习策略；（2）元认知和调节策略；（3）资源管理策略。

在自主学习的背景下，Shea 和 Bidjerano（2010）引入了学习存在的概念，包括学习者参与的在线活动的预先思考、表现和反思阶段。最近，Shea（2014）等人提出协作学习环境中的学习存在不仅取决于个体的努力，还取决于群体的动态性。从这个角度来看，重点放在在线学习环境中监管的三个维度：（1）自我监管，即个体独立的自主监管；（2）共同监管，即共同搭建和规范他人的学习主动性；（3）共享监管，即每个个体都在一起工作来调节彼此的学习。

McLoughlin 和 Lee（2010）的研究表明，在线学习环境可以促进自我反思、自我调节和自我监控，可以提高参与度和学习成绩。最近的相关研究也表明，自我调节与成功的在线学习经验和学生在在线学习环境中的学习成就相关。同样，Cho 和 Shen（2013）也表明，与自我调节能力差的学生相比，自我调节能力强的学生倾向于坚持挑战性任务，并在实现预期结果方面付出更多努力和投入更多的学习热情。在电子学档应用于自主学习方面，由于电子档案袋突出以学习者为中心和自我导向的特性，自我调节被认为是促使学生开展有效学习并取得好的学习成绩的关键因素。

人们认识到语言教育必须是一个终身的过程。特别是在信息技术时代，语言实践及其基础知识的变化如此之快，以至于学生开展自主学习显得至关重要。面对21世纪网络技术发展的现实，开展基于技术的外语学习是大学生的一个素养要求。然而，外语学习不仅仅是一个与时俱进的问题，还需要对实践进行反思，将目前的情况与以前的经验联系起来，并在此过程基础上重新组织当前的经验。自主学习使学生及实践者，都能做这些重要的事情。根据Knowles的定义，自主学习是个体负责并控制自己的学习的过程。如果自主学习技能是成为一个优秀学生的先决条件，那么我们应该确保大学生被鼓励并帮助他们发展这种自主学习技能，将自主学习技能作为他们外语学习教育的一部分。大学外语教育传统上依赖于以教师为主导的教学方法，这些方法对培养学生终身学习的技能或积极自主的学习态度缺乏足够的现实意义。尽管人们普遍接受的教学定义是"传授知识"，但外语教师往往过于专注他们所教的内容，而不是如何帮助学生进行最有效、最有意义的学习。可喜的是，目前外语教学领域正在采取更积极的、以学生为中心的教育方法，并将注意力集中在学习者的需要和愿望上，而不是教师的需要和愿望上。教育部《大学英语教学大纲》关于大学英语课程的最新建议特别指出，应提倡借助现代网络技术，通过好奇心学习、探索知识和对学习过程及效果进行批判性分析，并应确保学生自主学习的能力。

外语教育文献为促进学习以及培养终身学习的关键技能提供了指导。例如，施密特根据对成人学习的了解，提出了三条原则，这些原则将使教学更加相关和有效。(1)知识建构。建立在已有知识的基础上，学生使用他们已经拥有的知识来理解和构建新的信息。(2)情境学习。学习的情境与应用情境的相似性越高，学习迁移的可能性就越大。(3)知识内化。通过师生、生生之间的交流互动，信息会得到更好的理解和记忆，进而内化成自己所掌握的知识。目前用于培养自主学习和反思技能的应用实例有：基于问题的学习；小组学习；自我和同伴评价；自学材料；文献研究；学习合同；学习分析；计算机辅助学习。自我导向学习如何在实践中发挥作用的例子，着重于两种对比方法：基于问题的学习和自我/同伴评价。获得自主学习技能的能力可能是本科教育与可持续的专业发展之间的关键环节。如果未来和现在的从业者要采取一种持续的反思和批判性的实践方法，我们的目标应该是借助现代网络技术提供足够多的学习机会，促进自主、提问和反思。倡导使用现代网络技术的教学正在被广泛采用，并已证明至少与传统教育方法同样有效，同时促进了学生的学习热情与自主性。

对于大学生学习而言，大学教室并不是唯一的学习活动场所。针对传统的教育，人们开始对单纯地将教学导向专业的学科内容或技能持怀疑态度。大学生作为成年人，应该具有自主学习的意识与能力。目前在成人学习方面的研究报告显示，在成年人中，进行大量自主学习活动的人占优势，而且知识的不断转变要求成年人成为更独立、更具创造性的学习者（Ferguson，1980）。Tough（1979）在他关于成人学习项目研究的最新报告中指出，大约70%~90%的成年人进行自我导向、自我指导的学习项目。联合国教科文组织国际教育发展委员会以及最近在认知发展方面的研究表明，教育应注重培养"如何学会学习"的技能，这是自主学习的关键组成部分（Faure，1972；Smith & Haverkamp，1972）。

近年来，教育研究已经开始调查自我导向学习者与自我概念、认知和社会心理因素相关的特征（Hiemstra，1981）。比如，在有关开展"学习契约"的项目研究中，每个学习者都定义了当前和预期的自我导向学习能力水平，以及课程内容知识和技能的具体发展。每位学生在课程指导教师的帮助下确定了他们的具体课程成果，使用了自主学习的方法、课程能力和学习资源的大纲，通过学习契约开展自主学习活动。学习契约既是一种帮助学生概念化学习项目组成部分的结构，也是一种提炼和澄清特定学习任务的过程。该契约包括确定学习目标、学习策略和资源、每个学习目标的最终学习成果、验证每个学习目标完成情况的方法和标准以及学生设定的学习时间期限。学习契约在课程开始的阶段由学生和教师协商确定。在课程开始的中期阶段，教师创建一个课堂讨论，以检查自我导向学习的关键概念、关于学习的原则以及它与各种认知和情感学习者差异的关系。在适当的情况下，学生可以就其学习项目的变更重新协商学习契约，并就具体的学习需求或活动与教师及其咨询小组进行协商。在课程结束时，每个学生都以档案袋的形式提交完整的学习成果，并附有支撑证明材料。

以前那种把终身教育和学习、工作、生活分开的观念已经不复存在了。在新兴的知识社会，受过教育的人将是一个愿意将学习视为终身过程的人。越来越多的知识，特别是专门知识，是在正规学校教育之后获得的，在许多情况下，是通过不以传统教育为中心的教育过程获得的。在这种情况下，工作、学习和协作紧密地交织在一起。终身学习已成为未来世界知识社会面临的主要挑战之一。终身学习受到了国际社会的极大关注，欧洲共同体宣布1996年为"欧洲终身学习年"，联合国教科文组织将"终身教育"列为未来规划的关键问题之一。工业化国家七国集团（G7）将"终身学习"作为应对失业的主要战略。终身学习需要为人们创设促进有效学习的教育机会，包括家庭、学校、工作和社区。支持终身学习最重要的方法之一是支持自主学习。当学习成为生活中不可分割的一部分时，自我导向学习是至关重要的，因为学习是由个体的愿望和需要去理解一些事情或完成一些事情的，而不是仅仅解决课堂上给出的问题。终身学习的观点意味着学校和教育机构需要让学习者准备好参与自主学习过程，因为这是他们在课堂之外的学习和生活中必须做的事情。

支持自主学习的环境面临的挑战是，让学习者解决自己选择的真实问题和任务，同时仍然为他们提供与所选问题相关的学习支持。学习是一个知识建构的过程，而不是知识的记录或吸收（Hallam & Creagh, 2010），它要求学习者能够成为主动的设计者和贡献者，而不是被动的知识消费者。在现代网络技术环境下，学习者通过与网络系统的交互以及使用软件工具来构建新知识。主动建构知识能吸引学习者并强调学习者以适合他们的方式建构知识。这就要求人们在行动中开展自主学习。交互式学习环境是通过提供强大的技术环境来驱动学习者学习的（Jimoyiannis，2012）。在过去的十年里，网络技术的迅速发展给全球的教育工作者和教育机构带来了挑战，并使他们能够考虑采用新的方式来完善他们的教育计划。目前，电子学习（E-learning）在高等教育中的应用越来越广泛，人们越来越关注在线工具支持以学习者为中心的个性化学习形式的潜力。随着对学习者互动的日益重视，在一个有着相同兴趣和目标的群体中，教育学研究正在从个人学习转向更为协作的学习方法。特别是，对 Web 2.0 技术的兴趣，如维基、博客、电子学档等，是由其灵活、参与性、以学习者为中心、互动交流和网络特性决定的。Web 2.0 应用程序有望通过为学生的参与、互动、反思性对话、内容共享、创造力、协作和自主学习提供多种机会来改变学生的学习方式。

在这种情况下，许多研究者认为，基于 Web 2.0 的学习环境本质上是以学习者为中心的，它们在参与学习、同伴互动、内容创造和协作方面为学习者提供了更多的路径选择（Peacock et al.，2010）。这些路径依托网络学习空间的架构，更有利于实现知识共享。秦丹（2016）指出，"网络学习空间中的知识共享既可以发生在学习者个体之间，借由两个知识主体间不断的知识转化过程完成；也可以发生在学习者与学习者群体之间，借由网络学习空间所提供的显性社交网络平台与隐性知识网络平台，实现知识的交流与转化，达成知识共享"①。这是对网络学习环境中个体学习与群体互动学习融合继而达成知识创生的本质概述。Web 2.0 应用程序为教育工作者提供了更多的机会，使他们能够考虑设计和交付教育计划的新方法：（1）从时间和空间受限的教室扩展学习环境；（2）促进课程的开放性和动态涌现；（3）采用新的教学形式，通过自我指导、参与、合作和社会学习过程提供真实的学习机会。

在 Web 2.0 工具中，电子档案袋是一种在实践中加强 E-learning 的新方法。它们在高等教育中越来越受欢迎，以支持学生的学习和个人发展

---

① 秦丹. 社会认知理论视角下网络学习空间知识共享影响因素的实证研究［J］. 现代远程教育研究，2016（6）：76.

(Meyer et al., 2010)。文献回顾表明,在中小学教育、本科和研究生教育、教师教育和可持续的专业发展中,研究者建议动态使用电子档案袋,以便嵌入以学习者为中心的反思策略。尽管电子档案袋在教育领域有着广阔的应用前景,但仅仅在最近几年才成为一个重要的研究课题。目前,电子档案袋是由学习者、学习者群体、课程参与者或整个社区维护和创建的动态网络空间,包括演示、资源、成就、明确的体验、个人和协作创作以及同行反馈。通过体现 Web 2.0 的功能,电子档案袋增强了它们的发布、归档、共享、交流和协作功能(例如通过包括论坛、博客、内容共享、维基等工具)。因此,摆脱时间和物理空间的限制,学习者对个体学习和整体电子档案材料的反思,以及同伴提供的协作和反馈,是充分利用电子档案袋优势的关键因素(Lygo-Baker & Hatzipanagos, 2012)。从这个角度来看,我们认为电子档案袋为学习者提供了一种个人空间,学习者可以在这里收集他们的学习成果,以证明他们的经历、成就和实际学习成果。另一方面,作为一个过程,它允许学习者超越他们所学的东西,考虑他们是如何学习的,理解他们学习的许多方面以及他们之间的联系,这些都是创造性、建设性和协作性过程所固有的。然而,需要指出的是,充分利用电子档案袋优势的关键因素包括:(1)学习者对个人和同伴作品的反思;(2)分享共同兴趣和学习目标,提供同伴反馈;(3)参与者之间的协作和新作品的协同创造。因此,通过电子档案袋,我们可以创造有效的学习环境,帮助学生追踪自己的学习轨迹,提供多种机会展示他们的成果。此外,学生可以通过自我反思来提升自己的学习体验,从而促进元认知、自我观察、自我评价和学习动机。研究者们所提议的基于电子学档的学习框架对于教育者和教学设计者采用开放式学习理念来提供有效的电子学档计划具有积极的价值。为了提高学生的学习状态,有必要采取促进学生参与、创造性、反思、协作和自我调节的策略。一个合理设计的电子学档应该植根于自我导向学习和社会建构主义的原则,并强调学生的动机、参与度、小组合作、自我反思和同伴反馈;通过计划、建设、合作和反思的过程,积极学习;根据具体标准、学习目标和发展成果,指导和规范个人成就和协作工作；将个性化学习融入反思性和协作性内容创建的协作式学习实践中。

总之，电子档案袋是支持建设性、协作性学习过程的参与性空间，学习者据此设定学习目标，并尝试自我监控、控制、调节和共同调节他们的动机、认知、参与和学习过程。从自我导向学习的角度来看，电子学档可以有效地将学习与问题解决、个人和小组学习、协作、绩效管理、职业发展和成长联系起来。因此，基于电子学档的教学可以强化和改善反思，帮助学习者从正式的学习经验、自我导向的主动性和协作经验中获得意义和知识。

第三节 建构主义理论

在20世纪初期，约翰·杜威（John Dewey）在他的实验学校创造了一个活跃的智力学习环境，用以探索人们进行主动的自然学习的方式，这是建构主义学习方式的开端。现在神经科学研究支持这种形式的主动学习，把它作为人们自然学习的方式。人们的主动学习通过一种体验式的学习使知识习得成为构建意义生成的过程。杜威相信教育必须与经验互动并扩大经验。用于教育的那些方法必须提供探索、思考和反思的能力；与环境的互动对于学习是必要的。此外，在教育过程中应坚持民主。杜威提倡通过现实生活中的基于经验学习的学习过程来建构和框定知识，这与建构主义理论相一致。

科学研究已经证明，教育不是教师的"知识授受"所提供的。教育是人类自发进行的自然过程，是通过对环境的体验来获得的。蒙特梭利的信念与建构主义理念一致，因为其提倡学习过程，使学生能够亲身体验环境，从而为学生提供可靠的、值得信赖的知识。大卫·科尔布（David Kolb）在他的开发的"学习风格量表"和"体验式学习"中强调了通过体验式学习进行知识内化的重要性。科尔布的信念与建构主义理念也充分一致，因为他将"具体经验"作为学习过程的一部分，并要求学生通过对环境的作用来测试知识，从而为学生提供可靠的、值得信赖的条件化知识。

一、建构主义认识论

Rice（1993）观察到，建构主义者不是在人类思想中寻找外部现实的复制品或镜像，恰恰相反，他们将人类视为观察者、参与者和代理人，他们积极地产生和改变他们建构的模式。这种观点与乔治·伯克利（George Berkeley）和贾安巴蒂斯塔·维科（Giambattista Vico）以及最近的哲学家恩斯特·冯·格拉斯费尔德（Ernst von Glasersfeld）的观点相呼应。现实是个人想象中的叙事结构（Goffman，1959）。学习者的性质、学习者的类型是自我指导、开展创新的本质来源。教育的目的是通过对先前经验的分析、概念化和综合以创造新知识，从而进行创新和发展。教育者的角色是在启发式解决不确定性问题的过程中指导学习者，其方法是进行可能会修正现有知识并允许创建新知识的探究式学习。

社会建构主义鼓励学习者在其背景、文化或内在世界观的影响下得出自己的独特见解。学习者继承了历史发展和符号系统（例如语言、逻辑系统），并将其作为特定文化的一部分，并在学习者的整个生命历程中对其进行学习。这也强调了学习者与知识渊博的社会成员之间的社会互动的重要性。没有与其他知识渊博的人的社会互动，就不可能获得重要符号系统的社会意义并学习如何使用它们。比如，幼儿通过与其他儿童、成年人和物质世界的互动来发展思考能力。从社会建构主义的观点来看，重要的是在整个学习过程中考虑学习者的背景和文化，因为这种背景也有助于塑造学习者在学习过程中创造、发现和获得的知识和真理（Wertsch，1997）。

此外，我们认为，学习的责任应由学习者自己承担（Von Glasersfeld，1989）。因此，社会建构主义强调了学习者积极参与学习过程的重要性，这与以往的教育观点不同。在以往的教育观点中，教育的主要责任在于教师，而学习者则扮演着被动接受的角色。实际上，学生的主体地位是一个决定性的因素。关于学习者性质的另一个至关重要的假设涉及学习动机的水平和来源。冯·格拉斯费尔德（Von Glasersfeld，1989）认为，持续的学习动机在很大程度上取决于学习者对自己学习潜能的信心。这些能力和信念对解决新问题的潜能来自过去对问题所掌握的第一手经验，并且比任何外部的认可和动力都要强大。这与维果茨基的"最近发展区"理论联系在一起，在学习者所面临的挑战中，他们接近或略高于当前的发展水平。通过成功完成具有挑战性的任务，学习者获得了信心和动力来应对更复杂的挑战。

根据社会建构主义的方法，教师必须是学生学习的促进者而不是知识的灌输者，因为学习过程的本质是一个积极的社会过程。社会建构主义受到维果茨基（Vygotsky，1978）理论的强烈影响，表明知识首先是在社会环境中构建的。

研究者们认为学习是积极的，学习者应在学习过程中自己发现原理、概念和事实。它们支持学习者的猜测和直觉思维（Bowers，1973）。Kukla（1998）认为，我们通过行动来构建现实。其他建构主义学者对此表示赞同，并认为我们通过相互影响和与环境互动来创造意义。因此，知识是人类的产物，是我们社会性质和文化的产物（Ernest，1991）。McMahon（1997）赞同学习是一个社会过程。他进一步指出，学习既不是单纯个体的行为，也不是外界力量的被动塑造。相反，意义是通过社会行为发生的。Vygotsky（1978）也强调了学习中社会角色和个体自我角色的融合。他说，言语与行动融合是我们思想发展的最重要时刻。儿童通过行动为自己建构意义，而言语将这种意义与他们的生活世界联系起来。

二、建构主义教学方法

建构主义教学方法强调教师和学习者之间的动态交互。在社会建构主义观点中，教师作为指导者的作用的另一个特征是，教师和学习者同样平等地相互学习（Bass，2000）。这意味着学习经历既是主观的又是客观的，并且要求教师的文化、价值观和背景成为学习者与任务之间相互作用的重要组成部分。学习者将他们对真理的理解与教师和其他学习者的真理进行比较，以得到新的、经过社会检验的真理版本（Kukla，1998）。所谓学习的知性过程，其所涉及的不是像情意学习的态度、价值之类的，而属于认知领域的范畴（钟启泉，2003）。因此，学习任务或问题解决就是教师与学习者之间的进行有效对话的桥梁（Billet，1996）。这在任务、教师和学习者之间建立了动态的互动。这就要求学习者和教师应该认识到彼此的观点，然后注意自己的信念、标准和价值观，从而同时具有主观性和客观性（Prawat，1992）。

一些研究提出在学习过程中教师指导的重要性（Archee & Duin，1995；Bowers，1973）。因此，社会建构主义模型强调了在学习过程中学生与教师之间关系的重要性。促进这种交互式学习的一些教学方法包括同伴互助、认知学徒、基于问题的指导以及涉及与他人一起协作式学习的其他方法。对于学习者之间的协作，有的观点指出，具有不同技能和背景的学习者应在任务和讨论中进行协作，以在特定领域达成对真理的共同理解（Duffy & Jonassen，1992）。大多数社会建构主义模型也强调学习者之间需要合作。对同伴协作具有重要指导意义的是维果茨基的"最近发展区"理论。在他人指导下或与能力更强的同伴合作下，通过"脚手架"的过程进行问题解决，学习者可以超越自身局限，达成潜在的能力水平。

社会建构主义范式将学习发生的情境视为学习本身的核心（Hofer & Pintrich，1997）。学习者开展基于情境的学习，即学习者参加与学习的应用直接相关的活动，并且该活动是在与所应用的环境类似的文化中发生的（Brown，Collins & Dugnid，1989）。为了充分吸引和赋予学习者挑战性，任务和学习环境应反映出学习者应该能够达成理解的程度。对于教师而言，重要的是要意识到，尽管可以为学生们设置课程，但课程不可避免地会由他们塑造成个人的东西，以反映他们自己的知识结构体系，因此在学习过程中实现知识内置的结构性和灵活性之间的平衡显得非常重要。Prawat（1992）认为，学习环境越结构化，学习者就越难根据其概念理解来建构意义。教师应充分组织学习体验，确保学生获得明确的指导，以实现学习目标，但学习体验应足够开放和自由，以使学习者能够发展和享受互动。

教学策略的各种方法都源于建构主义理论。建构主义采用基于问题的探究学习方法。例如，Duffy 和 Cunningham（1996）研究发现，针对六年级学生，采用建构主义教学法比传统教学法更可以提高学生的学习成绩。这项研究还发现，与传统方法相比，学生更喜欢建构主义方法。但是，他们使用建构主义或传统方法所教的学生在自我概念或学习策略上没有发现任何差异。Yager（1995）通过实证研究，将使用传统的以教师为中心的方法与使用以学生为中心的建构主义方法进行了比较。在实验最初阶段的学生学习表现测试中，研究发现，传统方法和建构主义方法之间没有显著差异。但是，在15天后的后续评估中，通过建构主义方法学习的学生比通过传统方法学习的学生表现出更好的知识保留。

三、建构主义学习环境

建构主义学习环境强调知识建构，而不是知识再现。建构主义的学习环境在有意义的上下文中强调真实的任务，而不是在上下文之外进行抽象的指导。建构主义的学习环境提供了诸如真实环境或基于案例的学习之类的学习环境，而不是预定的教学程序。建构主义的学习环境鼓励对经验的思考。Tudor（1996）认为，建构主义的学习环境"使上下文和内容相关的知识构建成为可能"；建构主义的学习环境支持"通过社会协商，而不是学习者之间为获得认可而进行的竞争来进行知识的协作性建设"。①

在最近的几十年中，理论家将传统的关注点扩展到个人学习上，以解决学习的协作和社会层面。可以将社会建构主义看作布鲁纳和维果茨基著作各个方面的结合（Wood，1998）。维果茨基的想法为基于信息通信技术的教学实践提供了理论基础，即信息通信技术被用来促进课程体验。维果茨基认识到与他人交流的重要性："对逻辑思维的需要和对真理的探索一般来自儿童

---

① TUDOR I. Learner–centeredness as Language Education [M]. Cambridge：Cambridge University Press，1996：87.

意识和他人意识之间的交流"①。从社会建构视角出发,通过与他人合作建构知识,例如由信息通信技术促进的知识建构,支持我们开展更深入的学习。王陆(2011)指出,"作为一个社会心理学概念,社会存在是指构成人类社会的一切存在,包括人、社会组织、社会活动、各种财产和知识等。与自然界一样,社会存在也有三种表现形式,即物质形态的存在,这就是各种社会财产;运动形式的存在,即各种社会组织活动;思维形态的存在,即各种思想理论、知识体系等"。② 社区建构主义一词是 Leask 和 Younie(2001)通过对欧洲学校网络项目的研究而开发的,该研究证明了点对点学习的价值,即新知识的公共建设,而不是维果茨基所描述的知识的社会建设。学习者与教师的脚手架关系,正如布林·霍尔姆斯(Bryn Holmes)在 2001 年将其应用于学生学习,在这种模式下,学生将不会像水一样通过筛子简单地通过一门课程,而是会在学习过程中留下自己的烙印。

谢静(2018)认为,建构主义学习理论中,知识是学习者对新旧知识进行意义联结后生成的,带有强烈的个体化色彩。为防止意义建构中的个体化偏颇,建构主义的分支——社会建构主义流派提出,在教学过程中开展对话与协作,增强知识的社会性与客观性。如果将"协作"与"会话"放在更宽泛的视角下看,教师与自我的"会话"、教师与教学工作之间的"协作",以及学生与学习内容之间的"会话",都可以看作建构主义学习要素的深层扩展(王艳霞,2020)。从创设建构主义学习环境来看,王永锋和何克抗(2010)提出,研究建构主义学习环境需要了解其基本功能,因为建构主义学习环境包含了以下几个可以促进有效学习的功能和理念,一般为:(1)建构主义的实质是学生积极主动建构知识;(2)建构主义者普遍重视协作学习;(3)建构主义者希望学生成为自我调节的学习者,提倡使用元认知技能设置学习目标;(4)建构主义者大多提倡与现实生活或真实情境相似的学习

---

① VYGOTSKY L S. Mind in Society [M]. Cambridge, MA: Harvard University Press, 1978: 48.
② 王陆. 虚拟学习社区的社会网络结构 [M]. 北京:北京大学出版社, 2011: 45.

情境；(5) 建构主义者鼓励新技术支持的学习环境创设与学习过程。此外，建构主义学习环境还呈现多元化的趋势，比如，强调社会性知识建构，而不是个体的知识建构。

建构主义学习环境的构建目的在于摆脱传统的语言教学模式，构建起新的教学理念及方式。这不是一蹴而就的过程，必须结合现实的需要进行改革实践。从社会建构主义角度来看，学生要转变学习观念，不再只将教室看作学习的唯一场所，而是充分利用现代网络信息技术提供的便利，构建混合学习空间，开展线上线下的混合式学习，在多元的学习空间"情境"中进行互动、交流和会话，从而实现"意义建构"。建构主义学习环境下，教师需转变教学模式，逐渐从传统的依赖课堂教学、课后监督的教学模式转变为"基于技术的学生自主学习型新型教学模式"，从"以教师的教为中心"实现"以学生的学为中心"的转变，形成基于智慧学习空间的建构主义学习新常态。

第四章 混合学习空间视域下的大学英语教学模式

混合学习空间视域下，与传统的课堂教学相比，大学英语教学范式发生了显著的变化。本章将结合网络技术环境背景，着重探讨基于网络技术的大学英语自主学习型课程设计与实践、混合学习空间视域下基于问题的大学英语教学模式以及任务型混合式大学英语教学模式。

第一节 基于网络技术的大学英语自主学习型课程设计与实践

一、现实背景

利用网络技术进行大学英语自主学习型课程设计与实践主要基于两个现实的背景。其一，网络技术的发展给大学英语教学与学习带来重大的变革，尤其是网络技术在促进学生进行大学英语自主学习方面发挥着重要的作用。其二，大学英语学习者的自主学习能力普遍较弱。主要原因在于传统的大学英语教学方式无法调动学生课堂学习的自主性、主动性和积极性；同时，学生的课外学习自主性也得不到提高和拓展。实际上，现在我们已经进入了一个提倡"终身学习"的时代，自主学习能力是每个人必须具备的而且是可以促进人的进一步发展的重要条件。网络技术的发展不仅极大地改变了我们的生活方式，而且也为我们提供了教学与学习的技术性支撑。我们可以利用网络技术构建大学英语自主学习型的课程体系，并通过课程的有效实施来提高学生的学习自主性和自主学习能力。

二、网络技术条件下的大学英语学习自主性

对于学习者的自主性的探索主要是依据建构主义学习理论。建构主义学习理论认为，学习过程不是学习者被动地接受知识的过程，而是其积极地建构知识的过程。由于建构主义学习活动是以学习者为中心，而且是真实的，因而学习者就更具有兴趣和动机，能够鼓励学习者进行批判性思维。学习是一个知识建构的过程，学习者就必须依据自己与外部环境相互作用的独特经验去建构自己的知识，并赋予经验以意义。Dickinson（1995）指出，自主学习是学习者对学习资源支配的一种负责任的态度，是一种独立学习的能力。从这点来看，利用丰富的网络资源，学生进行学习资料的自主搜集与选择，正体现了学习者支配学习资源的独立能力。Garrison（1987）认为，自主学习是学习者作为学习过程的主人和管理者的过程，它强调自我管理和自我监控。因此，在自主学习中，学生是学习的主体，自主地选择学习内容、设立学习目标、确定学习方法。钟启泉（2003）认为，在建构主义课程的背景下，关于学习的基本假定是：学习不是被动接受的过程，而是主动建构意义的过程；学习所涉及的概念不是一蹴而就的，而是不断精致化的；学习具有主观性、个别性、情景性、脉络性以及情意性等。由此可见，学生只有获得学习与发展的自主权和主动权，才能主动地去进行自我体验与情意建构。我们强调大学英语教学应以学生为主体，把获取知识的主动权还给学生，从根本上改变学生在教学过程中消极、被动的地位。随着大学英语教学改革的深入，以多媒体网络技术为特征的现代教学手段走向了舞台，不仅成为一种辅助教学工具，而且变成构建新型教学模式的教学要素。而网络技术与大学英语学习自主性的整合显得非常有意义。我们可以充分地借助网络技术的优点，在教学内容、教学手段、教学方法、教学设计等方面突出学生的学习主体地位，着重提高他们的自主学习能力。

三、大学英语自主学习型课程的设计与实践

为进一步提高教学质量，探索有利于自主学习能力培养的教学模式，大学英语教学需要改变传统的"记忆型课程"，探索新型的自主学习型动态课程体系。利用网络技术进行大学英语自主学习型课程的设计与实践可以充分挖掘现代网络技术在促进教学与学习中的优势，因此应依据建构主义学习理论，引导学生开展自主学习，提高学生的学习参与性和学习投入。首先，通过"自主阅读"的环节，强化语言输入。利用网络技术，学习资源可以突破传统的课本局限。学生可以自主地选择和搜集网络上的大学英语学习资源，并批判性地优化阅读资源。在"小组探究"的环节，该课程充分赋予学生话语权。不论是在小组准备阶段的资料搜集，还是主题探究的实践，都需要学生利用网络资源进行自主性地探究，并可以通过"在线"交流的形式进行合作学习与资源共享。"自主练习"是强调自主学习输出的重要性，是把输入的语言材料加工内化的过程，输出是传递信息把握语言交际能力的过程。最后，该课程体系中的"课堂指导"，有别于传统的"知识授受"的教学模式，它更加注重通过师生的对话型互动以及自主学习方法的指导来提高学生的自主学习能力。

（一）课程目标

该自主学习型课程的设计是以现代外语教育理念为指导，将自主性的大学英语阅读、讨论、学习训练和自主互动型课堂讲解模式以及自主学习评价五个基本环节纳入教学之中，构建有利于学生自主学习和师生互动的教学模式，并改变学生学业评价方式。通过课程建设，致力于探索引导学生将课内与课外学习有机结合，进一步提升大学英语课程的整体质量与教学效果，努力增强学生学习的主体性，提高他们的大学英语综合应用能力。课程的分目标包括：（1）结合学生所掌握的语料资源，以自主学习行为为导向，把大学英语的听、说、读、写、译能力的培养有机地贯穿到整个教学活动中；

(2) 课堂教学多采用任务型的自主探究教学方法,发挥学生的学习主体性,重点提高学生大学英语实际应用能力;(3) 注重课堂中学生的自主性互动,增加语言的输入与输出,把课堂教学与课外实践有机结合起来,如游戏式小组讨论、辩论、角色扮演、模拟对话等,为学生提供创造性运用语言的机会;(4) 培养学生英语语言综合应用能力,特别是听说能力,同时增强其自主学习能力,提高综合文化素养。

(二)课程实践方案

基于网络技术的大学英语自主学习型课程的实践需要科学、合理地进行课程规划与设计,探索和完善语言课堂师生行为,并且指导学生利用网络技术的便利条件有效开展课后资源获取和学习互动,并巩固学习效果,同时积极转变课程目标评价方式。本课程以素质教育为基础,探索大学英语教学增强学生自主性和确立创新性思维教育目标,探讨培养学生自主性学习教学方法,乃至创造新型"教学文化",即从传统课堂的"灌输中心的教学"转变为自主"对话中心的教学",因为真正的学习并不停留在单纯的"知识的记忆",而应当是学生主动参与的"知识的建构"(钟启泉,2003)。该课程的实践方案主要包括以下方面(如图4-1所示):

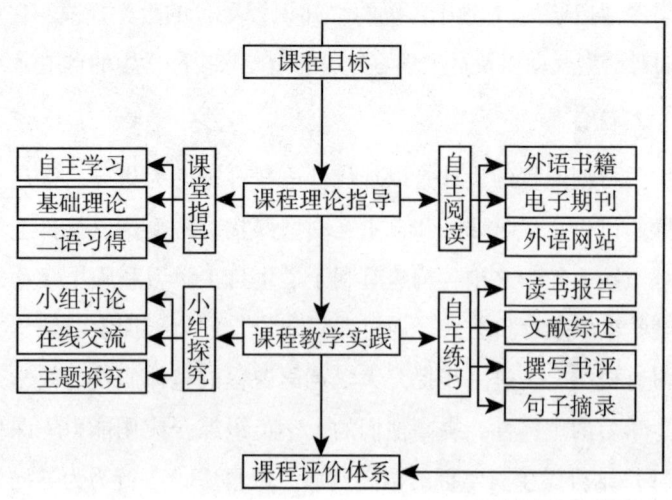

图4-1 基于网络技术的大学英语自主学习型课程

(三) 课程实践

1. "自主阅读"——利用网络技术自主阅读和优化学习资源

基于网络技术的大学英语自主学习型课程,首先体现在教师如何指导学生充分利用网络技术获取自主阅读资源,以确保学生阅读的数量与效果。学生阅读外语类电子书籍、在线杂志、英语学习网站等,区分大学英语精读、课外必读、浏览泛读等不同阅读内容。一学期的大学英语课程,要求精读10万字和泛读15万字的资料。通过该课程的开展和实践,笔者认为,为了有效指导学生开展大学英语自主阅读,教师应给予学生阅读材料的选择权,因为人作为有意识、有思想的存在,是凭借选择而生活发展的,人也只有在选择中才能体现出自己的主体性与能动性,并在选择中发展和完善自身。同时要在阅读策略上指导学生,并且要求学生积极有效地做好阅读积累。主要体现在以下几个方面。(1) 阅读材料的筛选。教师应指导学生筛选那些在难度、篇幅、题材和体裁上切合自己的能力水平,有助于了解英语国家历史文化、贴近生活以及有利于学习的材料。(2) 培养学生英语阅读的主体性。教师应重视培养学生的自我发展能力,关键是要教学生学会"自主学习"。(3) 阅读策略的指导。教师应指导学生根据不同的阅读材料和目的,采取不同的阅读方式和策略,包括略读、跳读、细读、概读和猜测单词。同时更重要的是引导学生通过有意义的阅读活动将这些阅读策略进行"内化"。(4) 监督学生做好阅读积累。教师应要求学生做好阅读积累,这是巩固阅读的必备环节。

2. "小组探究"——从自主研究的角度进行实践

"小组探究"主要是指课堂讨论和课后基于网络技术的"在线"小组合作探究。课堂讨论主要是通过师生和生生之间的对话型互动来提高学生的综合语言能力,提高学生语言课堂的参与度和学习兴趣,同时,建立一种不同于传统语言课堂的自主"思维型教学文化"。

(1) 课堂讨论进程。首先,教师应进行问题预设。教师在课前就提出待讨论的话题,让学生预先通过网络进行材料搜集和积累,真正做到讨论时有话可说，而且不同组的学生可以根据各自搜集的资料各抒己见。其次，教师要应对讨论进程引导。为避免教师在组织问题、下达讨论任务时，学生显得不知所措，教师需要进行鼓励，创造情境，调动学生积极性，从而提高讨论的效果和促进讨论的顺利进行。再次，教师应进行预解释。对于一些涉及比较专业的讨论问题时，教师需要进行概念诠释，指导学生自主解决问题。最后，讨论结束后，学生对所讨论问题进行总结，得出启发性结论，教师给出指导性意见和建议。

（2）"在线"小组合作探究。首先，教师给学生设定合作探究的学习任务，让学生们以小组的形式通过"在线"的工具（比如 QQ 群）进行合作学习，使他们能够共享学习资源、交流学习成果、完成学习目标。在这个过程中，培养学生的合作和探究精神是非常重要的。"在线"小组合作探究需要组员积极参与任务的解决，同时，还要培养学生的探究精神，帮助他们应用已有知识探索问题的解决途径。

3．"自主练习"——从自主实践运用的角度完成课程的任务

"自主练习"是学生自主开展学习的体现，也是巩固学习效果的有效途径。它的实现形式主要是学生综合性作业或项目的组织与实施。教师通过布置综合性作业让学生有目的地练习。一学期的大学英语课程，必须布置 6 次以上综合性作业。呈现形式有：文章摘要、读书报告、书评、文献综述、经典英语句子摘录、英语句子结构分析、作文等，以区别于平时练习。此外，要求学生至少撰写 1 篇完整的英语课程作业论文。这里需要特别指出的是，学生可以利用网络技术，通过"在线"交流的形式，互相批改小组成员之间的综合性作业。

4．"课堂指导"——基于对话的自主学习型教学实践

基于网络技术的大学英语自主学习型课程中的课堂指导，摒弃了传统的语言知识灌输的教学模式，构建起一种师生对话型互动的自主学习型教学模式。网络环境下的自主学习是学生借助网络技术开展的主动的、具有主见的、探索性的学习（刘尔明，2001）。以学生为中心的自主学习型动态教学

在课堂时空里形成了多层次、多向度的关系,构成了教学的特定语境和生成基础,它是师生作为独特生命个体在教学活动中赖以存在和发展的文化纽带,凸显了师生之间相互联系、互动互补和协同发展的价值功能;师生在与对方的关系中"相遇",确立自己的角色,组成对话实体,并通过对话形成对知识世界和生活世界的认知,进而深化对自我的理解,建构自我的社会化及知识性内容(刘晓伟,2008)。多媒体与网络技术的应用应该有利于对话型教学实践的开展,有利于调动学生的学习自主性,有利于培养学生的合作精神。一方面,教师应该利用多媒体和网络技术创设大学英语学习的语言环境,使多媒体所呈现的文本话语实现与学生生活世界的知识的链接,同时教师应创设能促进学生自主性学习的对话机制,这样就摒弃了语言符号的控制,激发了学生的学习自主性。另一方面,教师应在课堂教学中进行自主学习方面的理论指导,提高学生的自主学习意识,并解决学生在自主学习过程中的一些技术性的问题。

(四)课程评价体系——学生"电子学档"的应用

基于网络技术的大学英语自主学习型课程的评价体系将过程性评价与终结性评价有机地结合起来,较为准确地评价学生的学习情况,从而既能体现评价结果的可信度,又能调动学生的学习自主性和积极性。在过程性评价中,学生创新性主体学习能力的培养以及学生自主开展主体性学习评价,具有现实的实践意义,它能够帮助教师树立以学生为主体的教学理念,帮助学生培养创新型自主学习思维,摆脱传统的记忆型教学文化。

依托现代信息技术和互联网,我们可以建立学生的学习档案袋,即学生"电子学档",它突破了传统纸质档案袋的时空限制,能够有效促进师生间和学生间的网上交互。依据笔者的实践,该课程体系中的学生"电子学档"主要由个人信息管理、自我学习管理和学习资源管理三个部分构成,特别是,在自我学习管理中,学生必须描述:学习目的、学习过程、学习成果、学习反思等(如图4-2所示)。自我学习管理是该电子学档最核心的部分,它体现了学生开展自主学习管理和评价的全过程,也是教师对学生进行过程性评价时最重要的评价依据。在整个学生"电子学档"中，学生可以利用网络技术自主搜集学习资源，根据自身实际制订个性化的学习计划，总结学习成果，同时可以进行小组交流。教师与学生通过网络交互还可以实现信息资源共享等。因此，学生使用电子学档可以让他们制订学习计划和目标，实现自我学习管理和反思，也有利于教师及时掌握学生的学习情况。

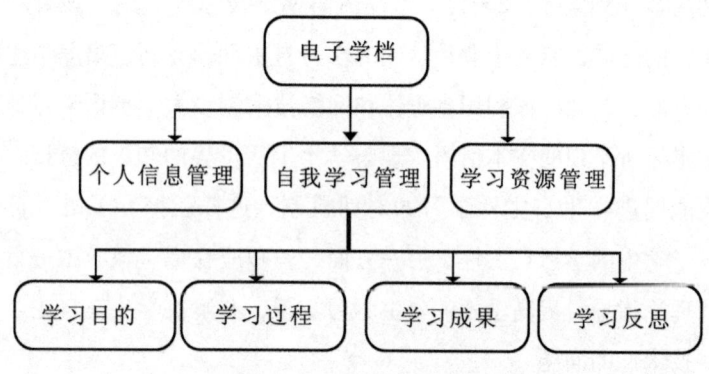

图4-2　学生电子学档的基本构成

我们可以看出，运用现代网络技术，学生可以自主地构建个人的电子学习档案，并且可以通过在线的交流活动，实现信息的交互和资源共享。可以说，电子学档将学生的自主学习决策、自主学习能力培养和自我学习管理与评价结合起来，真正实现自主性的信息化大学英语学习，不仅能够培养学生的大学英语自主学习能力，而且还可以提高学生的信息技术素养。

四、结语

基于网络技术的大学英语自主学习型课程是素质教育和网络技术时代背景下，开展大学英语教学的新范式。该课程试图改变传统大学英语被动灌输知识的教学方法，将教学作为一种动态的过程，用发展和变化的观点把握知识的本质和性质。同时，着重关注学生的自主学习能力的发展，使学习成为学生自我完善发展的过程。

第二节 混合学习空间视域下基于问题的大学英语教学模式

本节以社会建构主义的方法为基础，提出了一种基于问题的混合式学习的教学经验与实践，着重探讨了混合学习空间视域下大学英语教学如何基于问题进行模块重构，并通过实证研究进一步地验证其实施效果。

一、理论基础：社会建构主义

混合学习空间视域下，基于问题的大学英语教学模式应用了社会建构主义的学习方法。它鼓励和强调学生采用基于问题且进行自我管理的学习方式。Kieran（2013）认为，传统基于课堂的高等教育课程是实施远程学习和混合式学习的两个主要障碍。然而，我们认为，社会建构主义强调学生的自主性，可以消除这些障碍。

根据社会建构主义的方法，学习被认为是一个积极的社会过程，个体在社会环境中积极地建构知识（Vygotsky, 1978; Brown, Collins, & Dugnid, 1989），所以知识不能被转移。这意味着学习需要学生的主动和自我管理的过程。维果茨基（1978）、杜威（1993）和维尔奇（1998）强调了自我治理活动的目标导向和中介性质。每一个问题代表一个不能立即实现的目标，这个目标成为学生进行积极自我知识建构的导向。活动的中介性质意味着目标导向的人使用资源（如物体、概念或理论）来解决问题。知识是在这个目标导向的活动中建立起来的。因此，根据这种方法，学生应该以解决问题为导向，并指向解决问题的过程。

基于问题和自我管理的活动是开放式的和半结构化的过程，因为学生不知道如何解决问题，因此不可能预先确定他们的活动。这样的过程是由开放的学习环境所支持的，这些环境不直接指向学生的活动结果，而是为学生们开展自我导向的学习活动提供机会（Land & Hannafin，2000）。Hill 和 Hannafin（2001）使用"基于资源的学习环境"来描述这些环境。各种相关的资源汇编，例如文本、视频、音频和与学习主题相关的图形，可以同时在多个存储库中收集。他们可以结合形成新的资源或从多个角度促进学习者批判性思考和形成评估信息的能力。

同样，Jonassen（1997）构建了建构主义学习环境的模型，建议提供学生一系列不同的工具和资源来支持他们解决问题。Dalsgaard（2005）引入了"学习框架"的概念，这是一种包含与共同整体主题相关的资源的结构。这些都是"原始"的资源，意味着它们不确定具体的学习活动，也不提供特定的学习目标。相反，一个学习框架提供了不同的资源，可以潜在地支持学生解决问题的能力。这与 Hill 和 Hannafin（2001）将资源定义为"有可能支持学习的媒体、人、地方或想法"不谋而合。学习框架、基于资源的学习环境和建构主义学习环境应该被视为支持多种学习活动和学习目标的开放式环境。资源本身并不决定使用途径与目的，却构成了学生进行知识建构与创生的来源。因此，在使用资源的时候，学生必须要有针对性地解决问题。

二、从传统模块到基于问题的混合式学习

传统的大学英语课程以课程编排为特征，以授课为基础。课程借助各种材料（主要是教科书）以及一些预先确定和排序的授课模块来组织。这种方法代表了教师提供的"以知识为内容"的概念。此外，以教师讲授为主的大学英语课堂在很大程度上缺乏互动。在教师课堂讲授过程中，学生们倾向于直接获取答案，而不是自己去解决问题或找到答案。最后，这种方法很少关注单个学生。

本研究试图探索混合学习空间视域下基于问题的大学英语教学模式。将大学英语教学单元分解为基于问题的模块，并且充分利用网络技术开展混合式的学习体验，主要步骤由以下四个部分组成：

- 确定问题。

- 利用网络技术搜集开发性问题的资源材料。
- 重组模块。
- 改变教师和学生的角色。

（一）确定问题

本研究所依据的社会建构主义方法，需要一种不同的课程设计方法，即不应被认为是由书本等材料所创造的内容或知识，而是根据问题和活动，或者是 Savin – Baden（2003）所谓的"问题情境"来制定的。在符合大学英语课程大纲要求的基础上，以问题的形式确定每个教学单元的主题。比如，本单元课程的主题涉及哪些问题？哪些问题和提问会促使学生开展对原有课程内容的讨论？其目的是重新思考现有的大学英语课程编排设计，以问题为基础的学习活动，同时确保在教学模块中覆盖原有的课程。当学生独立使用开放式资源时，为了能确定学生应该学习的东西，确保教学大纲内容得到落实，必须鼓励特定使用的资源的形式是开放式的，而且能激发学生的学习自主性（Mauffette et al., 2004）。比如，在讲授 Famous Universities 这个单元时，在实践中，我们制定了以下问题："知名大学具有哪些共同点？""牛津大学作为世界一流大学之一具有哪些特色和创新点？""世界知名大学的发展历程对我们有哪些启示？"等等。学生们根据问题，充分利用网络资源对相关问题进行探索。作为开放式的问题，不需要明确正确或错误的答案，然而，它是以一种特定的方式来鼓励学生去探索问题的各个方面，并适当地覆盖本单元的教学主题内容。

（二）利用网络技术搜集开发性问题的资源材料

有必要从可供学生使用的资源的视角来重新审视现有的大学英语学习资源和素材。这涉及从原先以教学内容收集文本的形式预先确定的课程转向使用一些网络资源素材来丰富学习主题。此外，以各种资源的形式提供学生开放式学习材料，以提高课外学习过程中学生的批判性思维能力。我们的问题是：什么资源可以帮助学生提高批判性思维能力？如何将课程内容转化为开放性的在线资料？

在改造后的模块中，材料的重要性和作用发生了变化，新的在线学习材料应运而生。该模块进行了重组，使一个基于问题的任务和不同的在线学习材料成为中心。我们创建和提供了不同种类的资源，包括课堂的 PPT 演示文稿、补充文本、交互式学习材料、在线讨论平台、微信群和 QQ 群。学生还可以通过在线讨论平台与师生进行互动。

与以教科书内容为基础和以传统课堂授课为基础的教学方式不同，该教学模式的资源集中于个体学生。每个学生都有机会以不同的方式与学习资源和素材打交道，这取决于他们对问题的个人理解和方法。这种方法既支持不同的学习方式，也能够使资源用于不同的学习活动和学习目标。

（三）重组模块

使用基于问题的方法需要重新思考大学英语教学模块的内容。学生的自我管理活动和基于问题的课外自主学习被认为是学习过程中最重要的两个方面。为了支持这一点，有必要提供互动、讨论、指导、反馈、支持、帮助等机会。

通过重组模块之后，大学英语单元教学不再拘泥于原有的章节安排，而是依据主题重新设定为多个模块。在实际授课之前，学生们通过阅读课本主题内容和在线相关资源来做预习准备。在讲课中，教师提供主题、基本内容概述以及对可用的在线资源进行介绍。在讲课结束后，学生们（可以是单独或小组）使用虚拟学习环境来解决基于问题的作业。

利用在线学习平台，学生开展在线学习和讨论。随后，教师通过在线讨论反馈问题，直到设定的数周后的任务期限。作业提交后，教师评估作业，并在计划的期限内对班级和个人提供反馈意见和评估。

学生们的注意力从课堂转向了自我管理、师生在线互动、协作式学习和自主性学习。混合学习空间视域下基于问题的大学英语教学模式，是一种混合的方法，它不仅通过使用网络技术扩展现有的模块，而且还涉及不同的活动组织和使用不同技术开发新资源。

(四) 改变教师和学生的角色

重组模块涉及教师和学生的角色的改变。在转换后的模块中,教师作为"课堂讲授"的角色转变为帮助和引导学生的指导者角色。在面对面的教学中,教师将会花更多的时间用于师生讨论和互动,而不是主要用于单向讲授。此外,在学生随后的作业中,教师也可以通过在线交流平台进行教学反馈。Wilkie(2004)认为基于问题的方法要求教师角色的改变。在变换后的课堂上,教师并没有完整地呈现主题内容,而是给学生做介绍,并为学生的解决问题提供背景。他们的角色转变为指导、反馈问题、促进对话和确认学生的需要,关键在于开展基于问题的学习与讨论。

学生的角色也随着他们自我管理、自主性学习以及通过引入基于问题的协作式学习而改变。在传统的大学英语教学与学习中,学生们被动接受教师的课堂讲授、阅读课文并记忆语言知识。在转换后的模块中,学生的角色是主动的、独立的,在解决问题的语境中使用主题模块内容。所有这些都意味着,转换后的模块对学生的自主学习、自我学习管理的责任要求更大,他们的角色由听课者转变为问题解决者。

(五) 实证研究

为了验证混合学习空间视域下基于问题的大学英语教学模式开展的有效性,我们进行了实证研究。该实证研究主要依据问卷调查和学生访谈进行数据分析。实证研究包括关于资源使用情况的调查问卷、关于学生活动的日志以及对学生作业的评估。从问卷调查结果来看,98.6%的学生对利用网络资源进行大学英语学习持赞同的态度,并且93.8%的学生反馈他们乐于使用网络技术(包括手机、网页等)搜集和利用在线大学英语学习资源。从学生活动日志和作业评估角度来看,学生对混合学习空间视域下基于问题的大学英语教学持肯定态度,并且与传统大学英语课堂相比,学生展现出更多的学习自主性、积极性和参与性。

(六) 结果与讨论

本研究探究了基于问题的大学英语课程模块化教学,充分利用混合学习空间，减少传统大学英语课堂中的讲授时间，支持基于技术的大学英语自主学习与协作式学习。社会建构主义方法为转换模块提供了一个框架，在该框架的基础上，我们重新思考现有的大学英语课程问题，开发一系列基于问题解决的开放性资源，构建一个"混合"模块，将学生注意力从课堂授课的知识灌输中转移，走向学习的自决。

综上所述，实证研究表明，通过将传统大学英语教学转化为基于问题的混合式学习模式，可以减少课堂中的语言知识灌输、支持课程的自主性学习和支持师生多层面的互动，从而解决我们迫切需要满足的大学英语新课程要求的问题。我们的混合学习方法是建立在社会建构主义的基础上的，它的原则是自主性的、基于问题的活动和无限制的资源集合。该研究检验了一种社会建构主义方法在促进学生自主学习和知识建构方面的潜力，即学生在问题上独立自主地学习，并被赋予了一系列不同的学习资源。

然而，混合学习空间视域下基于问题的大学英语教学仍然需要进一步的细化和发展，特别是如何更好地整合在线学习资源、如何更好地开展基于在线平台的师生互动以及如何更好地对学生的学习进行监督和指导等方面。在未来的工作中，我们需要依据混合学习空间来进一步思考、开发和利用不同种类的在线资源，同时进一步激发学生的学习动机。

第三节 学习空间视域下的任务型混合式大学英语教学模式

一、引言

传统的教育研究往往更关注基于教室的正式学习。不可否认，教室是知识构建和学习发生的场所。无论采用以学生为中心或以教师为中心的教学方法，学生的学习是依据课程目标和结果来开展的，专注于拟定的支架式、计划性的活动。但随着网络技术的发展，在线学习、电子学习等新型学习途径拓展了学习时间与空间，使得教室不再成为唯一的学习场所。非正式学习已成为一种新的学习方式，它通常不依赖于课堂，结构形式相对灵活，学习者可以根据个人兴趣和需求自我掌控学习。从现实来看，无论哪种学习形式都无法真正满足学习需要，而基于教室的正式学习与基于网络的非正式学习的融合成为必然，由此真实学习空间与虚拟学习空间融合研究、混合式学习研究等应运而生。

二、研究背景

网络技术环境下，学习空间的研究大受关注。学习空间是一种能让学习者开放获取、自由参与、互动交流的环境，它既包括实体空间，也包括虚拟空间。"学习空间与传统学习环境最重大而本质的区别在于，它高度重视学习资源、信息资源、技术资源、设备资源以及人力资源的无缝链接和集成，将学校的各个相关部门和机构都纳入学习空间的组织框架之中，在各种因素的共同支持下，为学习者的学习过程提供全面支助"①。通过梳理文献，我们发现，依据学习空间的不同特征、设计原则等，学者们把学习空间分为多个种类，比如，技术增强的空间、以学生为中心的学习空间、交互式空间，等等。从区分个体学习与小组合作学习角度，总体上可以将其归类为个人学习空间与共享学习空间。个人学习空间"聚焦于以学习者为中心专业知识的联结，通过将不同学习情境（正式、非正式）的学习网络关联、汇聚，再由学习者自下而上进行有效整合，实现学习者的自由调度，允许学习者在分布式学习环境中进行自如的学习活动"②。共享学习空间建立在共享的信息资源基础上，具有交互性、协作性特征，通过多维的交互工具，师生之间、生

---

① 王继新，郑旭东，黄涛. 非线性学习空间的设计与建构［J］. 中国电化教育，2010（1）：19.
② 毕家娟，杨现民. 联通主义视角下的个人学习空间构建［J］. 中国电化教育，2014（8）：50.

生之间开展社会性交互，并且实现教师与资源、学生与资源之间的交互。

任务型教学，又称任务教学法或任务型学习，是以任务为核心来组织课堂教学活动，"这些任务不以语言为中心，但是需要语言来解决，通过完成任务来驱动学生对语言知识的学习，培养学生的语言运用能力，并且带动学生的认知、情感等多方面素质共同发展"①。从语言学角度，任务型教学涉及"输入假说""输出假说"和"互动假说"等二语习得理论；从教育学、心理学角度，涉及"建构主义""认知发展""多元智能"等理论。因此，国内外学者从不同的视角对任务型教学进行了探究，此处不再赘述。就基于技术的任务型教学而言，"教师把语言形式和功能镶嵌在基于计算机的任务目标和过程之中，通过前教学段、建模、对输入和输出的监控，以及随后搭建支架和做任务报告等形式，可以促进学习者对形式与功能的整体意识"②。

混合式学习概念由 Cooney（2000）等学者首次提出。随后 Singh（2002）将其定义为离线学习与在线学习、自主学习与协作学习、结构化学习与非结构化学习、学习实践与技术支持相混合的学习方式。Garrison 和 Kanuka（2004）认为，混合式学习是课堂面对面学习与在线学习的深度集成，他们的研究结果表明，混合式学习将重新定义高等教育，将其导向以学习者为中心，促进个体学习体验的过程。

混合式学习在国外的研究已较为成熟，目前更多涉及混合式学习的有效性研究以及从实证角度出发开展混合式学习的质性和量性的研究（Hughes，2007；Miyazoe & Anderson，2010；Donnely，2010）。国内对混合式学习的关注也越来越多，着重从课程设计、国内外研究现状、基于平台的混合式学习、协作式混合式学习等不同视角展开研究（黄怀荣等，2009；马武林，张晓鹏，2011；白文婧等，2011；牟占生，董博杰，2014；王国华等，2015；吴江等，2016）。然而，国内关于混合式教学的实证研究较少，也更少形成

---

① 王静. 网络环境下任务型口译教学模式的设计与实践［J］. 外语电化教学，2010（3）：34.
② 程可拉. 基于技术的任务型外语学习研究［J］. 外语电化教学，2003（3）：11.

系统性的混合式教学模式或教学体系。随着新技术的发展,新型混合式学习形式将会不断呈现,我们应该更多从实证主义视角出发来研究建构主义、协作模式与混合式学习环境的融合,构建具有实践指导意义的新型教学模式,转变传统教学空间,充分发挥技术环境下课堂各组成要素的作用,以学习者为中心,提高学习者的主体性和能动性,创造和谐、个性化的教学生态环境。

三、目前大学英语教学的问题

大学英语作为非英语专业大学生必修的通识课程,涉及面广,影响深,因此大学英语教学改革一直以来都是高校关注的问题。传统的大学英语教学方式侧重"语言—语法"教学,教师牢牢把控课堂,学生成为被动接受语言知识的个体,早已经不符合现实要求。随着现代教育教学理念的更新以及多媒体网络技术的发展,大学英语教学方式发生了重大变革,摈弃了传统的纯语言教学模式,但是目前大学英语教学还存在一些突出的问题,主要体现为以下几个方面。

(1) 对多媒体网络技术应用的理解不全

典型的做法是,夸大多媒体网络技术的"工具性"特征,误以为应用多媒体技术来设计课堂教学课件就是成功的教学。于是教师花很多时间来设计五花八门的多媒体课件,但是一到课堂,通过点击鼠标,就把语言知识一股脑地呈现给学生,结果是学生的注意力分散,无法吸收知识,更谈不上实现知识的内化。

(2) 无法充分调动学生的学习自主性和积极性

自主性学习是21世纪最重要的学习方式,自主性学习能力是大学生必须具备的素养。但是目前的大学英语教学普遍上无法充分调动学生的学习自主性和积极性。

(3) 忽视课外的学习时间与空间

大学英语教学只注重课堂教学,却忽视了课外的学习。即使是在网络技术高度发展的今天，大学英语教学也很少借助技术环境来促进大学生的课外学习，很少拓展课外学习空间。

四、学习空间视域下的任务型混合式大学英语教学改革

本研究依托笔者主持的省教育科学规划课题"技术环境下大学英语有效学习空间构建研究"和省高等教育课堂教学改革项目，"教学生态视域下的大学英语'三结合'教学模式研究"。在创设大学英语学习空间时，教学改革的实施突出表现为以下特征：①真实空间与虚拟空间的有效结合；②构建学习空间时，综合考虑技术的最新发展和学生的个性化学习需求；③在国内外已有研究的基础上，构建一个较为科学完善，但又比较简明、具有可操作性与灵活性的"以学生协作学习、自主学习为主导，教师指导为辅助，网络交互技术为平台"的新型教学模式；④利用网络平台与"电子学档"等来更好地指导、跟踪、监督学生的个体学习与协作学习等。为了实现上述目标，笔者在课程教学中运用了本研究提出的任务型混合式大学英语教学模式。

（一）改革设计与实施

该教学改革着重从教学内容、教学方法、评价体系等方面进行实施。

1. 教学内容改革

传统大学英语教学中，使用固定教材，较少补充课外内容。而该教学改革将依据技术环境，拓展教学内容空间。教学内容的选择将教师选择和学生自主选择相结合。教师充分利用网络技术对大学英语的学习资源进行调度，将学习材料、资源选择性使用，形成独特而完备的教学文本、教学资源、教学辅助资料等，并选取有效资源运用于课堂教学中，以建构主义和自主学习理论指导教学实践，并通过多媒体对资源整合的有力支撑，更好地开展大学英语教学实践。而学生自主地根据自己现有英语水平和小组协作学习要求来选择学习内容，改变由教师指定学习内容、学生被动接受学习的现象，把决定学习内容的自主权交给学生，体现学生学习的自主性，促进学生主体学习能力的提升。

2. 教学方法改革

传统意义上的大学英语教学过分依赖现实的物理学习空间,即依赖教室所开展的单一、封闭式的教学模式,却对以新技术为基础所构建的虚拟空间利用不足。随着新科技的迅猛发展,不断涌现的新媒体运用于教学领域,创造了大量的虚拟学习空间,十分有利于教学规模的扩大与教学效果的提高。真实学习空间与虚拟学习空间的耦合大大延展了传统意义上的课堂,使学习者得以直接或间接地获取经验、知识并掌握技能。

教学改革实施中,大学英语有效学习空间的创设可以从以下几点体现出来。(1) 学生的学习范式的变化:获取信息的渠道被扩展,传递信息的平台和载体也发生着深刻变化,自主学习和协作式学习方式被灵活应用;(2) 教师教学范式的转变:在多媒体网络快速发展的环境下,大学英语改革要求充分利用现代教育技术,构建多维互动的教学模式,更好地通过网络平台增强教学的实用性,提高学生英语综合应用能力,尤其是强化听、说与交际能力的训练与培养;(3) 师生互动范式的变革:技术环境下,师生互动不再局限于课堂的互动,而是拓展到课堂学习空间中的学生与媒体资源的互动,以及课外学习空间中,师生通过网络平台进行的"在线"互动。

3. 课程评价体系改革

作为拓展大学英语教学空间的一部分,该教学改革的课程评价体系除了结果性评价即以闭卷的期末考试来衡量学生的学习结果之外,更重要的是过程性评价(如图4-3所示),分为课堂表现和课外表现两部分。课堂表现包括课堂小组汇报、课堂互动等。课外表现由电子学档、网络交互平台、学生小组协作学习成果等组成。"电子学档是依托现代信息技术和互联网而建立起来的学习档案袋,它突破了传统纸质档案袋的时空限制,能够有效促进师生间和学生间的网上交互,在操作上更为便捷。"[1] 一方面,电子学档是由学生自主构建的"电子档案",可以自主阐明个人体验、成就和学习过程,

---

[1] 周梅,邹晓玲. 电子学档:大学英语信息化教学新模式 [J]. 教育与现代化,2010(1):57.

而且数字化地记录他们的学习能力、思想、证据、反思、反馈等；另一方面，学生可以开展基于网络的资源收集，"在线"与同学、教师开展信息共享和交流（潘孝泉，2016）。过程性评价体系，特别是电子学档的应用，集中体现了学生学习过程的全程性评价特征。

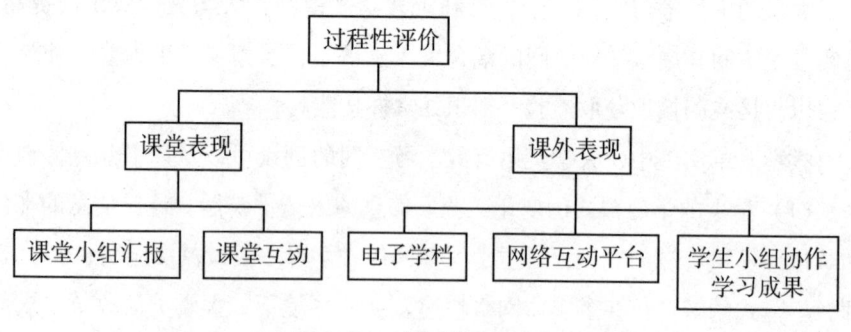

图4-3 过程性评价体系

（二）改革的宏观成效

1. 构建大学英语有效学习空间

学习空间的构建要考虑新一代"数字土著"的群体学习特征，创建能够支持学生彼此协作、便捷接入网络、促进真实学习的环境，同时要尊重学生的个性化需求，推动自适应和个性化学习（杨俊锋等，2013）。构建大学英语有效学习空间不仅包括利用现代教育技术、多媒体设备、网络技术等作支撑，来更好地拓展课堂学习空间，优化课堂教学，而且包括创设师生信息交流互动的网络平台（我们称为"共享学习空间"）以及"个人学习空间"（包括"电子学档"、课堂学习空间、课外学习空间）。通过网络平台的"共享学习空间"构建的资源库，学生可以自由访问和共享资源，并且开展交流互动。这样不仅促进知识的显性化，而且还可以通过知识交流与互动促进隐性知识的内化。个人学习空间，则更注重个性化学习特征。在外语教学环境中，以学习者为中心，从个体需求出发，依靠学习者自发活动。最近许多新观点强调，学习者应该被允许通过设定自己的学习目标，选择学习方法和工具，以兴趣为驱动，创建和共享资源，以及自我监控学习活动和过程来构建自己的学习环境。这些观点认为,学习被视为一个连续的、持续的过程,发生在不同的情景中,借助多种工具,且可在同学、导师或者教师的帮助下进行。以学习者为中心的环境可以整合正式和非正式的学习经验和资源,促进终身学习。以学习者为中心的一个例子是个人学习环境概念,已经成为热点研究问题。"个人学习环境赋予了学习者控制学习过程的权利,学习者能够根据自己的需要,选择合适的工具和资源用于管理信息、生成内容、分享成果、连通他人并最终实现学习目标。"① 除了强调以学习者为中心,个人学习环境概念认为,学习目的是达成个性化、模块化的解决方案,整合个人和互动学习的空间。个人学习环境重视学习者的个体体验。在本教改实践中,"电子学档"能够记录学生个体的学习过程和体验,体现了学生个体对学习的自我责任感、自我评价和自我监控。课堂学习不再是传统意义上的"知识授受",而是作为个人学习空间的一部分,是一种学习环境。课外学习不仅是课堂学习的延伸,而且是学生个体依据个人兴趣和需要,以"线上"或"线下"的方式自主掌控学习的路径。

2. 以多媒体网络技术为平台,构建起任务型混合式大学英语新型教学模式

该教学模式所倡导的学习空间是混合式的,体现了教学方法、教学手段和教学环境的开放性。强调教师的教学活动,既可以是传统的课堂讲授,也可以利用多媒体网络技术创设真实的语言交互环境,组织各种任务型、互动式、协作式小组讨论,还可以利用网络交互平台与学生进行在线交流、答疑、反馈等。而学生的学习活动同样可以形式多样、方法灵活,在一定程度上不受时间、地点的限制进行个性化、开放性的自主学习。

从学习空间构建角度来说,这里的空间包括课堂学习空间、课外学习空间、网络虚拟空间三维环境。多元互动是指师生,作为教与学活动的双主体,在课堂、课外、网络虚拟空间三维环境中所进行的师生、生生、生机

---

① 张丽霞,王丽川. 论连通主义视域下的个人学习环境构建[J]. 电化教育研究,2014(12):63.

（学生与计算机）间的互动活动。在此过程中，教师的作用是"引导、促进、协调、反馈"，而学生作为活动的主体，通过自主探索、合作探究，在做中学、探中学中完成对语言使用规则的认知和外化。而该教学改革重点研究推行一种"以学生协作学习、自主学习为主导，教师指导为辅助，网络交互技术为平台"的任务型混合式大学英语新型教学模式（如图4-4所示）。该教学模式是多媒体网络技术在教学内容、教学范式、教学评价等方面的全方位整合，其突出特点是学生在整个学习过程中主体性和能动性得到激发。具体而言，在课外学习中，包含以下几个环节。（1）任务布置。教师作为教学设计的主体，依据教学目标，在分析学生和资源的基础上，进行学习任务布置，并促进、协调、参与学生的知识建构。（2）个体学习。学生作为知识建构的主体，对完成任务的步骤、时间、空间作出规划，并优化选择学习资源，开展个性化的自主学习。上述过程中，包括任务布置、学习资源搜集、资源共享，都可以通过网络交互平台进行。（3）小组协作探究。学生在个性化学习的基础上，开展小组协作探究，并借助网络交互平台，和教师、同学、网络资源进行交互。学生通过自主学习和小组协作学习完成知识建构，并将获得的知识转化为具体的小组汇报成果。为了激发这些知识创生活动，小组协作学习设计的目标是以促进交互的方式达成更富有成效的协作成果。这可以通过"问题解决"的形式设置能激发学生进行深层次探究的主题任务，并通过合作学习活动来实现。在这样的教学设计中，协作的资源可以是内部的、外部的或融合的。在课堂学习中，包含以下几个步骤：（1）学生在课堂上就所完成的学习任务进行小组汇报；（2）教师针对小组汇报情况进行总结，并对相关专业知识点进行课堂讲解与指导；（3）学生再根据主题任务开展小组讨论学习。此外，该教学模式中的链接活动可以帮助学生实现课外学习与课堂学习的对接。课堂学习的知识内容需要通过链接活动得到内化与吸收。因此，链接活动是学生个体必须完成的任务，其目的有三：学生个体检验对课堂所学知识的理解程度；进一步扩展学生的课外学习空间；进一步调动学生的学习主体性。

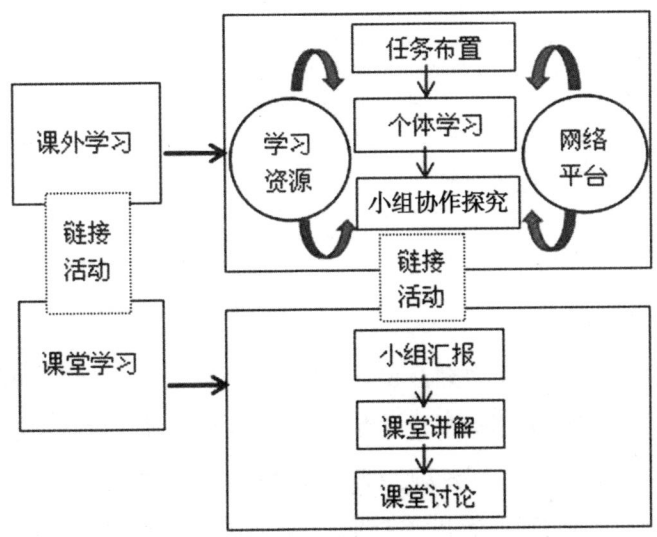

图4-4 学习空间视域下的任务型混合式教学模式

(三) 改革的显性成效

1. 学生成绩

为了检验教学改革开展的成效，本研究在教学改革实施之前，即学期开始的第1周和教学改革实施一个学期后，即第15周，对所任教的2个平行班进行了大学英语综合测试和口语测试。综合测试采用标准化试题（包含词汇与结构、阅读理解、完形填空，不含写作部分，总分100分），机器阅卷，以便最大程度地反映学生的真实水平。口语测试包括句子朗读、篇章朗读、话题讨论三个环节。测试结果如表4-1所示。我们可以看到，经过一个学期的任务型混合式大学英语教学改革实践，学生的大学英语综合能力有了明显的提高，测试平均成绩提高了13.77%。口语测试成绩也得到了较为明显的提高，测试平均成绩提高了9.24%。值得一提的是，由于英语基础相对偏弱，很多学生在第1周口语测试时，不好意思开口，语言表达不流畅；但是到第15周时，口语表达流畅程度明显提高。

表4-1　大学英语水平测试对比

时间类型	大学英语综合测试		口语测试	
	平均值	标准差	平均值	标准差
第1周	68.39	6.44	76.96	5.33
第15周	77.81	5.76	84.07	6.05

2. 学生反馈

该教学改革研究的开展建立在对资料的有效收集上。为了达到教学改革研究的可靠性以及掌握其效果，笔者对所任教班级开展了任务型混合式大学英语教学改革调查（如表4-2所示），主要从学习积极性、学习资源、师生互动、学业评价等方面开展开放性调查，及时了解学生的评价和体会。从调查结果可以看出，绝大多数学生认为，能够更多参与自主和个性化学习，积极性得到较大的提高；与传统学习方式相比，借助网络技术他们可以更自主地搜集资源，学习资源更加丰富多样；师生、生生互动交流得到提高；学业评价更科学，自主学习评价能力得到提升。

表4-2　任务型混合式大学英语教学改革调查

开放性调查问题	问题	完全不赞同	不赞同	中立	赞同	完全赞同
学习积极性	1. 学习参与机会增加	0(0%)	3(3.66%)	8(9.76%)	60(73.17%)	11(13.41%)
	2. 个性化学习机会增加	0(0%)	2(2.44%)	6(7.32%)	53(64.63%)	21(25.61%)
学习资源	3. 学习资源更丰富	0(0%)	2(2.44%)	10(12.20%)	52(63.41%)	18(21.95%)
	4. 自主性搜集资源增加	0(0%)	4(4.88%)	6(7.32%)	50(60.97%)	22(26.83%)

续表

开放性调查问题	问题	完全不赞同	不赞同	中立	赞同	完全赞同
师生互动	5. 师生间互动交流增加	3(3.66%)	1(1.22%)	15(18.29%)	48(58.54%)	15(18.29%)
	6. 学生间互动交流增加	1(1.22%)	1(1.22%)	7(8.54%)	61(74.39%)	12(14.63%)
学业评价	7. 过程性评价更科学	2(2.44%)	2(2.44%)	11(13.41%)	60(73.17%)	7(8.54%)
	8. 自主学习评价能力提升	0(0%)	1(1.22)	6(7.32%)	55(67.07%)	20(24.39%)

（四）讨论

上述研究结果表明，学习空间视域下的任务型混合式教学模式应用于大学英语教学取得了较好的教学效果。通过一个学期的教学实践，学生在多个方面获得了可喜的变化。

1. 转变了学生的学习方式

学习空间是一个新兴的研究方向，是在技术发展的基础上，为了实现学习者自主、灵活和投入的学习而开展的研究。学习空间视域下的任务型混合式大学英语教学模式从根本上转变了学生传统的学习方式，从局限于课堂的"获取知识"行为转变为探究知识的"自主行为"。学生"课后无所事事"的状况得到了扭转，因为在共享学习空间下，学生可以以个人兴趣或教师布置的主题任务为驱动，利用多种平台和资源，开展自主性大学英语学习，而且实现"线上"与"线下"不同层面的交流互动。

2. 提升了学生的自主学习与合作学习能力

本研究所构建的任务型混合式大学英语新型教学模式使学生在课堂、课外、网络虚拟空间三维环境中，通过自主学习、协作学习，在促进外语语言发展的同时，利用网络技术促进其自主学习能力与合作解决问题能力的发展。在电子学档的学习反思模块中，学生写道："通过这个学期的学习，我知道如何规划自己的学习，如何自主地发现自身存在的不足，并设定学习目标，努力争取实现目标。"还有的学生提道："我很喜欢小组学习的方式，我们围绕一个具体的主题任务，每个人都去搜集资料，然后讨论方案，设计小组汇报内容，还可以在网络平台看到其他小组的成果。"

3. 解放了学生的话语权

国内对大学英语教学的研究，较少从学生的话语权角度考虑学生的学习需求，较少关注开展对话型思维教学。而该教学模式所倡导的"课堂作为学生学习共同体""技术环境下的大学英语多元互动新型教学""基于网络技术平台的大学英语第二课堂活动"以及"电子学档"的开发与应用，真正实现了从学生的发展角度来看待教育过程。该教学模式将学生的话语权拓展与自主学习型思维培养、小组协作学习等整合，致力于引导学生获得学习的主动权和课堂的话语权，从而主动地构建自我体验以及协作式探究的行为方式，极大地解放了学生的话语权，促进了学生的个性化学习。

五、结语

本研究从技术基础、学习空间理论、前沿教学理论等着手来构建网络技术支撑的大学英语教学的模式框架，阐释了技术环境下外语教学的实质在于促进学习者学习方式的转变。简单地说，网络技术改变了教学内容、教学方式、教学评价等，也为改变教学模式提供了可能。研究表明，任务型混合式大学英语教学模式转变了学习者的学习方式，提升了学生的自主、合作学习能力，解放了学生外语学习的话语权。该教学模式的实施有利于转变传统的记忆型外语教学文化，创设技术支持的大学英语教学新范式，优化课堂教学与学生学业评价。从宏观上看，这一模式在一定程度上为技术环境下的大学英语教学改革提供了可持续的有效方案。诚然，基于技术环境的大学英语教学改革研究仍需进一步探索、总结、提升和完善，但我们期待本研究可以在构建大学英语教学创新模式上提供一定的借鉴。

<<< 第四章 混合学习空间视域下的大学英语教学模式

第四节 大学英语自主学习型动态教学模式建构

长期以来，人们习惯性地将语言知识定义为人类认知的成果并以此为知识观来界定语言习得，往往把语言知识当作以"符号"的形式保存下来的理性产品。这种传统哲学认识论视野中的知识观，是从语言知识生产过程或生产结果的角度来理解其本质，而没有从学生发展的角度、从教育的角度或从课程教学的角度来把握其多重属性。由此，外语学习者长期以来被定位为一种对外语语言符号记忆与复述的角色，从而限制了他们的情意教育、理性思考和文化联接。大学英语学习也被限制在技术性语言知识获取、工具性教学目标、结果性教学评价以及大学英语课程与文化中一切以语言符号的方式出现的知识灌输和传递中，摈除了主体在语言学习过程中的作用，也割断了语言与外部世界的联系。实际上，大学英语学习者需要借助语言环境，根据外部现实，不断调整自己的语言模式。以计算机网络为主体媒介的现代教育技术的发展丰富了大学英语教学的手段，也为大学英语教学变革与学习范式转变提供了一种全新的途径与媒介。从教学理念上，计算机网络技术与大学英语教学的整合是对传统大学英语教学的一种更新。从技术层面上，计算机网络技术为大学英语教学改革与学习范式转变提供了物质基础和技术支撑。从课堂的师生话语操作层面以及从大学英语第二课堂自主学习开展层面上看，计算机网络技术不仅为大学英语课堂教学中师生的对话和互动提供了便利，为课后师生互动交流创设了技术平台，而且为大学英语学习者创建了一个情景化、合作化和开放式的语言环境。

一、理论基础：建构主义理论与自主学习

现代外语教学理念与方法建立在若干个共同的理论基础上，其中建构主义理论是一个非常重要的理论支撑。传统大学英语教学是以教师为中心的语

言知识传授,而建构主义理论提倡教师指导下的以学生为中心的学习。因此,建构主义理论是契合现代大学英语教学改革目标的。建构主义理论认为,学习是学习者通过与周围环境交互而自主建构内在心理表征的过程,知识不是靠教师传授得到的,而是学习者在一定的情境即社会文化背景下,借助其他人(包括教师和学习伙伴)的帮助,利用必要的学习材料,通过意义建构的方式而获得的(段钨金,张畔枫,2008)。依据该理论,大学英语学习者必须拥有一个理想的语言环境,并且通过与外部语言环境的交互,不断地进行自主的知识建构,才能实现语言知识的有效习得。同时大学英语教学应该摆脱教师的知识授受主义,提倡建构主义的教学模式,即"以学生为中心,在整个教学过程中由教师起组织者、指导者、帮助者和促进者的作用,利用情景、协作、会话等学习环境要素充分发挥学生的主动性、积极性和首创精神,最终达到使学生有效地实现对当前所学知识的意义建构的目的"[1]。从大学英语教学设计来看,建构主义强调创设由意义建构、情境、协作、会话四个要素构成的语言学习环境。计算机网络与大学英语教学的整合可以选择丰富的学习资源,帮助学生建构有意义的知识结构,构建真实的语言情境,通过"在场"或"在线"的形式实现会话互动与协作。根据建构主义理论,学习过程是学习者建构知识的过程,而学习质量取决于学习者根据自身经验去进行知识建构的能力。因此,建构主义特别强调学生的自主学习。从自主学习的国内外研究发展来看,自主学习的概念是 Holec 在 1981 年出版的专著《自主性与外语学习》(*Autonomy and Foreign Language Learning*)中首次提出并将其引入外语教学领域的。随后一些研究学者(比如,Dickinson,1995;Garrison,1987;Benson,1997 等)分别从学习者自主承担的责任、学习者的自主学习管理以及学习者的自决权等角度进行了探讨。Dickinson(1995)认为,"自主学习是学习者对学习作出的自我决策,是学习者对学习资源支配的一种负责任态度,是一种独立学习的能力,并且承担自主学习过

---

[1] 何克抗. 建构主义的教学模式、教学方法与教学设计[J]. 北京师范大学学报(社会科学版),1997(5):75.

程中的全部责任"①。Garrison（1987）认为，自主学习是学习者作为学习过程的主人和管理者的过程，它强调自我管理和自我监控，体现在自主学习中就是由教师控制转移到学生的主体选择，学习者独立设定学习目标和决定学习内容与方法。Benson（1997）则认为，自主学习代表着学习者对自己学习权利和身份的认同。从国内大学英语教学现状来看，Benson 的自主学习理念正可以用来指导教学改革：弱化大学英语课堂教学中教师对语言知识的控制，赋予学生自主的话语权，建构学生自我的身份认同。国内对自主学习的研究主要是介绍国外的研究进展和经验；探索如何提高学习者的自主学习能力；关注自主语言学习材料的建设和发展；考察学习动机与自主学习的关系以及探究学生自主学习中的态度和行为变化。随着计算机网络技术应用于教学，人们更多地关注网络环境下的自主学习研究，例如，基于建构主义理论的远程英语自主学习方法探讨；建构主义理论在学生网络自主学习中的实践；基于 Web 2.0 的自主学习平台的研究与设计；等等。

二、国内大学英语教学的现状：控制学生自主意识的话语

美国心理学家布鲁纳（J. S. Bruner）在其《教育过程》一书中提出了"学问中心"的理论。由于该理论过分注重知识的结构，而缺少关注学生想学什么，因此受到了一定的质疑和批判。钟启泉（2003）在《现代课程论》中指出，"学问中心课程还有更深刻的问题，这就是它的内容，是按照'学问的实体结构'——基本观念、关键概念，与'学问的形式结构'——探究及发现的方式构成的"②。在网络技术高度发展的今天，知识急剧增长，知识内容已经不是一个主要的问题，问题是获取知识的路径。由此可见，如果把知识的传授作为教学的主要目的，无原则地向学生大量地灌输知识，那么已经脱离了教学的真正意义所在。学问中心教育造成了知识的分裂与片断

---

① DICKINSON L. Autonomy and motivation: A literature review [J]. System, 1995, 23 (2): 168.
② 钟启泉. 现代课程论（新版）[M]. 上海：上海教育出版社，2003: 161 - 162.

化。这样就会导致教师的权威凌驾于师生之间有意义的、互动的和参与的对话之上。传统的大学英语课堂教学模式是一种记忆型教学文化。在这种文化中,教师的作用是向学生传递信息,学生的作用是接受、存储信息,并且按照这些信息行动。目前国内大学英语教学中,学生的课堂学习普遍上是一种被动的知识接受,缺少知识的自我建构,缺乏主体性和自主性,学生在课堂教学中学习的知识是"惰性知识",这种知识是我们所拥有的、逻辑上相关但不能被运用的知识。教师的教学内容局限于课本,缺乏针对性,信息滞后;教学方式单一,通常采用满堂灌和语言—语法教学方法,抑制了学生的学习积极性,学生的学习自主性没有得到发展;教师缺少对学生课后进行英语自主学习策略的引导,导致学生缺乏英语学习的主动性和目标。由此看出,国内大学英语教学的普遍现状是以教师为中心,强调教师和书本知识的权威性,仅仅着眼于专门科学知识结构和理论系统,导致学生知识习得的分裂与断层。同时它脱离了社会性,妨碍了学生人格的全面发展以及学生的情意教育。学问中心教育在外语语言习得层面上,表现为孤立、静止的知识观。当外语习得被科学思维表面化、标准化、分类化和可测量化了以后,能够支撑自主性、创造性和自发性的灵魂就从教学过程中消失了;在语言课堂中突出表现为将语言的外壳与内在的思想区别开来,分割到不同的课程和不同目标中去实施;反映在自主性发展上就是把学习策略技能培训和教学技术运用作为手段,忽视对人内在精神的关注(吴宗杰,2004)。长期以来,我们把大学英语作为一门学问来看待,将学生的学习置于某种学问知识的符号控制下,强调语言技能,却忽视语言的社会文化意义和语言的对话性。大学英语习得的语言符号控制,容易造成教师主导的演绎抽象性与形式教学。教师对教学的控制使学生丧失了学习的自主意识和话语权。学生缺乏自主话语将无法形成课堂的语言环境,因此语言习得的过程无法实现与外部环境的联系。从语言的社会意义来看,语言与文化是密不可分的。潘孝泉(2011)倡导开展基于学科文化内容的英语教学模式,将语言教学从片断化的符号系统中解构出来,把它与学科知识和生活世界(知识)实现联接,既可以摆脱传统语言学习的枯燥,又可以扩展学科学习的视阈,同时把语言学习看作"一种多元'文本'或话语来理解"(吴宗杰,2004)。

三、计算机网络环境下大学英语自主学习型动态教学模式的建构

21世纪是知识爆炸及信息技术高速发展的世纪,随着语言教育研究与实践的发展,尤其是技术支持的语言学习研究的不断深化,技术支持的语言学习环境、语言教学软件、多媒体语言教学材料的设计与开发以及信息技术环境下语言教学模式的变革等问题,成为技术支持的语言学习与教学研究的热门课题,越来越多的学者开始将语言教育与语言学习的信息化,看作突破语言学习发展瓶颈的良方,基于计算机多媒体技术和互联网技术为核心的新型语言教学与学习模式,正在逐步应用到英语教学领域(徐品香,2011)。计算机网络环境与大学英语教学的整合可以带来师生之间话语权的变革。同时计算机网络为以学生为中心的大学英语自主学习型动态教学以及基于网络的大学英语第二课堂自主学习的开展提供了技术支撑,并且创设了一个理想的语言环境。

(一) 计算机网络环境下师生话语权的变革

把文化话语和交往当作一种生活来研究的一个重要前提是区别语言作为知识还是活动,简单说就是不能仅仅把语言看作传播知识的工具,而是把它看作一种"生活方式"。语言范式的转向体现在话语权的变革上。这种变革就是摆脱传统的语言符号控制,批判性地解读语言文化的情景和社会意义以及活动课程"文本"。语言范式必须逐渐从狭隘的心理学领域中走出来,转向关注交互主体的话语权,并且将语言符号理解为一种多元的话语叙事。叙事可以为我们提供一种文本,同时也就相应地提供了一个理解世界的框架和时空构件,同时"叙述研究从语言结构上把人带到认知的根本前提上,使一切被扭曲了的思想回归真实"①,从而摆脱了外语教师课程自主性的控制符

---

① 吴宗杰,黄爱凤等. 外语课程与教师发展:RICH研究视野 [M]. 合肥:安徽教育出版社,2005:260.

号,建立起师生之间平等、真诚和互动的话语交往方式。计算机网络与大学英语教学的整合为师生之间的话语权变革带来了可能。现代大学英语教学应该将计算机由教学辅助工具转变为认知工具。计算机网络与大学英语教学的融合使计算机网络成为一种教学元素、一种文本。计算机网络是问题和回答的载体;计算机网络作为教学元素,是一个开放的形态;借助计算机网络进行的对话就是交流,一种话语与另一种话语、多种话语相互交流构成对话关系。我们对文本的理解可以从三个视角入手:文本是生成性的活动,由特定的社会条件决定;文本是一种对话交流的活动载体,语言文本作为构成性的要素渗透在整个活动里;文本在话语的层面上活动,与其他要素处于动态过程中,并且各要素互相内化(潘孝泉,2011)。语言文本超越了工具性的符号控制,是对结构主义语言学的突破,它将语言教学与情景和人文关怀结合起来。语言根本不是一种器械或一种工具。因为工具的本性就在于我们能掌握对它的使用,这就是说,当我们要用它时可以把它拿出来,一旦完成它的使命又可以把它放在一边。基于对符号、符号思维、符号意指过程以及符号学对话性特征的研究,王艳(2006)指出,语言符号应突破那种静态的、独白式的思维方式和研究方法,因为这样会导致我们的研究脱离认知主体的能动性以及外部现实这幢"富含意义的大厦",从而导致符号学的危机;我们应当加强"对话"意识,重视具体的、开放的意指过程,以及此过程中主体的自我对话认知和主体与主体之间的对话认知,只有这样才能摆脱结构主义的桎梏,从而深入地了解符号的运作规律。语言本身是交际的工具,语言教学的过程也是一系列交际的过程,交际过程中的人就是交际的主体和客体;外语教学过程中的交际主体是教师与学生和学生与学生以及教师与学生作为社会人的存在;要保证师生之间作为交际主体而不仅仅是教或学的主体,必须促进他们作为信息本源的互动;以语用学为指导的外语交际教学则更注重语言的功能及语言使用的恰当性和得体性,更加关注语境意义,试图实现学习者与外部知识世界的意义联接。我们的课程不应再把语言作为一种工具来教,而应该从知识的抽象化"符号表征"转变为注重知识的文化性和价值性，超越单一的"工具理性"观念，把动态的知识观作为知识论基础。语言文本超越了工具性的符号控制，是对结构主义语言学的突破，它将语言教学与情景和人文关怀结合起来。计算机网络成为认知工具可以使学生主动地运用它去认识和改造世界，获得自身发展的自主性和话语权，从而得到健全的发展。

（二）以学生为中心的大学英语自主学习型动态教学

传统的大学英语教学模式中教师是教学的主体，学生是语言灌输的对象和接受者，这样就抑制了学生的主体性和学习能动性。计算机网络环境下，以学生为中心的大学英语自主学习型动态教学就是要消解传统教学中教师强加在学生（客体）身上的权威和控制色彩，而使主体多元化，为主体之间的交互作用提供一个平等对话的基础。首先，在教师与学生的关系上，教师对学生的控制应弱化，使学生成为知识的建构者。教师的作用在于组织学生进行有意义的学习，引导学生成为独立思维的个体，从而主动地构建自我体验与探究的行为方式。学生的角色在于通过师生和生生之间的对话获得自主的话语权，摆脱以课程体系为表征的各种控制符号和制约因素，成为知识和信息加工的主体建构者。其次，在教学内容上，计算机网络的应用大大拓宽了传统的以课本为依托的学习资源。教师应该发挥计算机网络的优势，批判性地选择和优化各种学习资源，并且借助多媒体技术有效地呈现给学生。同时，教师应该将计算机媒体中所呈现的文本话语和生活世界的知识作为师生对话与交流的平台，创设对话机制，这样就摒弃了语言符号的控制，将学生的语言学习通过话语文本的形式实现与生活世界（知识）的意义联接，使他们不会被计算机媒体中的图像、声音、影像以及语言符号禁锢，从而大大激发学生的学习自主性。传统大学英语课堂教学中开展的师生对话交流互动，只是以教材为中心的交往。这种教学忽视了情意教育的整体复合性，使语言习得变成工具性的机械操作。长久之下，学生的学习兴趣将消失殆尽。而计算机网络技术可以为课堂教学创设一个拟真的语言环境，同时提供丰富的学习资源。学生通过主体参与式学习，实现与教学内容的强交互。再次，在教学媒体上，现代大学英语教学不仅包含传统的教学媒体（比如黑板、粉笔、课本等），而且将计算机网络媒体的应用推上了前端。并且更重要的是，我们不应将计算机网络媒体看作大学英语教学的辅助工具，而应将其作为认知的工具，将其放置到整个教学体系中，成为该教学体系的一个生态要素。以学生为中心的大学英语自主学习型动态教学中，学生与教学媒体是一种强交互。这个过程体现了学生对学习资源和信息的自主加工和内化。以学生为中心的自主学习型动态教学在课堂时空里形成了多层次、多向度的关系，构成了教学的特定语境和生成基础，它既是普遍意义上的人际关系在教学活动中的体现，也是师生作为独特生命个体在教学活动中赖以存在和发展的文化纽带，凸显了师生之间相互联系、互动互补和协同发展的价值功能；师生在与对方的关系中"相遇"，确立自己的角色，组成对话实体，并通过对话形成对知识世界和生活世界的认知，进而深化对自我的理解，建构自我的社会化及知识性内容（刘晓伟，2008）。外语教育专家陈坚林也非常强调这种以学生为中心的多元化、多纬度的外语交互模式，我们可以利用如下图形（引用自陈坚林，2010）进行更形象地诠释。

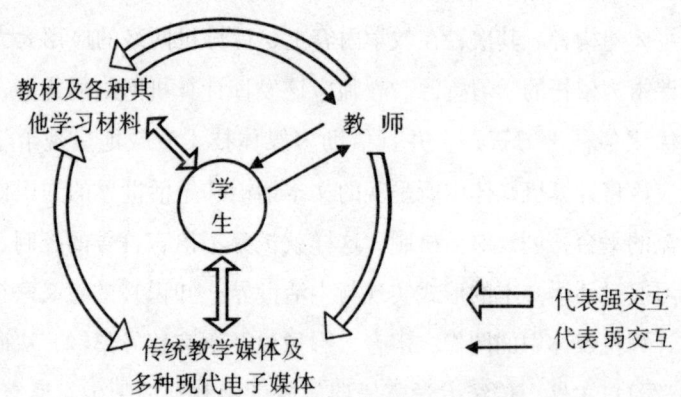

图4-4　学生中心模式中各要素关系

以学生为中心的大学英语自主学习型动态教学中，师生之间不再是权威式的控制与服从关系，而是共同构建知识与发展能力的平等关系，这样有助于促进学生主动权的发展，培养学生的大学英语综合能力，维持课堂可持续发展。以学生为中心意味着学生是学习的主体，课堂转变为学生发展的学习共同体，强化学生与教学内容、教学媒体的强交互，从而扩大学生的话语权，培养学生的创新性和独立性思维。

（三）基于网络的大学英语第二课堂自主学习

计算机网络环境下大学英语教学范式的变革不仅体现在课堂教学中，更体现在教师指导学生进行课外的自主学习上。教师应该将课堂教学与学生课外的自主学习相结合，探索一种能够整合两种教学资源的模式，使学生由知识的被动接受者变成积极的自主学习者。由此，基于网络的第二课堂自主学习模式的构建显得非常重要。其核心理念在于发挥学生课外学习的自主性，利用网络媒体平台，提供学习资源，创设学习情景，组织学生进行第二课堂的自主学习探究与协作活动，并且通过师生和生生之间的会话，实现学生有意义的知识建构。建构主义将此解释为在交流和互动的活动中，将公共知识转化为个体文化。基于网络的第二课堂自主学习模式实质上是以网络环境为媒介构建的一种"在线学习与交互平台"，它不仅是一种借助网络构建的学习环境，也是一个由计算机、网络和人组成的人机系统。建构主义认为，学习者的知识是在一定情境下，借助他人的帮助，如人与人之间的协作、交流、利用必要的信息等，通过意义的建构而获得的，其理想的学习环境包括情境、协作、交流和意义建构四个部分（何克抗，1997）。作为大学英语课堂教学的延伸，基于网络的第二课堂自主学习必定是以学生为中心的，强调学生的自主性，激发他们主动地参与学习、构建知识、探究问题。教师的角色也突出地表现为学习活动的设计者、学生自主学习的帮助者以及学生学习的评价者与监督者。依据建构主义学习理论与教学设计原则以及建构主义所强调的意义建构、情境、协作、会话四个要素，结合网络自主学习实际，本书将基于网络的大学英语第二课堂自主学习模式框架分为教师体系、学生体系、互动交流体系和学习资源体系。并且从该框架运作和信息关联的角度将它分为三层体系结构：交互层、媒介层、资源层（如图4-5所示）。

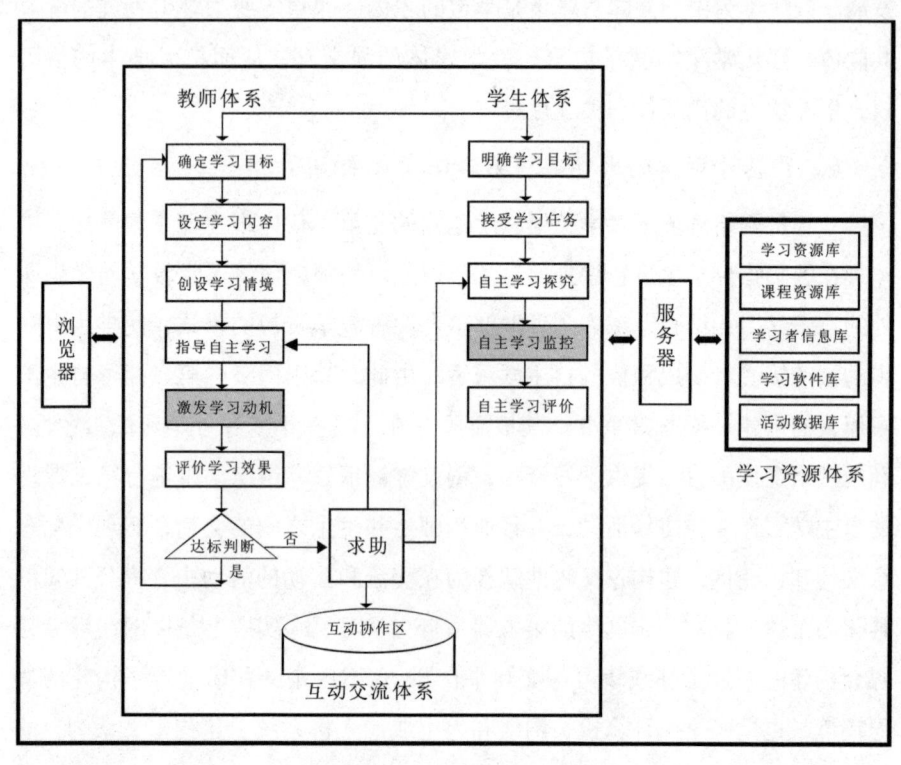

图4-5 基于网络的大学英语第二课堂自主学习模式

1. 交互层

交互层是由教师体系、学生体系和互动交流体系所构成的交互的计算机界面。通过该交互模型,大学英语第二课堂自主学习模式可以实现:师生与计算机媒体的信息交互、教师与教学要素的信息交互、教师与学生间的信息交互、学生与学生之间的信息交互、学生与学习资源之间的信息交互。从教师体系来看,教师首先应该是协助者,因为多媒体网络学习对学生来说是一种全新的学习方式,教师要对学生加以协助才能使他们适应。具体来说,教师应该明确学习目标,设定学习内容,创设学习情境,进行学习动机测评与激发、学习过程监督和学习效果评价。在这个过程中,教师最重要的是为学生的学习创设情境。建构主义提倡学生要在真实的情境下进行学习，教师创设的情境有利于学生对新知识的意义建构。需要强调的是，激发学习动机模块在这个交互层里具有突出的位置。因为学生课外自主学习动机往往不强，需要教师及时地分析学生的动机需求，并且采取有效策略来激发他们的学习动机。同时教师的及时反馈与评价能够提高学生的自主学习能力和效果。从学生体系来看，学生首先要了解学习目标，以便为下一步自主学习的开展明确方向。其次，学生应带着学习任务，进行情境学习和自主探究。从其内涵来看，网络学习是指学习者自行利用网络媒体，主动地运用和调控自己的元认知、动机和行为进行网络课程的学习（束定芳，陈素燕，2009）。学习者要围绕学习目标，结合学习任务，制订具体的学习计划，有目的地进入情境学习。在学习过程中，学习者要发挥自主学习监控的作用，对自己的学习进行记录、反馈、评价、调整和修正，以便维持学习动机，调整学习进程和评价学习效果。作为学习知识的建构者和认知活动的主体，学生的建构能力、认知规律、学习风格、情感状况等都影响着学习成效和学习目标实现与否（陈红，蔡朝晖，2009）。因此，教师对于学生学习效果的反馈与学习指导以及学生之间的协作学习与交流讨论都显得至关重要，突出体现了协作学习作为建构主义学习的四个要素之一的地位。由此，交互层包含一个互动协作区的互动交流体系。其主要功能是使学生之间能够认识与分享教学实践中遇到的问题，进行集体讨论，发挥集体的力量解决学习问题；教师也可以对学生提供专业指导，解答学生在自主学习过程中遇到的难题。互动协作区可以促进学生之间的相互合作，使学生们在一定的情景下，通过小组伙伴的帮助，利用共享的学习资源，在自己已有的知识结构的基础上，通过意义建构的方式获得知识。

2. 媒介层

计算机网络与大学英语教学的整合意味着在课程活动中使用和融合信息加工与传递技术。这里的媒介层是指大学英语第二课堂自主学习模式所依赖的网络环境。它的功能主要体现在：集中了系统主要的网络服务和分析处理功能，起到连接客户端和数据库的中介作用；负责接受客户端发送的请求，以 ASP 技术与数据库连接，进行申请处理，而后将数据库结果返回 Web 服务器，再传至客户端；通过软件和硬件实现对资源层中数据资源的有效监控并保证数据的安全性，对各项功能进行日常维护，对注册用户的基本资料进行管理（何英，2008）。媒介层是学习支持系统，它基于计算机多媒体网络技术创设了一个交融的环境，保证了参与者之间进行有效的协作学习活动。

3. 资源层

资源层借助信息加工与信息传递的网络技术的支持，提供网络自主学习的数据资源，包括学习资源库、课程资源库、学习者信息库、学习软件库、活动数据库等基础数据库。这些数据资源能够确保网络自主学习的顺利开展，使得该自主学习体系的所有参与者能够通过登录网络平台随时参与在线学习，同时也能确保在线学习进程中进行资源共享与对话协作。

从该模式可以看出，基于网络的大学英语第二课堂自主学习模式是一个开放性、系统性、循环性、动态化的循环系统，其具有以下特征。第一，开放性与系统性。网络学习平台在资源共享、互动交流、语言环境构建方面一定是开放性的，体现了网络的"开放性"特点。语言学习的社会化、情境化也要求该模式必须置于开放的社会体系来考察。再次，计算机网络与大学英语自主学习的整合必须将语言与技术结合起来，将语言学习的各个环节、要素、环境通过系统性地设计，形成一个有机的运行体系，因此，它是一个系统性的工程。另外，交互层、媒介层、资源层这三个层面彼此不能各自封闭，而是一个整体。第二，循环性。循环性原则是指在交互层中，大学英语自主学习从学习目标入手进行各个环节的建构，到学习效果评价环节，最后回归到判定目标达成程度，中间是个不断进行反馈循环的过程，并且这种循环模式是个关联的体系。第三，动态化。动态化是指基于网络的大学英语自主学习过程不是一个静态的、被动的过程，而是一个动态发展的系统，它引入了反馈机制，对自主学习全过程、对学习动机、学习效果进行监控和调节。

四、结语

计算机网络技术应用于大学英语教学，摆脱了传统结构主义视域下的教学范式，将语言课堂转变为认知、人际和伦理维度的文化实践，使学生获得了发展的话语权。这种以人为本的教育理念将学生的生活与教育联系起来，将教育作为关于人的发展的活动，通过对话形成对知识世界和生活世界的认知，进而深化自我主体性建构。计算机网络与大学英语教学的整合，将计算机网络技术推到了教学活动的前端，带来了信息技术环境下语言教学模式的变革，成为转变传统的以教师为中心的大学英语教学模式的有效途径。

第五节 基于自主学习理论的大学英语阅读教学探索

素质教育的推进和新课程标准的实施都在培养学生掌握知识、技能的综合能力。传统教学忽视学生的个性差异和知识的内在联系，而只是注重灌输知识的做法不适应新形势的发展。如何培养学生的自主学习能力，促进学生的终身发展成为重要的课题。新课程标准主要是让学生主动参与，培养学生的自主学习能力，在有限的时间内用科学方法获取更多的知识，提高学习效率；强调学生是学习的主体，课堂教学应着眼于每位学生的发展。当然，学生的自主学习并不是忽视教师的引导，而是需要教师更加灵活、有效地引导。教师应该充分发挥学生的主体作用，把教学过程变成在教师指导下学生自主性的学习过程。随着信息时代知识的迅速更新和人才需求的多元化，大学英语教学面临着严峻的挑战，具体表现在：知识迅速更新；如何正确选取有效的学习的资源；学习方法多元化和可变性；如何培养学生英语自主学习的能力。

一、自主学习理论

为适应新世纪的挑战，几乎每个国家都在寻求教育制度和课程范式的变革。"自主"成为很多学者和专家积极探讨的课题。Dickinson（1995）指出，自主学习是学习者对学习资源支配的一种负责任态度，是一种独立学习的能力。而这正是自主性成为素质教育的主要内容的基本原因。学生的自主性是一种学生的自信力，即敢于肯定自己，有独立的判断能力，勇于和善于表现自己。Garrison（1987）认为，自主学习是学习者作为学习过程的主人和管理者的过程，它强调自我管理（Self-management）和自我监控（Self-monitor）。自主学习中，控制逐渐从教师转移到学生，学习者独立设定学习目标决定学习内容和方法。自主学习重视学习动机和意志力在促进和维持学习者的努力程度的重要作用，动机用于促进参与决策，而意志力用来维持最终完成目标的意愿。由此我们可以看出，自主性学习就是改变传统课堂教学模式，充分尊重学生，相信学生，给予学生足够的时间和空间，放手让学生主动参与学习活动和社会实践，发展自主性、独立性学习能力。Holec（1981）将自主学习界定为学习者的学习意愿、语言学习控制能力和自我学习责任。从某种意义上来说，语言学习者的自主性取决于其对学习目的的确定、学习资料的自我选取、学习计划的制定以及学习效果的自我评价和管理。只要语言学习者能独立地决定学习目的和制订自我选取学习资料、方法和任务，并能按计划独立完成自我学习评价，学习者就具备了自主语言学习能力。Little（1991）认为，自主学习是一种独立进行客观批评性思考，依此做出决策并采取独立行动的能力。王笃勤（2002）也认为，自主学习能力实质上是自我监控能力，其发展主要体现在认知水平和元认知水平的提高。通过认知策略的培养，学生了解并掌握各种学习策略技巧；通过元认知策略的培养，学生养成制订学习计划、选择学习方式、安排学习任务、监控学习过程、评估任务完成情况的习惯。

二、相关英语阅读理论与教学实践

英语阅读策略的指导对大学生英语学习和英语阅读能力的提高意义重大。英语阅读策略既是学生在英语阅读过程中解决问题的重要组成部分，同时也是促进学生认知发展的重要途径。学会英语阅读策略包括能促进英语阅读资料获取与理解，知识与技能的获得以及对语言知识的重组和整合行为。具备英语阅读策略型的学生能对自己的学习负责，能自主选择语言学习资料，能运用跨学科知识理解语言，能自主进行阅读设计以及自我学习评价。当然，由于学生英语阅读策略的掌握上存在差异，教师应有意识地对学生英语阅读策略进行培养，包括如何选取语言资料、如何进行阅读设计、如何监控和调节自己的学习过程、如何评价学习结果等，以便提高学习质量。而英语教学活动不应再以教师单一方向的教学，而应以发展学生的知识获取能力、知识整合能力以及创造力为主要目标。同时，教师应该将课堂教学与学生的自主学习相结合，探索一种能够整合两种教学资源的模式，使学生由知识的被动接受者变成积极的自主学习者，这种以学生自主学习为主体的互动学习环境有利于学生英语综合应用能力的提高。

（一）图式理论（Schema Theory）

图式理论可以追溯到20世纪60年代，比如代表人物 L. S. Garver 提出的"自下而上"模式。该理论基于信息加工模式，认为阅读是对语言知识的信息处理过程，强调对单独词汇的信息解码，最终实现整体信息的获取。该模式强调低层次阅读过程，读者阅读时必须依照一个固定顺序逐步理解词义，而且必须依赖语言知识来解读大意。这种理论模式纯粹把阅读看作一种被动的语言译码过程，忽视了读者先验知识对阅读的影响，忽略了读者对语篇的整体认知，低估了读者的主动作用，因而极易产生一些偏差认识，进而影响阅读的质量和效果。相对而言，另一种图式理论即"自上而下"模式（其代表人物是美国学者 K. S. Goodman）强调读者在阅读过程中的主动性，强调读者应用已有背景知识对阅读信息的高层次加工，以期获得对未知知识的关联性把握。由此，我们看出，"自上而下"的图式理论与交互模式非常相近，那就是他们都强调已知知识在阅读过程中获取信息的重要意义，即将阅读新信息与已有的背景知识、个人经验有机地结合起来达到对未知知识的一种关联性理解。

在大学英语阅读教学中，图式理论与自主性学习结合的意义在于，教师不应该仅仅局限于对单个语言知识的解释，否则英语教学将变成信息的解码过程；而更应该指导学生运用已有知识对阅读材料的信息解构。在这个过程中，背景知识与阅读材料取得关联性共鸣就显得尤为重要。而背景知识的丰富需要建立在学生自主拓宽视野、扩大知识占有面上，特别是跨学科知识的积淀。

（二）建构式英语阅读认知理论

范琳和张其云（2003）认为，建构主义理论指出学习是以自身已有的知识和经验为基础的建构活动，也就是说，学习者的个体差异得到充分肯定，每一项新的学习活动都与学生已有的知识和经验直接有关，是动态的。学习不是知识由教师向学生的传递，而是学生建构自己知识的过程。这就意味着学习是主动的，学习者不是被动刺激接受者，而是要对外部信息做主动的选择和加工。建构主义学习理论提倡"教师指导下的以学生为中心的学习"，它突出了意义建构中学生的主体性。教师已不再是传统教学模式下的知识传授者，而是促进学生主动建构意义的指导者。王毅敏（2003）也指出，建构主义强调学习环境在学习中的重要性，认为"情景""合作""会话"和"意义建构"是学习环境的四大因素。英语阅读教学课堂必须由单纯的以教师为中心向以学生为中心转变，从而打破在课堂教学中教师单项灌输、学生只听不说的传统教学模式，建立一种师生互动的以培养学生学习能力和运用能力为宗旨的现代化教学模式。教师应该为学生创造良好的学习氛围，即一种可以激励学生学习和使学习变得轻松的环境。在这种环境中，学习更加可能作为在社会和情景关系中发生的合作建构和再建构。这种环境将使一种作为知识建构和再建构以及获得认识和理解的、主动进行的语言学习活动变得更加容易。

三、自主学习模式下的大学英语阅读教学

(一) 语言资料的自主整合

英语语言学习资料的表现形式是多种多样的,那么学习者获取的渠道也是多元的。自主学习模式下,教师应该指导学生积极获取学习资源,整合语言学习资料,并且自主地进行有效地支配和选择。一个具有自主学习能力的学习者必须学会如何选取英语语言学习资源,采用有效的学习策略进行自主学习(Self-access Learning)。大学英语阅读能力的提高很大程度上取决于学生阅读习惯的培养、阅读策略的提炼和语篇能力的提高。而这些阅读能力体现在学习者平时自主阅读过程中积累起来的经验和在阅读过程中的总结和提高。因此,教师应该指导学生积极选取合适语言资料进行自主训练。在网络科技高度发达的今天,英语语言资料的获取显得更为容易,比如网络条件下的英语阅读、电子阅读资料等;同时大学图书馆是获取英语语言学习资料的最佳途径。教师在这方面的作用在于对英语资源选择标准的指导和对学习者英语阅读技能的训练。要想培养学生的学习自主性,教师在课堂上的角色必须转变,要放手让学生自己解决问题,适时地向学生提供学习资源,起到资源提供者的作用,创设以学生自主学习为主的课堂氛围。

Holec(1981)认为自主学习是学习者能够对自己的学习负责,即学生对学习应具有强烈的主体意识,包括能够根据自己的具体情况确定学习目标、选择学习方法和技巧、监控学习计划的实施、评估学习效果等。因此,大学英语阅读中,学生不是被动地接受外部语言信息,而是主动地根据先前已有的认知结构通过积极的自我意识选择阅读资料;在阅读中将阅读内容与自己已知的知识来建构新信息的意义并纳入已有的认知结构中。在这个过程中,学生应该充分挖掘自身具备的知识体系并经过内省、自控和自为,成为自身发展的主体。在大学英语阅读教学中,教师应该在传授知识的同时,创设学生独立从事阅读活动的机会和条件,不仅可以使学生建立强烈的主体意

识，而且通过充分参与，主动建构知识，还可以提高学生处理阅读问题的能力。

(二) 关联法与自主阅读设计

根据 Sperber 和 Wilson（1995）的关联理论，语言阅读就是一种读者与作者的交际过程，而语言交际会同时涉及这两种模式。他们指出，交际双方首先是让对方了解自己的意思，其次才是一个认知过程。关联性是交际能够有效开展的最主要因素，即找到对方话语同语境假设的最佳关联，通过推理推断出语境暗含意思，最终取得语境效果，实现双方交际。阅读理解的过程实际上就是读者尽可能进行关联性程度最大的逻辑推理，从而理解作者意图的语用推理的心理过程。关联理论给我们的启示是，自主学习者的阅读设计应该关注语言资料与自身已有知识的关联。这种关联性有助于学习者充分利用背景知识和自我学习经验自主选取和设计英语阅读，并且在阅读过程中有效地进行语用推理，提高阅读能力。国内的英语课堂上，学生的学习多表现为听话型和接受型，缺乏自我领导的能力，加上课堂上教师总是给予一些条条框框的制约，使学生不自觉地把自己的学习封闭起来。因此，应转变传统英语阅读教学实践，培养学生积极主动地参与学习活动，有独立的思维，有开放的心态，使学生在学习活动中不断地生成新知。

(三) 自主管理与自我评价引导

自我评价是一种内在教育，它不仅仅是个人对自己身心活动的评价，而且还包括对外界的意识，从而在自我设计和自我实践中正确认识自我，把握自我，提高自我认识。自我评价是学生开展自我教育行之有效的方法。教育家苏霍姆林斯基说过，"真正的教育是自我教育"。学校教育最终只有将转化学生的内在要求，转化为学生自我教育时，才能称得上是成功的教育。施良方（1994）指出，自我评价是学生个体成长和发展中的一条主线。因为在学生的学习过程中，他人的评价以及外部社会的评价最终要与学生的自我评价相结合，才会促进学生的主动发展。学生最终要靠自我评价来完善自己、发展自己，进而促进自我实现。有效的自我评价有利于学生和教师共同承担评价的责任，使评价成为学生自己的事，帮助学生成为独立的终身学习者。

当学生具备主体意识，学会自我评价后，学习会逐步转化为一种自觉性的、稳定的内在动力，成为学习的真正主人。在这个过程中，学生自觉地开展自主管理和自我评价就显得非常必要。大学英语阅读自主学习能力的培养要求大学生自己来确定学习目标；教师应针对不同级别学生引导学生自主制订学习目标和可实现的英语阅读水平，学生根据自己的情况有所选择。自主学习能力相对较强的学生，学习目标应完全由个人根据自己水平和特点确定。同时为了培养自主学习的能力，教师应指导学生学会自我评价。这种自我评价可以结合自身设置的学习目标逐步评价，鉴定个人的学习效果。

四、结论与建议

基于自主学习理论的大学英语阅读教学探索，是教师如何实施有效英语阅读教学促进学生进行自主阅读学习以及如何促进学生英语学习自主性的一种行动研究。其最根本的要求是教师应用自主学习理论达到引导学生英语阅读独立性的开展。因此，在教学中，教师对自主模式下大学英语阅读教学策略的真正把握尤为重要。而学生英语阅读能力的提高又不能局限于教师的引导；应该将其转化到英语学习的自主性上来。学生应在自主地选取、整理和阅读英语语言资料过程中，达到英语阅读能力的内化；同时充分发挥自主阅读设计和自我阅读评价的作用，提高大学英语阅读能力。教师对学生大学英语自主学习的引导应该与课堂教学相结合，使其相辅相成，教学过程应以激发学生兴趣为起点，以创设学习情景为载体，以自主性学习为核心，从而促进学生的主动发展和提高学生的创新能力。

第五章　混合学习空间视域下的角色定位

技术的发展，特别是网络技术，对当今外语教学实践产生至关重要的影响。一方面，移动通信、网络技术的发展进步和社交媒体的变革给外语教学实践带来了前所未有的挑战。另一方面，技术也被广泛应用于帮助个体思维发展和协作式知识建构，给外语教学实践提供了全新的平台。在一个以知识密集型、网络化为特征的社会环境中，我们需要具备进行终身学习的设施和条件才能应对所面临的复杂问题。同时还需要借助技术来促进团队协作、信息搜集、知识管理，进而达成知识创生。因此，我们需要探讨共享学习空间视域下外语教学面对的挑战，并提出应对的策略。

第一节　教师角色定位

一、教师角色

一直以来，教育心理学家都在探索促进有效教学与学习的各种要素。研究者们认为，教师是其中一个重要的因素。就教师角色而言，教师承担多种角色。中国古代认为，"师者，传道授业解惑也"。这里更多强调的是狭义上教师作为知识传播者的角色，因为在古代，单从知识的储备来讲，与学生相比，师者的知识要远比学生来得丰富。现代教育教学论认为，教师是学生学习的促进者、监督者、诊断者和指导者。关于教师角色的研究，更多的是关注成为优秀教师的个人品质。教师不仅仅是一个授课者，还需要具备成为教师的专业知识、素质、能力与个性品质。教师的另一个角色作用是课堂的组织者与管理者，这在很大程度上决定了课堂开展的效率和运作。课堂管理不仅包括组织课堂教学，而且包括创设和谐的学习环境。优秀教师更懂得如何创设合适的课堂氛围，调动学生的学习积极性，激励学生全面发展，最终能提高学生的综合发展能力和学习成绩。

二、混合学习空间视域下教师角色面对的挑战

（一）技术挑战

在21世纪之初，网络技术就已经得到广泛应用。与以往相比，人们也更倾向于采用多样化的方式来获取信息和建构知识。然而，现在有关这一趋势是否已经在教育领域得到令人满意的普及的讨论还在进行，因为许多教育场所仍未实现通过知识创新实践来支持学习。外语教育与技术的深度融合也是难度颇大。信息技术只是作为外语教学过程中的"花边装饰"，与外语课程的整合流于表面化（郭颖，2012）。近年来，协作式工具也发生了很大的变化。社交媒体和应用程序，比如博客、维基、微信等，在人们的生活、学习和工作中扮演着重要的角色。同时，软件、移动技术及设备能够给那些依赖信息环境的群体提供更符合实际的学习经验。这些技术使每个学习者在任何时间和地点都可以获取信息，因此，能够超越传统意义上的课堂并拓宽学习途径。另外，越来越多的自主学习以及基于兴趣驱动的个性化学习也在正规的课堂学习之外悄然进行。但我们对技术发展给外语教学带来的便利性也不能过于乐观，主要原因在于，对基于技术的外语学习过程、技术环境对外语学习的影响等实证研究还不充分。基于技术的交流实践过分强调个体参与、社会关联、群体协作，但利用技术环境来进行高级外语认知和深层次外语教学实践还需要进一步探索。研究表明，协作式学习是一种看起来很有吸引力

的学习方式,但从操作层面来看,学生之间高层次的协作学习比想象的要难以实现。

从现有的研究结果来看,不同群体之间,协作学习的质量以及基于技术的协作式学习差别较大。一些学习小组会比其他小组表现得更好;有的协作式外语学习环境能够创设理想的学习体验,而有的则不能。因此,目前我们面临的挑战在于如何更好地理解在特定外语学习环境中个体活动和协作式活动使用不同现有技术的形式与路径。重要的是,我们需要发现为什么有的学习互动和环境构建取得了成功,而有的则失败了。基于技术的视角,个体维度与小组协作学习维度之间的具体关联值得我们进一步研究。

(二)理论挑战

鉴于以上技术问题挑战,我们将探索计算机辅助外语协作学习领域的研究,尤其从个体学习和小组共享学习界限模糊的角度。传统意义上,外语教学的理论涉及输入—输出假设理论、认知学习理论、任务型教学理论、语篇理论等。基于技术的视角,我们将阐述如何利用新兴技术领域进行外语教学设计实践,同时解释各种新兴技术领域应用来满足未来外语学习的需要。

在计算机辅助协作外语学习的研究中,针对如何理解外语学习有两个主要的概念。一个是将外语学习理解为个体现象,建构自我知识。这种类型研究的一个例子就是先设计协作学习架构,随后,支持个体的知识获取。换句话说,协作的价值只体现在个人学习成果里。相比之下,另一个概念将群体认知和精神活动作为学习的主要中介。该观点认为,合作学习的核心是通过协调不同的视角,承诺共同目标,并结合小组活动评价,最终小组可以超越个人的思维。个人学习和社会化的学习过程被认为是交织在一起的。社会共享学习方法认为小组活动取决于个人的参与,而个人活动取决于组织的影响。研究表明,当共享意义和个人诠释之间存在动态关系时,协作学习发生在共享协作过程中。总之,个人的发散思想在协作交互中有至关重要的作用,但面临的挑战是将它们合并到共享的知识结构中去。

在外语教学与学习过程中,开展师生或生生面对面小组协作学习、相互理解并建立共享知识有时候也很难实现，更别提基于虚拟现实或计算机支持的协作学习了。由于个人兴趣的驱动和自主活动面对的是纷繁复杂的社会网络，个人和小组共享活动之间的界线正变得越来越模糊。技术环境下，学生可以在多个社交媒体上开展活动，包括独立的、小组的以及在多个团体间进行的活动。由于学生也可以利用不同背景下的多种社会资源和物质资源，它们超越了正规教育内涵，重新界定传统理论意义上的外语情景概念也成为一种挑战。例如，技术经常被理解为一个影响外语学习的变量，而现在更多地被视为外语学习环境的一部分，是内在和学习过程的组成部分。

（三）教学设计挑战

传统外语教学设计模型被用来理解外语教学条件和教学结果。这些方法是外部导向、内容驱动型的，并且是基于明确预设活动的。然而，在开放式技术环境下，现在通常没有一个简单的方法可以明确外语学习目标和活动。相反，外语教学设计重点显然已经转移到更复杂的、开放式的学习环境，而不是教学步骤、方法或工具。特别是对于学习的社会维度的关注使教学设计者面临构建学习者和环境之间相互互动的挑战。由于教学设计的概念往往与传统的教学设计模型关联，我们这里所说的教学设计概念更偏向于指代间接设计方法。这意味着专注于建立良好的外语协作式学习情景而不干预具体的交互过程。教学设计应理解为支持小组互动和知识建构活动的资源而不是给予规范的行动计划。

今天的学习环境，利用工具，如社交软件和移动设备，通常是相当开放和结构松散的，赋予学习者监控自己学习的职责。若教师指导不足，学生可能不会达成协作活动，如质疑、解释、阐述或争论。为了激发这些知识创生活动，外语教学设计的目标是以促进社会交互的方式达成更富有成效的协作可能。这可以通过设计一些特殊的外语合作学习活动来实现。在这样的教学设计中，协作的资源可以是内部的、外部的或融合的。

在现今学习环境中，外语教学设计需要认识到学生个体参与社会实践的方法的差异性。学生个体的不同背景（包括外语基础、技术设备等）会影响协作环境的创建以及学习任务的分解。由于学生也被视为积极的合作参与个体，外语教学设计的主要角色之一是向他们提供资源来支持他们的共同知识建构活动。就新兴技术领域的教学设计而言，最关键的问题是在学习过程中平衡预先设计的活动（如任务型设计）和监控（如通过教师监控）。这两者中，教师监控是关键。但是，新兴学习技术的便利性和可获得性，如手机、社交软件，对教师的教学设计造成挑战。因此需要更多地为学生提供个性化的学习经验，培养他们自主学习和反思的能力。然而，与此同时，这些多样化的技术环境通常很难为教师提供良好的支持监控学习活动。无论多么自主的学生，教师必须处理小组群体形成的问题，在任务设计以及技术设备上关注不同的学生群体。整体上，在外语课堂教学设计上，教师需要通过对学生多种学习活动进行协调干预，将所有元素融合到整个课堂活动。

三、混合学习空间视域下的教师角色定位

混合学习空间研究需要考虑的不是技术和网络资源使用的数量，而应该是如何有效地使用。比如，如何变革教学和学习过程以适应交流方式的变化和知识获取的新途径。我们不能对新媒体带来的交流方式的典型性特征视而不见；教育技术的发展需要教学法与之相配套。实际上，教育技术的发展为我们开展参与性、个性化、产出性的教学提供了可能。但是，教师角色的定位依然是一个需要思考的问题。混合学习空间视域下，教学不再局限于传统的课堂教学，学生有更多的时间可以在课外开展自主学习。但这并不意味着教师角色地位的削弱，相反，教师需要进一步承担起新技术背景下指导者的作用。我们必须深刻认识到，将教育技术有效融合到大学英语教学的关键取决于教育目标的清晰界定以及实现教育目标所应拟就的教学活动计划。而这些都要求发挥教师的主导作用，采用具体的教学方法以便更有效地强化新技术的应用。混合学习空间视域下，学生面对丰富的学习资源，需要对学习过程进行自我掌控和自我负责。而教师作为指导者，为学生指明学习路径，激励和促进学生学习。总体而言，教师角色的定位更加突出三个维度：教学方

法维度、教学组织维度和教师专业发展维度。其中，教师专业发展维度意味着教师从传统角色向混合学习空间导向的教师角色转变。

混合学习空间视域下，与传统面对面教学相比，虽然教师的角色发生了变化，但是教师的主导者角色并未改变。从知识的传授者转变为学生学习的促进者，集中体现在面对面教学或在线指导时，教师对教学目标的设定、教学资源的准备以及对学生互动的指导等。传统教学关注教师对知识的传递，而混合学习空间视域下的教学则更专注于师生、生生的互动关系以及学生知识的内化；在教师的指导下，学生在学习上变得更加自主、积极和自决。

（一）混合学习课程的设计者

一些研究指出，结构化网络环境中的协作交互在教学法上有利于理解和促进深层知识建构。教学设计的措施通常包括使学生在基于文本的网络环境中小组异步合作，用不同的教学设计构建协作行为。外语教学设计的重点是设计学习任务和开展任务执行，旨在从不同的角度引发深层讨论。学习任务设计，可以采用将个体活动（如外语阅读）和组别活动融合起来建立一个学习共同体的方式。因此，在教学设计中至关重要的一点是通过个体和小组协作促进语言习得。共享空间和异步通信工具，正好可以提供一个情景，帮助激发知识、促进论证以及开展其他先进的协作活动用以知识获取和学习。这些环境，在协作构建知识的同时，还可以存储知识建构的历史以便将来修正和使用。

网络学习的有效性受多重因素的影响，统一构成影响学习环境的质量。这组复杂的变量包括学习任务、个人目标、组群目标、技术功能、教师的角色、课堂文化，等等。就外语教学设计而言，一个特殊的挑战是应对不同外语水平的个体需求和利用这些背景构建新知识。只有了解了学习者的认知过程和认知特点，以其认知规律为基础，为其构建一个主动和个性化的多媒体学习环境，才能使不同水平学习者的能力得到长期发展（杨延龙等，2009）。随后，借助任务设计和团队组成，团队成员的个人观点转变成基于网络的知识共享与创生。

相比上述目的是促进合作的一种特殊异步学习环境，以下重点强调，在外语教学环境中，以学习者为中心，从个体需求出发，依靠学习者自发活动。最近，许多新观点强调，学习者应该被允许通过设定自己的学习目标，选择学习方法和工具，以兴趣为驱动，创建和共享资源以及自我监控学习活动和过程来构建自己的学习环境。这些观点认为，学习被视为一个连续的、持续的过程，发生在不同的情景中，借助多种工具，且可在同事、导师或者教师的帮助下进行。以学习者为中心的环境有可能整合正式和非正式学习经验和资源，促进终身学习。以学习者为中心的一个例子是个人学习环境概念，已经成为热门研究问题。外语学习环境设计实际上就是围绕着建构主义学习环境设计中的三个主要方面即学习资源、认知工具以及自主学习的教学模式结合外语学习的特点而设计的（忻燕君，2012）。除了强调以学习者为中心，个人学习环境概念认为，学习目的是达成个性化、模块化的解决方案，整合个人和相互学习的空间。个人学习环境重视学习者个体体验的能力。然而，问题是，如果学习者在共享的学习空间里，他们可能在信息创建以及在组织和共享有意义的内容上面对挑战。主要的挑战是，这种以学习者为中心的学习需要学生自我规划，教师发挥监督的角色，并通过评估与反思来扩大合作和沟通。

（二）混合式学习活动的组织者

混合空间视域下，传统意义上的教师角色发生了根本变化。教师不再是一个教学的角色，不再只是知识的传播者，更多的是混合式学习活动的组织者。信息交流技术应用于教育教学之后，作为一种有效的教学工具，它极大地提高了教育质量和效率。与传统课堂教学相比，信息技术应用于教学拓展了教学的手段和方式，在远程学习、信息传播的灵活性、师生互动、协作式学习、学习动机激发等方面显现出了独特的优势。

基于网络环境的学习是以学生为中心的，在此环境下教师的职责和角色有着重大的改变。学习者可以在任何时间任何地点借助网络技术开展自主学习，学生的个人学习空间扩展了，减少了对传统课堂学习空间的依赖。混合式学习活动中，教师的组织角色主要体现为以下三个方面：

一是向学习者提供、传递学习内容。教师需要具备较好的信息素养，能够尽可能地获取信息资源，优化这些资源，并且有选择性地提供、传递给学习者。这里包括课堂中与课后。课堂中，教师组织教学，通过多媒体等技术手段向学生呈递信息，开展师生、生生之间的小组对话、交流和讨论。在课后，教师可以通过网络学习平台或者电子邮件、微博等途径为学生提供学习资源和语料，帮助学生开展课外自主学习。

二是组织开展协作式学习。以主题任务驱动方式，依据课堂教学内容，调动学生的学习兴趣与协作学习的热情，发挥课堂教学对学生课外学习的引导与推进作用。与此同时，教师在课堂教学中，把课堂教学与学习者协作学习以及自主学习能力培养融为一体，使学生有足够的学习资源与学习策略来达到自己的学习目标。

三是构建新型的大学英语教学模式。多媒体网络技术应用到大学英语课程建设，可以促进学生自主学习能力的提高，实现学习与生活的人文连接。同时，国内外有关多媒体技术与外语教学的整合方面的研究与理论阐述中，大都研究如何充分调动学习资源、如何丰富课堂的教学内容，以及如何利用多媒体技术改进教学等方面。我们可以构建新型大学英语教学模式，即推行一种"以学生自主学习为主导，教师指导为辅助，多媒体技术为平台"的新型课堂教学模式。该新型教学模式是将多媒体网络在教学内容、教学范式、教学评价等方面的全方位整合，其突出的特点是学生在整个学习过程中的主体性和能动性的激发。在强调自主、个性化学习的今天，学生的学习范式也应该发生相应的变化：获取信息的渠道被无限地扩大，传递信息的载体也发生着深刻变化。在多媒体网络快速发展的环境下，大学英语改革要求充分利用现代教育技术，构建个性化的大学英语教学模式，更好地通过网络教学增强英语教学的实用性，提高学生英语综合应用能力，尤其是强化听、说与交际能力的训练与培养，为我国大学英语网络化教学改革拉开序幕。基于建构主义理论的大学英语多媒体网络教学延伸和拓展了传统课堂教学内容及方式，学生能充分利用网络上自然、鲜活的资料画面，弥补传统教材在内容和形式上的不足，增大知识的输入量。网络教学具有信息量大、交互性强、实时性和实用性强、知识新、资源共享等优点，革新了传统的教学模式，给我们传统的教学带来了巨大的冲击。外语教学中，教师应致力于引导学生获得发展的主动权，成为有自主思维的个体，从而主动地构建自我体验与探究的行为方式。我们应充分利用多媒体网络技术的优势，培养学生的外语自主学习能力，推动课堂持续能动地发展。

（三）混合式学习活动的管理者与监督者

混合式学习中，除了传统意义上的课堂学习，很重要的一部分是课外学习，而现代网络信息技术又为课外学习构建了便捷的虚拟学习空间。学生这种课外学习活动，我们可以将其称为网络空间学习活动。网络空间学习活动需要一个管理者与监督者。教师在其中起到了关键桥梁作用，保障网络资源能够得到顺利地传输，学习过程能够得到有效地监管。

网络空间学习活动的管理与其他网络或网站管理相比具有特殊性。它要求教师能够实时跟进学生的学习情况，以及对学生的学习进行评价，需要花费较多的时间；它需要教师激励学生积极参与网络学习活动，调动学生的主动性。比如，当教师要求学生建立电子学档，将电子学档上传到网络学习平台上，需要做到以下几点：

首先，教师要调动学生构建电子学档的兴趣。针对这一问题，我们认为在使用电子学档之前要为学生详细讲解为什么提倡形成性评价、电子学档系统的优势、使用电子学档的意义等，让学生认识到构建自我的电子学档是一种终身的学习方式；在构建过程中，教师可以提供电子档案袋构建的参考范本，也可以让优秀的学生展示个人电子学档，从而激发学生构建电子学档的兴趣。

其次，教师对学生个人电子学档进行监督。在实施过程中，教师需要投入大量的时间和精力检查学生的电子学档建设情况，如果教师精力不足，监督不够容易造成学生的电子学档的建设情况不理想。针对这一问题，本研究认为可以引入第二课堂助教帮助教师监督和处理学生电子学档的建设和建设中遇到的问题，定期向教师汇报电子学档的建设情况。

最后，关注学生的自我反思的问题。电子学档最重要的功能之一是促进学生进行自我反思，从而达到不断提高的效果。但是具体实施过程显示，很大部分学生反思意识薄弱。

第二节 学生角色定位

目前对大学英语教学的研究，较少从学生的话语权角度考虑学生的学习需求。"课堂作为学生学习共同体""技术环境下的大学英语多元互动新型教学""基于网络技术平台的大学英语第二课堂活动"以及"电子学档"的开发与应用，都可以真正从学生发展角度来看待教育过程，这应该是拓展和构建学习空间比较独特的实践视角。同时，将学生的话语权拓展与自主学习型思维、批判性思维、深层次学习等整合，致力于引导学生获得发展主动权，从而使学生主动地构建自我体验的行为方式。

混合学习空间意味着学生的学习场所得以拓展，不仅包括传统的课堂，还涉及网络空间、在线互动平台等。因此，学生角色可以大致分为四个维度。一是"线下"个体学习。这种角色与传统范式一样，指的是在真实空间里个体层面的学习，但是与过去相比，学生获取的学习资源更丰富。二是"线上"个体学习。这种角色指的是虚拟空间中个体层面的学习，个体通过网络"在线"的形式开展自主学习。三是"线下"小组协作学习。这种学习方式能够培养学生的合作精神，促进协作探究。四是"线上"小组协作学习。通过这种学习方式，学生可以利用网络开展合作学习，查找资料，使讨论的问题具有深度和广度，之后在课堂环境下根据所准备的内容展开合作学习，进行面对面的交流。

因此，与传统的角色相比，混合学习空间视域下，学生的角色发生了很大的变化。以下我们将着重从学生的角色适应、学生需具备的角色素质以及混合学习空间视域下学生的角色主体性问题等展开讨论。

一、学生的角色适应

"角色"这一术语是社会学的概念。人们常将其定义为特定社会背景下与人们的社会地位相关联的行为要求和规范。从这个意义上来说，学生的角色必须与社会对学生的行为规范相符合。学生的角色实际上是由社会结构所决定的。随着网络社会的发展，学生的行为角色也发生了变化。比如，我们将2000年后的这些学生称为"网络一代"，是因为他们所处的时代，网络游戏、电子邮件、手机、即时视频通讯等在日常生活中得到了广泛应用，学生获取信息的途径变得异常丰富。社会环境的变化要求学生必须调整自己的角色模型，重新建构适应社会要求的角色。这与混合学习空间视域下的角色定位不谋而合。尤其是学习空间不再仅仅是物理性的，而是物理空间与虚拟空间的有机结合，角色适应将显得异常紧迫。比如，在虚拟学习空间里，学生需要承担责任与要求。这种适应与转变是在线网络学习中现有社会环境的一部分。

二、学生需具备的角色素质

首先，对于网络环境下的学习，学生需要转变观念。即学习不再局限于书本知识，而应该将学习放置到庞大的社会网络体系中。知识是无穷尽的。获取知识的途径也变得异常多样。尤其是网络学习可以为我们提供几乎想要的一切知识。在开展的一项有关网络学习的调查中，41.4%的学生反馈，他们有网络学习的经历。但是这种网络学习经历是否与涉及的个体学习相契合，还是个问题。也就是说，学生的网络学习必须是从社会适应性的角度出发，为了个体的终身发展而开展的学习。习得知识并不是唯一的目的，而是转变观念，形成一种网络学习的习惯，重视学习的体验和过程。"终身教育"这个概念是由保罗·朗格朗于1965年在联合国教科文组织成人教育促进委员会上提出来的。该概念的提出是对传统教育方式的一种延展。保罗并不否定传统教育，而是认为当人们完成了学校教育之后，传统教育并没有完结。在成人阶段，包括在工作当中，人们需要继续开展学习，这体现了"活到老，学到老"的理念。终身学习是通过一个不断的支持过程来激发人的潜能，它激励并使人们有全力去获得他们终身所需要的全部知识、价值、技能与理解，并在任何任务、情况和环境中有信心、有创造性和愉快地应用它们（转引自周丽华，陈建，2017）。可以肯定的是，在信息化日益强化的现代社会，如果不开展终身学习，我们所掌握的知识将远远不够，因为不断更新的知识，新出现的概念、术语、思想等可能会对人们先前掌握的知识产生颠覆性冲击。有了终身学习的理念，还需要实际的行动，具备终身学习的能力。由此，学界特别关注学习者开展终身学习的能力研究。研究者认为，随着信息化时代的到来，尤其是在网络化和碎片化的时代，学习者终身学习的能力包括十个方面：智商与情商相结合的能力；应用能力或实践能力；关联能力；搜寻能力；分布式学习能力；协作学习能力；信息素养；兼容和整合能力；知识管理能力；决策与创新能力（钟志贤等，2009）。那么，从工具技能层面来看，信息素养是终身学习能力的基础。

其次，学习者需要具备工具技能层面的素质。具备信息素养就是懂得如何使用电脑、移动设备、多媒体设备等来搜集和处理信息的能力。具体而言，体现在以下几个方面：一是文本信息处理能力，包括文字输入、电子文档、绘图等；二是信息搜集技能，包括如何使用搜索引擎在线开展信息搜索，从网络上下载需要的学习资源；三是信息通信与传播能力，包括使用网络通信工具（比如电子邮件、QQ）等进行信息传播和交换；四是网络教学平台交流互动能力，比如网络平台学习过程中所进行的生生、师生之间的互动交流。

最后，在开展网络学习过程中，学习者不是一个孤立的个体，而是具有社会的属性，置身于网络化的社会当中，这种网络互动，研究者称为"异质的集合"。胡啸天（2017）指出，异质性具有三层含义。其一，成人学习活动与多方面形成异质性联结,例如,家庭、社区、人工制品、技术等。这些联结,一部分是外化的、可观察到的;另一部分则是属于精神层面的。多种多样的联结,将成人学习活动拓展到成人的生活世界中去,成为日常生活的一部分。其二,异质性也指向成人学习过程中涉及多种多样的人工制品和技术,它们不单单在学习中发挥作用,同时也在成人的生活世界中有着相应的意义和作用。其三,成人学习活动并不是同质性的内化,而是异质性的互动。相比学校学习活动侧重于学习者的同质性内化,即学习者如何在类似的情景中分析问题和解决问题,基于社会物质路径的成人学习,更强调学习的异质性,要求超越工具理性,来重新发现学习之于日常生活的作用和意义,且需要遵守法律法规和社会规范。

三、混合学习空间视域下学生的角色主体性问题

积极教育理论聚焦人类发展的主体性,这其中就包括这种主体性如何在学校教育中得到促进。张立国(2006)认为,"人的主体性是在人与物的主客体关系和人与人的主体间关系中生成的",这符合西方哲学提出的"主体间性";而且"学生的主体性只能在'主体间'思维范式的引领下,在'主体—主导'教学结构中形成、发挥和提升。在这一关系中,学生既是占有教育内容的主体,具有主体性,又是师生交往的主体,具有主体间性,其中师生的交往关系规定着学生的本质,决定学生的主体性"。[①] 就学生的主体性而言,教育界提出的自主学习理论、自决理论、自我效能感理论等都可以为我们的研究提供借鉴。自决理论是关于动机和发展的理论框架,用于检验如何最大化地促进人的主动性发展。人的主动性需要自我的驱动,而自我来自本质性动机。因此,可以说,本质性动机是自主动机的基本类型。自决理论强调,在课堂上,教师在构建社会学习语境中起到主要的角色作用。研究表

---

① 张立国. 从"教学结构"到"学生主体性"的培养:对教育技术理论建构的哲学思考[J]. 电化教育研究,2006(6):21.

明，教师在课堂上提供给学生的自主性提高了学生的学习参与度，使学生减少了课堂焦虑，获得了更高的自我效能感；当学生感觉到教师的关爱、支持，学生将展现出更好的学习成就。

混合学习空间视域下的大学英语教学，除了课堂教学外，将更多的学习放置到课外的自主学习上，由此需要更多关注教师影响和促进学生的学习动机。在混合学习空间，特别是网络空间，学生无论在何时何地都可以便捷地获取学习资源。在线教学的一个好处就是将教学从传统课堂空间的限制中解放出来，让学生有更多的自主性来完成学习。混合式学习就是将传统的学习方式与网络空间学习方式有机地结合起来，实现了教学互动的灵活性。

自主学习表明，学习者可以独立地掌控何时何地以及以何种方式开展学习。自主学习将学习看作主动的、自由的、自我意识的过程，学习者自主地设定学习目标、方向和行动，而不是被环境逼迫的、催促的。在混合空间里，学习者需要掌控自己的学习，因此设计的在线学习活动需要培养学生的认知责任感和学习动机。认知责任感等同于认知期待。教师需要采用多种策略来加强学生的认知责任感和自主性。比如，在在线学习空间，教师可以考虑设置一些任务型问题来鼓励学生开展批判性思考，让学生应用已学到的概念去解决实际生活中的问题，更重要的是，在解决这些任务型问题中实现认知期待和获得满足感。在线学习空间可以为学生开展学习提供多种选择性。以往的研究表明，自主支持的环境以及多种选择性能够促进学生的学习动机。当教师认识到学生的需要，培养他们的选择性，学生的内部动机就会增强。当然，在实践中，也有发现学生消极应对网络学习的情况。为解决这个问题，网络课程的设计需要考虑扩大学生的自主性和学习动机，构建一种自主性的学习环境，关键在于通过提供有意义的、关联性的任务型问题来提高学生的参与度，同时让学生感觉到自己有能力去完成这种任务和挑战。

混合学习空间视域下，学生的主体性问题主要从以下方面得以体现：

1. 学生在获取"线下"学习资源中的主体性

所谓的"线下"学习资源主要指的是传统的以纸质为媒介的学习资料，

包括教科书、学习参考资料、教辅材料、英文报纸、教师讲义等。学生可以充分发挥学习自主性，选择和搜集自己所需要的合适的学习资源，建立学习资源库。

2. 学生在获取"线上"学习资源中的主体性

所谓的"线上"学习资源则指的是以数字电子形式出现的、网络上可以搜集到的种种学习资料，包括使用 http 搜集到的教学网页、网络课件、网络视频、音频、图书馆数据库、网络电子图书、网站上有关的大学英语四六级考试资料等。在学习资源的获取过程中，学生具有自主的选择权和决定权，充分体现了学生的主体性。

3. 学生开展"在线"网络互动式学习中的主体性

网络互动式学习活动是借助于网络交互平台或网络通信技术而开展的师生、生生之间的一种学习模式。这种学习模式既有教师布置的学习任务，又有学生自主开展的学习活动。实际上，网络学习活动更能体现出学生的主体性，因为不同于面对面的课堂互动，网络学习活动没有教师在现场的监督，完全依赖学生的认知责任感和自决。同时，网络互动式学习中，师生、生生之间所开展的协作构成了一个学习共同体。教师是学生学习活动的指导者、监督者、协助者，而学生仍然是学习的主体。

4. 学生开展"线下"协作式学习中的主体性

在课后，教师可以布置一些协作式学习任务，比如要求学生依据某一任务主题开展研究性学习、探究式学习，小组成员先独自开展学习，然后再开展小组协作，形成小组协作学习成果，以 PPT 的形式在课堂上进行小组汇报。这种"线下"协作式学习需要通过设置让学生感兴趣的探究性问题来调动学生的主体性和参与性。研究性、探究性问题实际上不同于课堂教学中的学科中心主义，它包括综合应用学科知识的"体验性学习"。钟启泉（2003）指出，体验性学习的特征及其意义在于：（1）通过自然、社会和人们的具体关系与交互作用进行学习，从而培育同他人的沟通能力和合作能力，共享人们对于自然与社会的见解；（2）由于直接诉诸感性，学习效果好，有助于引发"发现"与"兴趣""爱好",重建个体的学习经验,将所习得的学科知识和旧有经验加以运用、发展和统整;(3)有助于调动五官的作用,形成身体、感性、技能、认知的"统整的知识"。

第三节　教学指导定位

学习空间的设计要考虑教学法,要能够根据不同的教学法进行灵活的调整和变化,要能综合支持课堂听讲、自主、探究和协作的学习方式,同时还要支持户外移动学习和泛在学习方式。在传统意义上的大学英语教学中,教师牢牢掌控课堂教学,教师传递知识,学生被动记忆。但是随着新技术的应用,虚拟学习空间与真实学习空间实现了融合,二者都是学习空间,正是这些不同的学习空间使学习者得以直接或间接地获取经验与知识并掌握技能。教师对课堂的绝对控制已经无法适应新的教学实际,因此教师教学指导的定位也应该得以调整。

教师教学指导的定位可以体现为以下几个方面。首先,在多媒体网络快速发展的环境下,教师的教学指导应该充分利用现代教育技术,构建多维互动的大学英语教学模式,更好地通过网络教学增强英语教学的实用性,提高学生英语综合应用能力,尤其是强化听、说与交际能力的训练与培养。其次,基于建构主义理论开展大学英语教学指导,利用多媒体网络技术来延伸和拓展传统课堂教学内容及方式,选择和利用网络上自然、真实的学习资料、音频、视频等来弥补传统教材在内容和形式上的不足,增大知识的输入量。最后,变革师生交流互动范式。技术环境下,师生的交流互动不再局限于课堂的话语互动,而是拓展到课内和课外学习空间中学生与媒体资源的互动、师生通过网络技术进行的"在线"或"在网络空间"的互动以及利用移动技术开展的互动等。

一、微翻转课堂：变革教师指导的路径

目前大学英语教学的主要问题是教师对课堂的绝对控制：教师灌输知识，学生被动记忆。因此，学生学习的积极性不高，课堂参与度下降。要抛开传统的大学英语记忆型学习方法，变革被动接受语言知识的状况，教师需要采用建构性的策略。这种策略的关键在于将学习转变为学生的自觉行为，以积极的态度参与到学习过程。

从教学形态上来看，大学英语教学主要分为两个层面：课内学习和课外学习。传统意义上，课内学习就是知识传递的过程，教师通过授课向学生传递知识。课外学习就是学生完成教师布置作业的过程。以上两个教学层面突出的特征就是学生学习的被动性。那么，如何变革大学英语学习的被动性呢？随着现代教育技术和数字媒体技术的发展，学生获取信息的途径发生了翻天覆地的变化。翻转课堂的概念也应运而生。翻转课堂是对传统大学英语课堂教学范式的一种彻底变革，它将课堂教学放置到课外，而将课外需要完成的任务放置到课内，通过师生共同探讨得以协作式解决。

将传统课堂和课外学习进行转换的教学模式称为翻转课堂，其主要特征在于：课堂成为学习共同体，学习活动通过师生的合作学习得以实现，对课外的学习进行消化吸收等。传统教学中的课堂知识传递则转移到课外学生的自主学习。比如，针对翻转课堂，周平（2015）对国外相关理论进行引进和介绍，并与国内教学范式进行比对。而微翻转课堂的概念建立在翻转课堂基础之上，主要是利用翻转课堂的优势，通过设计一些符合相关学科特点的教学结构或环节来促进教学范式的转变。因此，微翻转课堂也是强调课内与课外教学的翻转，同时设计一些微视频让学生在课前进行自主学习，此外，利用网络教学平台在课外实现师生的在线互动。

（一）微翻转课堂的构建

依据翻转课堂的理论基础，笔者构建了微翻转课堂的教学范式，主要由课前微翻转教学设计、学生课外学习、师生课堂协作学习、学生课外学习与

师生互动等环节构成。

1. 课前微翻转教学设计

首先，设定每个单元的教学目标，然后，根据教学目标，划分教学内容，搜集教学资源，规划教学设计，再分解到上课需要涉及的知识点，录制相关的微课视频。每个微课视频长度在10~20分钟之间，取决于教学目标、内容、素材等。这些微视频其实是传统课堂中需要开展的教学内容。其次，在课本资源的基础上，教师搜集相关学习资源作为教学的补充。以上这些微视频和其他学习资源通过网络教学互动平台上传。

2. 学生课外学习

学生进入网络教学互动平台进行课前自主学习，主要是学习微课视频内容以及教师所提供的一些相关学习资源。这个环节其实就相当于传统课堂上知识的获取与习得。

3. 师生课堂协作学习

在课堂上，教师与学生开展面对面的教学互动，主要讨论学生在网络平台学习中遇到的学习困惑，对一些问题进行拓展性探讨，以及教师对阅读文本进行深层次的分析，使学生能够获得更深的理解。采用的教学方式主要包括课堂讨论、小组讨论、教师点评、教师讲解分析等。课堂作为师生面对面互动交流的场所，其主要指向目标是互动、参与和合作。针对学生在课外学习中所获得的学习体验与困惑，教师组织和激发学生开展讨论，并将这种讨论进行深化，形成学生的知识内化。

4. 学生课外学习与师生互动

学生的课外学习主要是对知识进一步进行消化吸收。学生在课外完成教师布置的任务，采用研究性学习的方法开展小组协作式学习，并且把协作式学习成果上传到网络教学互动平台，供全体师生共同评价。网络教学互动平台也是师生开展交流、互动的有效场所。学生随时可以提出问题，教师可以进行及时反馈。

（二）微翻转课堂的效果

从微翻转课堂对学生学习参与度的影响、学生对微翻转课堂的评价与反馈等维度可以看到微翻转课堂实施后带来的变化。

1. 微翻转课堂对学生学习参与度的影响

本研究通过开展质的研究来考察微翻转课堂对学生学习参与度的影响。质的研究方法主要采用观察法、访谈等。观察发现，与传统的课堂教学相比，微翻转教学更能调动学生的学习参与度。无论在课外的学习上，还是在课堂讨论、协作式学习上，学生能够自主地参与到大学英语学习中来。在访谈中，86.2%的学生认为，微翻转教学通过微课视频使他们能够在上课之前就了解并学习课程内容；遇到不理解的学习难点，在课堂上可以向老师提问。92.7%的学生认为，课外微视频学习的另一个优点在于课程内容如若不理解还可以无限次地反复观看学习。在课堂教学中，师生之间针对学习问题开展研讨、小组讨论、小组汇报、教师总结等形式，改变了传统大学英语课堂教师灌输知识的范式，学生的课堂积极性被调动起来，转变为主动的学习参与。

2. 学生对微翻转课堂的评价与反馈

为了及时了解学生对微翻转课堂的评价、意见和建议，本研究采用问卷调查和访谈的形式对该班学生开展调查。89.3%的学生认为，微翻转教学范式增加了个性化学习机会，学习资源更加丰富，师生互动、小组学习的课堂更加灵活，课程的自主性更加明显。88.6%的学生认为，喜欢这样的教学范式。在访谈中，学生提道："微课视频学习在课外自主学习，可以减少课内教师讲解的时间，使我们有更多的时间进行问题探讨，可以用来解决学习上的问题。"还有的学生提道："小组合作学习的方式很好，我们小组探讨的是贸易全球化的话题，每个组员都去图书馆和网络上搜集相关资料，然后把资料进行汇总，设定出提纲，讨论汇报内容，最后通过PPT进行呈现。"当然，有少数学生提到了微课堂教学存在的一些问题：（1）课堂讨论中，学生提出的问题可能不具有代表性，有的学生提出的问题对于其他学生来说并不是问题，这样教师讲解时容易浪费时间；（2）学生自主学习的时间较多，而老师讲解的少，可能存在对知识学习不够深入的问题；（3）课堂讨论中，可能存在少部分学生课堂沉默现象；等等。

总之，在建构主义理论的指导下，笔者依托网络教学互动平台，结合大学英语教学实际，构建了微翻转课堂教学范式。研究结果发现，与传统意义上知识授受主义的大学英语课堂相比，微翻转课堂能够较好地调动学生的学习参与度，使被动的课堂学习转变为课内外主动的学习，受到了学生的普遍认可。因此，可以说，要改变传统的大学英语学习积极性低下的现状，就需要充分利用现代教育技术来变革大学英语的教学模式。

二、教师在线反馈：变革教师指导的新选择

随着网络技术的发展，教师开展在线教学变得更加便捷，而且现在教育界提倡使用线上线下结合的混合式教学模式。与基于教室的面对面教学相比，线上教学具有其特殊性，即师生之间无法进行面对面交流，教师反馈只能在线上进行。与课堂教学相比，线上教学可能会缺乏学习氛围，学生的学习动机也有可能受到影响。因此，教师在线反馈对学生的学习动机的影响关系如何？从以往研究文献来看，教师反馈对学生的学习支持兼具显性和隐性特征，多数研究借由学生自我报告的方式来反映教师对学生学习的支持，即学生感知的教师支持。因此，本研究采用在线问卷调查的形式使学生自我报告感知的教师在线反馈，并通过学习动机的调查来探究教师在线反馈对学生学习动机的影响。

此外，在线学习中，会涉及学习投入的问题。相关心理学家指出，在研究中除了探讨自变量对因变量的直接影响外，还应该关注自变量对因变量的内部作用机制，即对中介机制的考量。那么教师在线反馈在影响学生学习动机时是否存在中介变量影响呢？通过梳理相关文献，学习投入可能是个重要中介变量。学习投入特指学生在学习过程中一种持续的、充满积极的情感，可以通过学生在学习过程中体现出来的活力、奉献、专注三个特征来测量。研究发现，学生感知的教师支持与其学习投入呈现显著正相关关系，即感知到教师支持水平越高的学生，在学习上会投入越多的时间和精力。由此，本

研究将探讨：教师在线反馈是否对学生学习投入产生影响，以及学习投入在教师在线反馈影响学生学习动机过程中是否产生相关作用。

（一）研究设计

1. 研究对象

研究对象来自笔者所在学校的大学英语课程学生，共6个班324人，回收有效问卷320份，其中男生107人，女生213人。需要强调的是，笔者在教学过程中，采用网络平台在线教学方式，师生之间通过网络平台开展交流互动，教师借助网络平台对学生的学习进行在线反馈评价。研究对象对于问卷调查较为配合且不存在排斥心理，且问卷调查采用匿名的方式来排除学生的顾虑，力争使研究数据具有可靠性。

2. 研究工具

本研究共涉及学生感知的教师在线反馈、学习投入以及学习动机等变量，采用以下三种量表进行测量，见表5-1。

表5-1 问卷调查量表

调查问卷类型	题项	问卷参考文献来源	问卷可靠性
教师在线反馈调查量表	发展性反馈（5项） 活动性反馈（4项） 评价性反馈（5项）	Hattie & Timperley（2007）	Cronbach's alpha = 0.92
学习投入调查量表	学习投入（12项）	Schaufeli et al.（2002）	Cronbach's alpha = 0.89
学习动机调查量表	学习动机（12项）	Kormos & Csizer（2014）	Cronbach's alpha = 0.87

以上三个问卷调查量表均采用6级Likert量表形式，每个题项包含从1"非常不同意"到6"非常同意"，题项得分越高，说明学生感知到的教师在线反馈越显著、学习动机越强以及学习投入越多。三个问卷的信度检验结果

显示，Cronbach's alpha 值为 0.87~0.92，表明问卷具有较好的可靠性。

3. 数据分析

本研究采用 SPSS21.0 和 AMOS21.0 进行数据分析。数据分析过程包括以下几方面：首先，运用描述性统计分析学生感知的教师在线反馈（包括发展性反馈、活动性反馈和评价性反馈）、学习投入以及学习动机等变量情况。其次，通过独立样本 T 检验，探索变量在性别上的差异。再次，运用 Pearson 相关分析探索学生感知的教师在线反馈、学习投入以及学习动机等变量之间的相关关系。最后，分析学生感知的教师在线反馈对学习投入、学习动机的影响效应。

（二）研究结果

1. 总体描述

首先，表5-2显示了学生感知的教师在线反馈（包括发展性反馈、活动性反馈和评价性反馈）、学习投入、学习动机各个变量的均值和标准差。

表5-2 相关变量的均值和标准差（N=320）

	发展性反馈	活动性反馈	评价性反馈	学习投入	学习动机
Mean	5.211	5.246	5.156	4.383	5.012
Std. Deviation	0.822	0.735	0.752	1.036	0.736

具体来说，学生感知的教师发展性反馈均值为 5.211±0.822，位于题项"大部分同意"（5.000）的附近；活动性反馈的均值为 5.246±0.735，位于题项"大部分同意"（5.000）的附近；评价性反馈的均值为 5.1568±0.752，位于题项"大部分同意"附近；学习投入的均值为 4.383±1.036，位于题项"一般同意"（4.000）的附近；学习动机的均值为 5.012±0.736，位于题项"大部分同意"（5.000）的附近。由上可知：（1）在学生感知的教师在线反馈中，活动性反馈最显著，表明学生期待通过在线平台加强师生互动；（2）学生在线平台的学习投入还有待提高；（3）学生有较强的在线学习动机。

其次，以性别为自变量，学生感知的教师在线反馈（包括发展性反馈、活动性反馈和评价性反馈）、学习投入、学习动机为因变量，进行独立样本 T 检验。表 5-3 显示，在各个因变量上，男生的分值均高于女生，但除了在学习投入上，男生显著高于女生（P<0.01）外，其余均不存在显著性差异（P>0.05）。

表 5-3　各变量的性别差异（N=320）

	性别	Mean	Std. Deviation	t	P
发展性反馈	男	5.291	0.764	0.678	0.503
	女	5.175	0.857		
活动性反馈	男	5.276	0.721	0.275	0.775
	女	5.233	0.738		
评价性反馈	男	5.220	0.713	0.262	0.793
	女	5.182	0.750		
学习投入	男	4.710	0.827	2.898	0.004
	女	4.181	1.023		
学习动机	男	5.220	0.780	1.510	0.150
	女	4.987	0.710		

可能的解释是，男生网络操作技能普遍优于女生，他们更喜欢使用网络在线平台进行学习。尤其在学习投入上，男生在网络在线平台的学习更有优势。

表 5-4　变量之间的相关系数

	教师在线反馈	学习投入	学习动机
教师在线反馈	—	0.473**	0.692**
学习投入	0.473**	—	0.476**
学习动机	0.692**	0.476**	—

注：**表示显著的正相关（p<0.01）。

最后，表 5-4 变量之间的 Pearson 相关检验表明，变量之间的相关系数均呈显著的正相关（$p<0.01$）。学生感知的教师在线反馈与学习投入的相关系数 $r=0.473$，$p<0.01$；学生感知的教师在线反馈与学习动机的相关系数 $r=0.692$，$p<0.01$；学习投入与学习动机的相关系数为 $r=0.476$，$p<0.01$。

2. 影响效应分析

教师在线反馈对学生学习动机的标准直接影响效应为 0.519，对学生的学习投入的标准直接影响效应为 0.382；教师在线反馈对学生学习动机的标准间接影响效应为 0.212；教师在线反馈对学生学习动机影响的标准总效应为标准直接影响效应与标准间接影响效应之和为 0.731。由此可见，教师在线反馈对学生学习动机具有较强的影响作用，且学习投入起着间接的中介调节作用。

（三）结论与启示

本研究探讨了学生感知的教师在线反馈对学生学习动机和学习投入的相关性，结果表明，学生感知的教师在线反馈与学习动机和学习投入呈显著的正相关。以性别为因变量，独立样本 T 检验表明，在学习投入方面，男生显著高于女生。可能原因是，男生在利用网络技术能力方面比女生更有优势。因此，我们建议，在利用网络技术开展教学实践过程中，需要强化学生的信息技术素养，使学生感知到技术的有用性与易用性，从而实现技术接受。本研究还检验了学生感知的教师在线反馈对学习动机的影响作用，以及学习投入的影响效应。结果发现：（1）教师在线反馈对学习动机具有显著的影响；（2）教师在线反馈对学习投入具有显著的影响；（3）学习投入在一定程度上作为中介调节了两者的关系，这意味着学习投入可能是教师在线反馈与学习动机相关的重要途径。

以上研究的启示在于，教师开展在线教学时需要进一步强化在线反馈。教师在线反馈有助于提升学生的学习动机和学习投入。学生感知的教师在线反馈中，活动性反馈更受学生喜欢，因此，建议进一步强化教师的在线活动性反馈，增强师生在线互动。教师可以充分发挥网络技术的便利性，确保技术在支持语言学习方面的有用性。通过相关技术培训，进一步提高师生的信息技术素养，使基于网络技术的在线教学开展得更加高效。

三、转换学生的学习范式

传统意义上，我们的学生被限制为教师知识的传授对象以及知识学习的被动接受者。似乎表面看来，学生在从事一种知识行为，而这种行为由于缺少了主动探究的精神与知识的自我体验，往往处于被动状态，因而学习时感到枯燥乏味，有些学生也适应了这种填鸭式的被动学习方式，按照教师的课业任务来完成自己的知识行为。知识的自我体验被知识的简单累积所压制，在考试制度与应试教育的框架下，学生被知识的记忆行为牢牢控制。即使在如今中国的教育由应试教育转向素质教育的背景下，由于考试成绩目标等可控制的课程要素的存在，作为评价与选拔人才的标准依然没有得到有效转变。而另一方面，在终身学习的时代，而且是新教育正式启动的时候，学校应进行什么样的教育，应该成为我们思考与研究的课题。学生的知识行为应该从简单的知识获得转变为知识的自主体验，通过知识获取渠道的多元整合来促进学生的自主行为，从而从被动、简单的知识行为中解放出来，成为掌握自主学习能力的人。

（一）学习范式的转换

被动学习出自桑代克（E. L. Thorndike）根据其动物实验建立起来的 S-R（刺激—反应）教育心理学理论范式。在以这一理论为基础的教学与学习过程中，学习是机械的过程，学习者是被动的接受者，教学的主要过程是教师提出问题给予刺激，学生作出相应的反应，之后是操作和练习。这一理论后经华生（J. B. Watson）和斯金纳（B. E. Skinner）等人的进一步发展，逐渐形成了用刺激与反应的联结来解释学习过程的理论。联结理论强调的是外部的刺激，却撇开了人的意识作用，这必然使人的认知行为变成一种简单的传递与累积纯知识的学习范式。

而另一种影响人们的知识行为的认知理论就是行为主义。其中代表人物有布洛克（B. Bullock），他认为，行为主义的基本主张是：客观主义——分析人类行为的关键是对外部事件的考察；环境主义——环境是决定人类行为的最重要因素；强化——人们行动的结果影响着后续的行为。

行为主义的客观主义观反映在教学上，认为学习就是强化建立刺激与反应之间的联结的链；教育者的目标在于传递客观世界的知识，学习者的目标是在这种传递过程中达到教育者所确定的目标，得到与教育者完全相同的理解。行为主义者根本无视在这种传递过程中学生的理解及心理过程。

建构主义提供了一种与传统的客观主义不同的学习理论。特别是从20世纪70年代末，以布鲁纳（J. S. Bruner）为首的美国教育心理学家将苏联教育心理学家维果茨基（L. Vygotsky）的思想介绍到美国以后，对建构思想的发展起到了极大的推动作用。建构主义学习理论认为，学习过程不是学习者被动地接受知识，而是积极地建构知识的过程。由于建构主义学习活动是以学习者为中心，而且是真实的，因而学习者就更具有兴趣和动机，能够鼓励学习者进行批判性思维，能够更易于提供个体的学习风格。学习是知识建构，那么每个学习者都不应等待知识的传递，而应基于自己与世界相互作用的独特经验去建构自己的知识，并赋予经验以意义。为此，我们应强调学习的积极性、累积性、目标指引性、诊断性、反思性、探究性、情境性、社会性以及问题定向的学习，等等。

钟启泉（2003）认为，在建构主义课程的背景下，关于学习的基本假设是：学习不是被动接受的过程，而是主动建构意义的过程；学习所涉及的概念不是一蹴而就的，而是不断精致化的；学习具有主观性、个别性、情景性、脉络性以及情意性；学习具有社会性，它是一种社会互动过程；学习课题同学习者的发展与需求具有关联性；等等。由此可见，学生必须主动投入学习，在情景脉络下与问题互动，通过建构意义和通过内在对话与思考过程，与他人互动，来理解脉络与解决问题。

（二）知识行为与自主行为

为适应新世纪的挑战，几乎每个国家都在寻求教育制度和课程范式的变革。而且几乎所有国家都在借助不同层次的课程标准的驱动把改革的焦点放在学生的学习方式的改变上。传统的"输入—产出"即单纯追求知识传递，追求教师如何把现成知识输入学生的头脑中，以求得高效的产出，已经适应不了改变了的学习形式和脱离了快速发展的社会。面对新的现实情况，知识行为必然需要转变为自主行为。Lewis（1987）声称，自主学习中，控制逐渐从教师转移到学生，学习者独立设定学习目标、决定学习内容和方法。Skinner（1987）认为，学习者的自主性广义上是指能导致个人自我思维能力发展的教育过程。而Rogers（1983）与他们的观点一致，把学习者的自主性看作个体学会如何学习、如何适应学习环境、如何进行自我调节。黄和斌（2001）指出，在我国实施的素质教育中，在以学习者为中心和以教育过程为指向的现代教育模式中，学习者的自主性是一个活的自变量，它和因变量学习效果有直接的联系。而施良方（1994）所阐述的一些新兴学习理论则强调将认知与实践相结合。由此，我们可以看出，自主性学习就是改变传统课堂教学模式，充分尊重学生，相信学生，给予学生足够的时间和空间，放手让学生主动参与学习活动和社会实践，通过学生自主性学习，自己去发现问题、提出问题、分析问题和解决问题，教师在整个教学过程中起主导作用，学生是学习的主体。

（三）自主行为开展的有效途径

首先，学生应确定学习上的自主性，改变以往被动地接受教师知识传授的学习方式，意识到自己是教学活动的主动者。学生必须将课内知识与生活实际相联系，将教材知识延伸到生活才能真正感受到知识的现实意义和价值。为此，在学习过程中，学习不再是简单的知识行为，而必须把学习的视野从课内扩大到课外，从课堂扩大到社会，通过多种渠道学习，尤其是利用现代网络技术，学生可以搜集到自己所需要的学习资源。学习应注重自主思考，合作探究，通过与他人的协作式学习，共同分享学习体验，协作解决问题。同时，学习的自主行为还体现在善于开展自我学习评价与自我学习诊断。自我反思是一种有效的评价学习效果的方式。通过自我反思，发现未解决的学习问题，制定相应的解决方案，通过自己的努力以及虚心向他人寻求帮助去克服学习困难。

其次，教师在教学上的指导应强化对学生学习自主性的引导。虽然学生学习的自主性取决于个人，但是教师的引导是一个不容忽视的问题。培养学生的创新意识、创新精神和创新能力，必须致力于学生在自主性学习中主体作用的发挥。教师的作用在于通过创设学习情境激发学生学习兴趣、提高学生的主体意识。主体意识一旦形成，学生的求知欲和学习兴趣便会逐步形成一种自觉性的、稳定的内在动力，使它发挥出最大的智慧潜能，成为学习的真正主人。教师创设自主性学习情境能够促进学生在主动中学习，在愉快的学习情境中学习。

总之，学习是一种独立的、主动的认知和发展的活动。学生应该成为知识的主动建构者，从知识行为转变为自主行为，这是学习范式的真正转变。教师指导地位的改变是要把学习的主动权赋予学生，充分发挥学生学习的自主性。

第六章 技术视域下大学英语教与学的影响因素与策略保障

现代网络技术对大学英语教与学的影响是显著且深远的。本章将首先探讨基于技术的外语自主学习影响因素,以期为技术视域下的外语自主学习的开展提供实证性的研究依据。然后,本章将讨论大学英语教学开展的技术支持,注重探讨虚拟现实技术平台、智能教育与电子学习、人工智能等方面。最后,本章将阐述技术视域下,教师如何开展基于技术的专业发展。很显然,教师在线专业发展是技术视域下教师有效开展大学英语教学的策略保障。

第一节 基于技术的外语自主学习影响因素研究

一、引言

随着网络技术的发展,在线学习、电子学习等非正式学习途径拓展了学习时间与空间,已成为一种新的学习方式,它通常不依赖于课堂,结构形式相对灵活,学习者可以根据个人兴趣和需求自我掌控学习。尤其是在网络技术高度发展的背景下,学生利用网络技术自主开展学习成为一种常态。网络技术为个人学习创造了独特的学习空间。毕家娟和杨现民（2014）认为，个人学习空间聚焦于以学习者为中心专业知识的联结，通过将不同学习情境的学习网络关联，再由学习者自下而上进行有效整合，实现学习者的自由调度，允许学习者在分布式学习环境中进行自如的学习活动。基于技术的学习空间作为一个新兴的研究方向，是在技术发展基础上，为了实现学习者自主、灵活和投入的学习而开展的研究（杨俊锋等，2013）。现有研究主要探讨了如何利用技术进行资源共享、学习情境构建、社会性交互等（胡智标，2014），较少研究技术对大学生外语自主学习的影响及其作用机制。相关研究指出，技术支持下的外语学习更凸显了自主学习的关键作用（陈坚林，贾振霞，2017）。因此，本研究旨在探讨基于技术的外语自主学习的影响因素。

二、文献回顾

（一）外语自主学习相关研究

20世纪80年代，Henri Holec提出了"自主学习"这一术语，并将其引入外语学习的研究。外语自主学习最初研究的主要特点是主要集中于学习者的自我掌控能力、自主学习行为以及自主学习过程（庞国维，2003）。随后，一些学者（比如，杨新厚，2005；程红，2005；等等）将教育心理学、认知心理学、动机理论等引入外语自主学习研究，由此外语自主学习研究进入了蓬勃发展的阶段。结合中国外语学习现状，束定芳和庄智象（2008）提出了外语自主学习的三大要素：(1) 态度，即学习者对自己的学习负责并积极地投身于学习；(2) 能力，即学习者具有独立完成学习任务的能力和学习策略；(3) 环境，是指学习者应该被给予大量的机会去锻炼负责自己学习的能力，而外部环境是培养学习者自主学习态度和能力的保证。这里所指的外部环境是随着时代的变化而变化的。比如，随着计算机网络技术的发展，计算机辅助技术在外语自主学习过程中得到广泛应用（马冲宇，陈坚林，2012）。网络通信技术的快速发展，促使大数据时代的到来，利用信息技术、互联网（比如慕课、微课）开展外语自主学习研究也得到很大的关注（李立贵，黄立鹤,2017),并且提出了移动互联视域下的大学英语智慧教学模式(周云,2016)。有关大学生外语自主学习的研究被放置到了基于技术的智慧学习空间这一客观因素,探讨了智慧教育环境对大学生外语自主学习的影响(周晓玲,2019),但较少从学习者的技术接受视角开展相关研究。为此,需要将学生外语自主学习能力的影响因素置于大数据时代进行分析,并且围绕这些影响因素制定相应的自主学习能力培养策略。

(二)技术接受理论与计划行为理论

基于 Fishbein 和 Ajzen(1975)率先提出的理性行为理论(TRA),Davis(1989)针对信息技术接受提出了技术接受模型(TAM)理论。该理论认为,个体与系统进行交互之后,形成对客体的有用性和易用性的感知,进而对系统的使用意愿产生影响。Venkatesh et al.(2003)结合实证研究,对原始的技术接受模型进行了扩展。该技术接受模型新加入了社会影响、认知结构、经验等因素,且重新采用原始的技术接受模型中没有采用的主观规则。运用此理论和分析方法,后来在教育学领域分别有研究验证和解释了师范生技术使用的目的性(Teo & Noyes, 2014)、学生自主使用技术用于语言学习的研究(Lai, Shum, & Tian, 2016)等。这些研究都是技术接受理论在实证中的具体应用。

多年来,Fishbein 和 Ajzen 的理性行为理论(TRA)一直被用作研究人类与信息技术相关行为的意向行为模型之一,其两个驱动前因是态度和主观规范。但 Ajzen 于1991年将 TRA 予以扩充,增加了"行为控制认知"的新概念,从而发展成为新的行为理论研究模式——计划行为理论(Theory of Planned Behavior, TPB)。TPB 包含五个因素:态度、主观规范、行为控制认知、行为意向、行为。一般而言,个人对于某项行为的态度、主观规范与行为意向呈正相关。在基于技术的行为背景下,个体的行为控制认知与特定技术的有用性有较好的相关性,后者被认为是预测使用该技术意图的主要因素。2002 年,Ajzen(2002)将个体行为认知分解为两个部分:可控性和自我效能感。可控性的定义是个体对执行行为的资源和机会的可用性的评估

（例如，技术便利条件），而自我效能是指个体对其执行达到指定类型的行为所需的行动过程的能力的判断。基于技术的自主学习过程中，学生的技术自我效能感体现为对技术技能的掌握和熟悉程度。研究发现，技术自我效能感显著影响学生使用在线学习网站和工具的意愿和个人技术应用。

基于以上理论基础，本研究将影响基于技术的外语自主学习因素归纳为：感知有用性、学习态度、技术便利条件、技术自我效能感、主观规范，并构建研究假设模型，通过结构方程模型分析方法开展实证研究。

三、研究设计

本研究采用语义网络可视化分析方法以及问卷调查方法。首先运用ROST CM 5.8.0对学生在线评论数据进行语义网络可视化分析。语义网络是一种以网络表达人类知识构造的形式，是人工智能程序运用的表示方式之一。它是由结点和结点间的弧组成，结点表示概念（事件、事物），弧表示它们之间的关系。在数学上语义网络是一个有向图，与逻辑表示法对应。通过对相关数据的分析，得出如下（图6-1）关于基于技术的外语自主学习语义网络关系图。

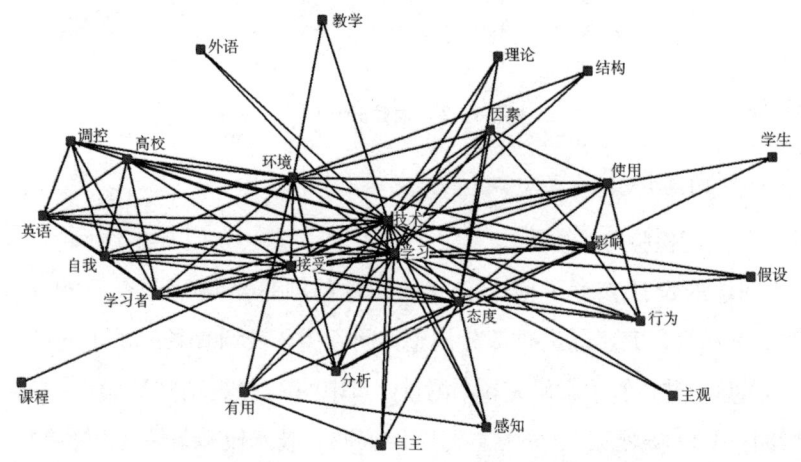

图6-1 基于技术的外语自主学习语义网络关系图

从以上语义网络关系图来看,以外语自主学习中的"学习"为节点,关系较近的关键词有"技术""接受""环境""态度""使用"等。这些表明,学生的技术接受程度、技术环境、学习态度等与外语自主学习存在密切相关。

此外,通过针对学生基于技术的外语自主学习的在线评价反馈词频分析(图6-2),我们发现,"学习""技术""感知""技术环境""学习者""自我"等是出现频次最多的词语,表明在学生有关基于技术的外语自主学习中,"学习"是占主导地位的,学生使用技术的目的在于开展学习,而学生感知的技术环境为学生开展自我自主学习提供了强有力的支撑。

基于技术的外语自主学习_分词后_词频 - 记事本
文件(F) 编辑(E) 格式(O) 查看(V) 帮助(H)

词	频次
学习	461
技术	306
感知	183
技术环境	168
学习者	158
自我	141
自主	135
有用	119
影响	107
接受	105
态度	101
调控	100

图6-2 词频分析图

(一)问卷调查

1. 信效度检验

本问卷的设计参考了前人研究验证过的项目来编制调查问卷(Teo, 2009),并结合研究实际进行部分调整。问卷中,被调查者提供了基本人口统计学信息,并作答了本研究6个测量因素中的22个题项(见表6-1),包括感知有用性(5题项)、学习态度(3题项)、技术便利条件(3题项)、技术自我效能感(3题项)、主观规范(3题项)、基于技术自主学习(5题项)。该问卷采用李克特 6 级量表计分法,分为非常同意(6 分)、大部分同意(5 分)、一般同意(4 分)、稍微同意(3 分)、大部分不同意(2 分)和非常不同意(1 分)。表 6-1 显示,22 个题项的标准化因子载荷为 0.804~0.940,6 个测量因素的可信度 Cronbach's alpha 值为 0.823~0.898。此外,整体问卷的可信度 Cronbach's alpha 值为 0.938,有效度 KMO 值为 0.918,说明该调查问卷具有非常可靠的信效度。

2. 研究对象

研究对象为笔者所在学校非英语专业大学英语课程二年级学生。研究对象均匿名参与问卷调查,且事先被告知研究采集的数据仅作为研究之用,不会对个人产生影响,因此,研究对象自愿参与问卷调查,对参与调查没有排斥心理。

3. 数据收集

采用在线问卷,共分发问卷 350 份,回收有效问卷 330 份,有效率为 94.28%。样本分布中,基于技术自主学习时长分为:有兴趣时进行学习(102 人,占比 30.9%)、每周 2 小时以下(76 人,占比 23.0%)、每周 3~6 小时(98 人,占比 29.7%)、每周 7 小时以上(54 人,占比 16.4%);使用过的技术平台(可多选)分为:手机(282 人,占比 85.5%)、本校网络资源(102 人,占比 30.9%)、中国大学慕课课程(103 人,占比 31.2%)、其他网站平台资源(207 人,占比 62.7%)。

(二)研究方法

本研究采用结构方程模型(Structural Equation Modeling, SEM)分析方法,并进行了两阶段数据分析。第一步分析了测量模型,该模型规定了潜在结构和观察到的测量因素之间的关系。第二步分析结构模型,它具体明确了潜在结构之间的关系。应用 SPSS、结构方程模型分析软件,将方差-协方差矩阵(Variance-covariance Matrix)作为输入,最大似然法(Maximum Likelihood)作为估计方法,进行数据分析。

四、研究结果

(一) 测量模型检验

本研究通过验证性因子分析检验了测量模型的质量。通过 t 值（C. R. 临界值 >2）检验、单项因子载荷的显著性（参数估计的 S. E. 值 >0）、平均方差提取（AVE>0.50）等，建立聚合效度和区分效度。表 6-1 显示，6 个测量因素的所有题项标准化因子载荷（SFL）均超过了 0.70 的最小值，AVE 值在 0.704~0.831 之间，远远高于 0.50 的阈值。因此，本测量模型确立了所有测量项目的聚合效度。区分效度是指当每个测量因素的平均方差（AVE）的平方根大于该测量因素与模型中所有其他测量因素之间的相关性时，能够确保区分效度，该区分效度评估单个指标是否能够充分区分不同的测量因素。表 6-2 中的相关矩阵表明，每个测量因素的平均方差（AVE）平方根（在对角括号中显示为 0.839~0.912）均高于该变量的相应 Pearson 相关值，从而确保该测量模型的区分效度。

表 6-1 测量模型的聚合效度、区分效度检验结果

测量因素	非标准化因子载荷（UFL）	标准化因子载荷（SFL）	S. E.	C. R.	R	AVE	Cronbach's alpha
感知有用性						0.704	0.894
题项 1	1.000	0.858	—	—	0.696		
题项 2	1.000	0.852	0.058	17.221	0.679		
题项 3	1.012	0.858	0.059	17.182	0.677		
题项 4	0.913	0.804	0.063	14.568	0.531		
题项 5	0.817	0.823	0.053	15.279	0.570		
学习态度						0.746	0.827
题项 1	1.000	0.822	—	—	0.471		

续表

测量因素	非标准化因子载荷（UFL）	标准化因子载荷（SFL）	S.E.	C.R.	R	AVE	Cronbach's alpha
题项2	1.184	0.893	0.097	12.178	0.756		
题项3	1.132	0.874	0.092	12.250	0.651		
技术便利条件						0.831	0.898
题项1	1.000	0.940	—	—	0.899		
题项2	0.927	0.923	0.042	22.273	0.787		
题项3	0.783	0.870	0.045	17.519	0.578		
技术自我效能感						0.811	0.879
题项1	1.000	0.897	—	—	0.685		
题项2	1.136	0.933	0.062	18.401	0.897		
题项3	1.075	0.871	0.067	16.002	0.590		
主观规范						0.744	0.823
题项1	1.000	0.860	—	—	0.602		
题项2	1.071	0.880	0.083	12.883	0.699		
题项3	1.119	0.847	0.090	12.484	0.552		
基于技术自主学习						0.708	0.897
题项1	1.000	0.828	—	—	0.602		
题项2	1.058	0.848	0.070	15.146	0.645		
题项3	1.117	0.846	0.074	15.164	0.646		
提项4	1.088	0.844	0.072	15.138	0.644		
题项5	1.076	0.842	0.071	15.084	0.640		

表 6-2 测量模型的区分效度检验结果

	感知有用性	学习态度	技术便利条件	技术自我效能感	主观规范	基于技术自主学习
感知有用性	(0.839)					
学习态度	0.516	(0.864)				
技术便利条件	0.508	0.551	(0.912)			
技术自我效能感	0.306	0.496	0.441	(0.901)		
主观规范	0.419	0.422	0.570	0.476	(0.863)	
基于技术自主学习	0.593	0.703	0.582	0.427	0.457	(0.841)

注：所有 Pearson 相关系数在 $p<0.01$ 时均显著。对角线括号中的数值为平均方差（AVE）平方根。

（二）基于技术的外语自主学习假设模型的检验与修订

本研究使用结构方程模型分析软件，对基于技术的外语自主学习（简称基于技术自主学习）假设模型进行检验，以验证各因素之间的影响关系，并依据检验结果修订该假设模型。与修订后的假设模型对比，修订前的假设模型增加了技术自我效能感→主观规范的路径，验证结果显示，该假设模型 CMIN/DF = 4.281，RMR = 0.036，RMSEA = 0.096（>0.08），GFI = 0.994，且标准化路径系数为 0.027，S.E. = 0.038，C.R. = 0.690（<2），P = 0.468（>0.05），说明技术自我效能感对主观规范无显著影响，故本研究删除该路径，并针对修订后的模型再次检验。修订后的结构方程模型（图 6-3）具有更好的拟合度。表 6-3 修订后的参数检验值显示：标准化路径系数均未接近或大于 1，参数估计 S.E. 值大于 0，说明基于技术自主学习假设模型参数具有合理性；C.R. 临界值均大于 2，除技术自我效能感→感知有用性、主观规范→基于技术自主学习路径外，P 值均在 0.001 水平上显著，说明该结构模型参数的显著性效果较好。具体而言，技术便利条件对感知有用性、学习态度、基于技术自主学习有显著的正向影响（P<0.001）；技术自我效能感对学习态度有显著的正向影响（P<0.001）；感知有用性对学习态度、基于

技术自主学习有显著的正向影响（P<0.001）；学习态度对基于技术自主学习有显著的正向影响（P<0.001）；而技术自我效能感对感知有用性没有显著的正向影响（P=0.052>0.05）；主观规范对基于技术自主学习没有显著的正向影响（P=0.127>0.05）。

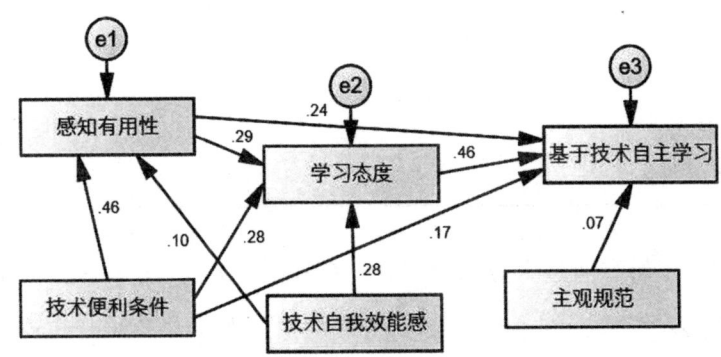

图6-3　基于技术的外语自主学习结构方程模型

表6-3　基于技术的外语自主学习假设模型修订后的参数检验值

影响关系	标准化路径系数	S.E.	C.R.	P
技术便利条件→感知有用性	0.462	0.044	8.785	＊＊＊
技术自我效能感→感知有用性	0.102	0.040	1.946	0.052
感知有用性→学习态度	0.287	0.055	5.970	＊＊＊
技术自我效能感→学习态度	0.284	0.040	6.173	＊＊＊
技术便利条件→学习态度	0.280	0.049	5.495	＊＊＊
感知有用性→基于技术自主学习	0.244	0.045	5.641	＊＊＊
学习态度→基于技术自主学习	0.458	0.040	10.192	＊＊＊
主观规范→基于技术自主学习	0.066	0.037	1.525	0.127
技术便利条件→基于技术自主学习	0.171	0.042	3.434	＊＊＊

注：＊＊＊表示显著正相关（p<0.001）。

表6-4 基于技术的外语自主学习假设模型修订后的拟合检验值与拟合标准值的比对

统计检验量	CMIN/DF 值	RMR 值	RMSEA 值	GFI 值	CFI 值	TLI 值
拟合标准值	<3 较优，<5 可接受	<0.05	<0.08	>0.90	>0.90	>0.90
基于技术的外语自主学习假设模型修订后的拟合检验值	2.959	0.018	0.077	0.991	0.993	0.964

此外，本研究通过卡方自由度比（CMIN/DF）、均方根残差（RMR）、近似误差均方根（RMSEA）、拟合优度指数（GFI）、比较拟合指数（CFI）和 Tucker – Lewis 指数（TLI）等拟合指标，来观测基于技术自主学习假设模型修订后的拟合度。由表6-4可以看出：该模型修订后的 CMIN/DF 值 = 2.959（<3），拟合值较优；RMR 值 = 0.018 < 0.05，RMSEA 值 = 0.077 < 0.08，GFI 值 = 0.991 > 0.90，CFI 值 = 0.993 > 0.90，TLI 值 = 0.964 > 0.90，均符合拟合标准值要求。由此，本研究认为该模型修订后的拟合程度较高。

（三）影响效应分析

表6-5 基于技术的外语自主学习结构方程模型的效应值

标准	自变量＼因变量	主观规范	技术便利条件	技术自我效能感	感知有用性	学习态度
直接效应	感知有用性		0.462	0.102		
	学习态度		0.280	0.285	0.287	
	基于技术自主学习	0.066	0.171		0.244	0.485
标准间接效应	感知有用性					
	学习态度		0.133	0.029		
	基于技术自主学习		0.302	0.169	0.131	

续表

标准总效应	自变量\因变量	主观规范	技术便利条件	技术自我效能感	感知有用性	学习态度
	感知有用性		0.462	0.102		
	学习态度		0.413	0.314	0.287	
	基于技术自主学习	0.066	0.473	0.169	0.375	0.458

各因素之间的直接效应值即为标准回归系数，表6-5显示：学习态度、感知有用性、技术便利条件对基于技术自主学习有直接的正向影响，标准直接效应值分别为0.485、0.244、0.171。间接效应通过多路径的直接效应值的乘积计算得出，表6-5显示：技术自我效能感对基于技术自主学习无直接影响，但通过学习态度的中介作用，对基于技术自主学习产生间接影响，标准间接效应值为0.169。此外，感知有用性和技术便利条件对基于技术自主学习既有直接的又有间接的正向影响。技术便利条件对感知有用性、学习态度均有直接的正向影响，标准直接效应值为0.462、0.280。感知有用性对学习态度有直接的正向影响，标准直接效应值为0.287。总效应值为直接效应值和间接效应值之和，表6-5显示：各因素对基于技术自主学习的总影响效应由强到弱依次为技术便利条件、学习态度、感知有用性、技术自我效能感和主观规范，标准总效应值分别为0.473、0.458、0.375、0.169、0.066。

五、结论与建议

本研究聚焦于外语自主学习的影响因素，基于TAM和TBP理论，提出了基于技术的外语自主学习假设模型。通过问卷调查，采用结构方程模型分析方法，对基于技术的外语自主学习模型进行检验、修订，构建了基于技术的外语自主学习结构方程。通过相关数据分析，得出以下实证结论，并提出教学建议。

(1) 学习态度对基于技术自主学习产生直接的正向影响,且影响最大。这突出了态度在学生技术接受决策中的关键作用,并由此指出态度的发展和培养对基于技术自主学习开展的重要性。

(2) 感知有用性和技术便利条件对基于技术自主学习既有直接的又有间接的正向影响,而且两者对学习态度产生直接的正向影响。此外,技术便利条件对感知有用性也存在正向影响。这一发现有三个含义。首先,学生在技术接受决策上倾向于务实,更注重技术的有用性。例如,学生在外语课外自主学习过程中会使用(或接受)被认为对其学习有用的技术。第二,感知有用性是态度的一个重要决定因素,显示其影响态度形成过程的能力。这一发现与先前学者研究的结果一致,这些研究考察了感知有用性对态度的影响(Teo,2009)。第三,当学生感知到作为一种外在环境的技术便利条件时,会更加倾向于应用技术开展外语自主学习,比如,本研究受调查学生中,85.5%利用手机开展外语自主学习;而仅有30.9%利用本校网络资源。因此建议提高本校网络资源的开发与利用,同时为学生顺畅地开展基于技术的课外自主学习创设有利的外部环境。

(3) 技术自我效能感通过学习态度的中介作用,对基于技术自主学习产生间接影响。本研究中的大学生已经具备一定程度的电脑技能和知识,从而允许其技术自我效能感以间接方式影响其基于技术的外语自主学习。

(4) 主观规范对基于技术自主学习虽有影响,但影响程度非常低。可能原因是,大学生对使用技术的看法受到个人过去的经验以及与技术互动的影响,以至于他们不太重视他人的意见(主观规范)。在基于课堂学习的传统方式主导下,使用技术开展自主学习仅作为学生的自主选择,而他们是否采用技术来开展自主学习不会受到外界的过多压力。

当前,技术的发展与应用,已经带来了大学生学习方式上的变革。尤其是在网络技术发展背景下,大学生应用技术进行自主学习具有更大的现实需要。本研究通过实证研究探索了基于技术的外语自主学习影响因素,所得出的结论能够对教育工作者优化课程设计,提升技术在学生学习中的作用,尤其是更有效利用技术开展课外自主学习，具有一定的启示。同时，本研究结论对学校和教师如何更好地搭建技术平台，为学生开展课外自主学习创造更好的技术便利条件与基础，提供了一定的启发。当然，本研究也具有一定的局限性。首先，研究的样本数量上还不够多。其次，研究的参与者是外语学科学生，该研究结论在应用于其他学科时仍需谨慎。最后，本研究虽然探索了基于技术自主学习的影响因素，但是将来的研究可能需要进一步探索其他的影响因素或中介效应，尤其是结合质的研究方法来探索基于技术的学习体验和学习投入。

第二节　技术支持

互联网技术为分布在地理空间上的个人和组织之间的交流、合作以及协作开辟了新路径。正如 Latour（2005）所阐述的那样，我们现在正处于利用新兴的计算机和通信技术来协调和加强教师与学习者之间的互动的能力的关键节点上。由此，沈书生（2020）也指出，"随着新技术的不断革命，以及以物联网与人工智能等为特征的新一代技术的不断发展与突破，未来的学习空间需要在一定的程度上实现物理空间与虚拟空间之间的对接，由此一来，学习者完整的学习行为轨迹，包括学习者在学习过程中的一言一行等，都有可能会借助学习空间的记录与分析，从而转化为对学习发生的原因与结果的判断，进而改变学习空间的决策机制，为学习空间中高度集成的诸系统的决策形成依据，不断发挥学习空间助力智慧形成的中介功能"①。实际上，从网络上我们可以便捷地获取多种形式的教学资源，正是这一趋势的明显佐证。然而，尽管今天我们可以利用大多数基于网络的教育资源（比如教学安排表、教学大纲、教学评估表、网站链接以及基本的课堂讲稿）来为教学和

---

① 沈书生. 学习空间：学习发生的中介物［J］. 电化教育研究，2020（8）：25.

学习服务，但是并没有利用这些介质的交互功能，因为网站只是作为一个有效的信息存储库使用。当然，一些基于网络的教育资源，如在线交互平台、微信群资源，可以提供交互和反馈给学习者。尽管如此，我们认为，以网络技术为中心的教育环境所能架构与提供的最大潜能尚未得以有效发挥。因为网络教学环境的构成因素比较复杂。马颖峰（2005）认为，构成完整的网络教学环境的因素包括：技术支持、教学信息传输的技术模式、网络教学支持系统以及网络教学资源类型及其开发技术。这一机遇在于网站标准技术平台的发展，以鼓励开展更有效的交互式教育活动，并且需要利用在不同高等教育机构所共存的知识体系。教育工作者的任务是为学习者提供最优质的教育经验，即使它需要在一定的约束条件下才是可行的。这些限制包括教育资源、技术条件以及教育工作者在相关方面的专业知识的限制。这些限制在信息技术高度发展的今天已经变得相对微弱。因此，在网络课程混合式教学中寻求教育工作者为学习者提供更好的教育体验是很普遍的。这是一种次优解决方案，因为在不同的机构中使用稀缺资源，在同一领域发展教育经验，而不是协调分配资源到不同的领域并分享成果（Bines & Jamieson, 2013）。由此，需要借助技术平台，通过提供明显的技术优势来鼓励这种合作。比如，在互联网领域支持协同教育的平台，教育工作者将把他们的努力集中于在他们特定的专业领域中进行改进学习。这些教育材料将与其他学术团体共享，以生成知识库。

一、虚拟现实技术平台

Cheng 和 Tsai（2020）的研究表明，虚拟现实技术平台支持将建模、仿真、可视化和计算软件集成到网络上的虚拟环境中，生成一个以网络为中心的虚拟环境，它可以支持实现以下目标。(1) 基于技术的学习。通过传播在线资源，学习者扩大基于技术学习的意识，并获得在不同技术途径中发现的专业知识。在传统的课堂教育中，知识只有在课堂才能被获取，学习者通常被限制在本地可用的教育资源中。虚拟现实技术改变了这种传统模式，因为每个学生都可以在全球范围内进行基于技术的学习。(2)建立伙伴关系。在高等教育机构、学术界和业界之间建立伙伴关系，利用资源和专业知识，为学习者创造更丰富的教育资源。不同机构的教育资源可能表现出不同的范畴和领域。通过资源共享来扩展这些互补的能力可以拓宽学习者的视野。(3)鼓励基于技术的课后第二课堂活动。比如，开展课后的在线学习活动。在这些活动中，学习者回顾、核查、反思课堂学习。当遇到问题时，可以搜集资源来讨论并解决所遇到的问题的替代策略。根据皮亚杰的观点，学习者通过同化和适应来构建认知结构。当新的信息融入认知结构中时，就会发生同化。当现有的认知结构被修改以适应新的知识或在更高层次的思维中重建时，就会发生调节。由于这种认知冲突，学习者开始重新组织他们对一组特定事件的思考方式。这种建构主义的学习方式有助于知识的内化。(4)建立语料库。技术的应用可以锻炼学生建立语料库的能力，收集和存储相关信息，并可以被用来支持研究工作。通过数据挖掘技术对这些语料库进行深入研究，以获取知识。

虚拟现实技术平台使学习者在模拟场景中获取和习得知识并达成协作学习的能力。虚拟现实技术利用计算机生成一种模拟环境，通过多种传感设备使用户"沉浸"到模拟环境中，实现用户与模拟环境的自然交互，模拟环境对用户的控制行为作出实时的动态反应，并为操作者的行为所控制（马颖峰，2005）。虚拟现实技术的成功实现可以将其从构建工程和管理领域的专用工具转换为通用网络技术工具，利用此工具，可以尽可能地开发应用于其他领域的情景模拟，以利于学习者的学习活动。

二、智能教育与电子学习

现代网络技术的发展为智慧学习空间提供了技术支持，诞生了智能教育。在互联网虚拟大脑结构里，互联网虚拟大脑的中枢神经系统是互联网的核心硬件层，结合信息层，为网络虚拟神经系统提供信息支持和服务。从定义的角度来看，云计算与互联网虚拟大脑的中枢神经系统具有一致的特征。

在理想情况下,物联网的传感器或互联网用户与云计算通过网络线和电脑终端,为云计算提供数据和接受服务。

互联网的中枢神经系统,即云计算的软件系统,可以控制工业企业的生产设备、家用电器和办公设备(Dalgarno & Lee, 2010)。它使情报、3D打印技术和无线传感器等机械设备成为互联网大脑的工具以变革世界。与此同时,这些智能制造和智能设备也反馈数据到网络大脑,因此网络中枢神经系统依据这些数据执行决策。在整个过程中,技术和应用,如工业4.0、工业网络、无人机、智能驾驶、3D打印技术等是从互联网的发展和网络神经系统萌发的产品。

随着博客、社交网络、云计算等技术的快速发展,物联网、数据和互联网信息也以前所未有的速度在增长。互联网用户的交互、来自企业和政府的信息以及物联网传感器实时信息等可以生成大量的结构化和非结构化数据。这些数据大量分散在互联网网络系统中。以上数据包含了非常有价值的涉及经济、科技、教育的信息。这就是互联网数据兴起的背景。

信息社会意味着社会的新的属性:一系列的技术手段被训练有素的人使用,以及学科之间的相互作用导致学科边界发生变化。在网络社会,社会结构基于各种网络而建,这些网络由数字式的微电子信息传播科技所驱动(马杰伟,张潇潇,2011)。在这种背景下,教育和教育技术的模式也在发生变化——智能学校和大学将开始执行基于社会导向、可访问性、流动性、开放性和技术有效性的新功能。

智能教育和电子学习体现了智能技术和智能教育系统与创新的教学方法、先进的教学策略和高效的学习方法的融合。智能教育的灵活性与现代服务业的社会网络协作和信息社会的开放性密切相关。智能教育概念也指基于智能学习环境,开展自适应学习项目包括生活技能(社会、文化、伦理、创造力、领导力)、计算机知识和逻辑分析能力以及批判性思维(Savin - Badin & Falconer, 2016)。

现实世界的虚拟化趋势也反映在教育体系中,因此电子学习是一种自然的趋势。通过技术和教育的融合，智能教育为满足学生、教师和家长的需要提供了电子学习的方案。

如今，教育工作者努力使电子学习更加全球化、创新、包容和以学习者为中心。在这种背景下，智能教育可以被看作一种基于远程教育的互联网技术的大视角和革命性的概念。在不久的将来，作为教育的一种趋势，作为一个构建学习型互动社区的项目，电子学习的设计与应用有利于创设没有边界的学习模式。

从最初的通过电子手段学习的意义扩展到与现代信息和通信工具的交叉领域的教育活动，电子学习具有独特的现实意义。从一般意义而言，电子学习是指所有使用信息和通信技术的教育活动；从狭义的意义上来说，电子学习是一种远程教育，它被看作一种有计划的、通过信息和通信技术，特别是在网络环境中进行的教学与学习活动（Brown, Anderson, & Murray, 2007）。电子学习概念的意义在于采用技术支持数字教育、在线学习、基于多媒体或数字媒体的培训等。各种电子材料（比如电子字典、百科全书、电子地图、电子书、数字报告、网站、教程、软件、教育游戏等）开发支持教育教学过程，开展学习、评估和交流。它们被称为教育软件或电子学习的工具和资源。

近年来，电子学习已经成为一种趋势，它代表了社会对教育日益增长的需求，提供多样化电子模块化课外活动、远程协作活动、参与网络社区的实践或虚拟校园，等等。我们可以想到很多关于电子学习的真实和吸引人的地方：动画视频，卡通故事，连环漫画；各种阅读文本；摄影；语境化词汇和语法任务；有意义的上下文；阅读、听、说、写教学大纲；与主题相关的听说任务；以学习者为中心的移动学习平台；多媒体内容；个性化学习工具（注释、书签、字典）；协作任务和互动写作论坛；分析工具和教师管理系统。针对电子学习的优势，Jamlan（2004）指出，电子学习具有如此强大的吸引力和如此引人注目，其灵活性体现为以下几个方面。(1) 它包含了学习目标的相关内容。它使用电子环境、各种训练方法、多媒体元素（文字、图像、动画、音频、视频）等数字化内容，通过新技术可以立即实现教育和培训参与者之间的互动。（2）现代电子学习包括使用基于计算机的传递机制，实现各种形式和风格的知识转移。（3）它还能便利地调整学员的学习组织结构。电子学习可以根据学习者的技能和理解来满足个性化的学习需求。（4）它提供了一种有效的方法来衡量学生的整体训练进度和每个训练模块的效能。（5）它基于个性化的需求评估，以确定每个人的适当培训水平。（6）它提供了一种引人注目的方式来吸引学习者，展示进步，促进竞争，并获得即时反馈。（7）它提供了灵活性和可访问性，克服了空间和时间上的"障碍"。（8）它提供了学习者在任何时间和任何地方访问课程的能力。（9）它的目的是建立与学习者个体目标直接相关的知识和技能，为个性化学习路径提供解决方案。（10）它可以以一种回顾和强化已有概念的方式来进行设计。

当然，电子学习带来一系列独特的优点的同时，其本身也具有以下的主要缺点。（1）困难点在于创建在线社区以鼓励互动。（2）需要长时间的等待，以适应学习的技术和视觉方面。（3）培养训练人员所需的技能和能力所需的时间较长。（4）容易过分关注新技术及其设施，忽视学习本身。（5）缺乏与同事和培训人员的直接接触，导致学习者缺乏动机。

根据社会需要和兴趣，电子学习呈现出多种变化和未来的进步趋势。为了提高电子学习解决方案的有效性，一些常见的做法会变得行之有效。比如，通过使用手机、平板电脑或其他设备向移动学习过渡。游戏和游戏化将在学习中发挥重要作用。谷歌搜索和 YouTube 提供了大量的例子，说明它是如何通过"开放的头脑"使用资源的。它们被广泛地引入了许多类似于视频游戏学习体验的元素。新方向是将理论指导与在虚拟环境中的实际应用相结合。使用视频和动画是这一领域的一种常见做法，大多数互联网用户都喜欢这种做法。与简单的文本不同，这种做法将信息集中在主题上，简化并易于传播和理解。

随着新技术的发展，学习的维度变得更加多元和层次化。教学研究的重点是在一个新的智能学习环境中对学习者和其学习需求与偏好进行研究。而且，鉴于学习者在任何时间和现实世界的环境中都可以进行学习的背景，通过分析学习者的行为和表现，教学研究变得更加有效，同时也更加复杂，因为它需要不断地修正和调整教学方法。

电子学习平台被看作一种复杂的软件，它允许管理域或子域、域内的用户管理、课程的创建和管理、与课程相关的活动和资源、在线/离线评估或自我评估、通信同步或异步等（Alla & Faryadi，2013）。目前一些电子学习平台获得了较好的用户反馈。比如，Moodle 平台于 1999 年在国际上首次推出，它是模块化的面向对象的动态学习环境，是为学术界而专门设计的。它是一个开放源码平台，可以在任何联网设备上使用，并为每个主题提供不同模块的学习环境，而且它非常灵活，因为它可以适应每一种用户的需求。这个电子学习平台可以通过论坛、聊天、博客或 Wiki 等现代通信工具进行协作，建立具有互动性和灵活结构的网站。在这个平台上，信息的层次结构类似于一个图书馆的系统目录。此外，Schoology 是许多用户理想的选择。与 Facebook 的社交网络类似，该平台面向学生，通过在线活动促进其教育成果的改善。另一方面，该平台为教师提供了免费获取各种资源、教育工具和实践的机会，以达到高水平的专业发展，并从世界各地的其他教师那里获得经验。

在虚拟世界和现实增强技术给教育带来根本性变化的时代，随着移动设备应用，有必要反思建立在 Facebook、Twitter 和 YouTube 这样的社交媒体工具和应用程序基础上的学习环境，通过按照学生学习需求、技能和数字能力来提高他们的学习效能。

智能教育的理念包括：创新、智能的教学和技术；智慧的教学环境；智能教室；智能课程；在线教育和培训实践；智能评估和测试；智慧学校和大学；在线智慧社区；智能社会（Kotsiantis，2012）。教学研究的重点是关注学生的学习需求和利益，意味着从传统的基于课堂的教学方式过渡到数字模式。智能课程包括现代信息和通信技术，使学生能够管理和掌握他们的理论、实践、任务、数字技能和研究活动。一方面，借助技术，智能教育为满足学生、教师和家长的需要和利益提供了电子学习的方案；另一方面，学生和教师本身也通过贡献自己的社会、文化、知识技能和创造力来丰富数字教育环境的内容（比如资源、信息和知识）。

三、人工智能

人工智能（Artificial Intelligence，英文缩写为 AI）成为自 2014 年以来在互联网领域最热门的问题之一，受到了科学界、企业和媒体的广泛关注。人工智能最初由一群以麦卡锡为首的富有远见的年轻科学家在 1956 年达特茅斯大学学会上作为一个概念提出，当时他们聚在一起研究和探索智能的模拟使用机器和一系列其他相关问题。从那以后，研究者们发展了众多理论和原理，人工智能的概念也随之扩展，科学对其的研究也开始快速发展。如果追溯人工智能的本源的话，人工智能研究的知识传统始于亚里士多德的《物理学》，他看到了物质和形式的区别，这种区别是符号演算或数据抽象思想的哲学基础。亚里士多德的"逻辑学"是接近人工智能的思想，因为他解释了状态。亚里士多德的"逻辑"是接近人工智能的思想，因为他解释了思想研究是知识的基础。亚里士多德是第一个转向"正确"思维法则的人，即形成确凿证据的过程，发展了一个非形式化的三段论体系，并将其用于设计证明程序。亚里士多德的"知者之师"思想，是研究逻辑推理形式公理化的基础。此外，现代思想和思维的概念主要是建立在笛卡尔的"方法话语"基础上的，他试图用认知内省的方法找到现实的基础。这种精神和物质世界二元论的思想是笛卡尔传统的基础，包括解析几何学的发现。笛卡尔的研究是许多世纪以来发展人工智能领域的知识传统的纽带，因为笛卡尔在他的工作中形成了这样一种状态：心与物理世界的互动。因此，我们发现，人工智能问题的答案来自哲学的问题领域。与人工智能有关的其他哲学问题是：什么是智能？如何将它与智能系统理论相结合？人工智能在自然研究和智力现象中的作用是什么？智能机器发展的伦理序列是什么？人脑的认知结构是什么？

基于自认知逻辑的使用研究是寻找上述问题答案的有效途径（Luger & Stubblefield, 2004）。

事实上，人工智能的发展充满了起起落落。人工智能在过去的60年里，经历了许多阶段，从乐观到悲观，从衰败到高潮。最新的衰败发生在1992年，当时日本的第五代计算机程序没有成功。此后，20世纪90年代初人工神经网络热度冷却，人工智能领域再次进入"AI冬天"。直到2006年，当时加拿大大学的杰弗里·辛顿教授提出"深度学习"算法，此后情况发生了变化。该"深度学习"算法是对20世纪40年代人工神经网络理论的巧妙升级。与浅层学习模型依赖人工经验不同，深度学习模型通过构建机器学习模型和海量的训练数据，来学习更有用的特征，从而最终提升分类或预测的准确性（余明华等，2017）。最伟大的创新是能够有效地处理大量的数据。幸运的是，这个特性是与互联网相结合的，导致了自2010年以来人工智能的一个新高潮。2011年，NCAP研究员和斯坦福大学的Andrew Ng（吴安达）成为百度的首席科学家后，建立了基于深度学习的谷歌大脑。2013年，杰弗里·辛顿加入谷歌，旨在进行更深入的谷歌大脑研究。

人工智能之后，进入了一个新的时代——网络时代的人工智能。基于互联网的大规模"大数据"及其与现实世界的信息交换，百度的大脑、超级大脑和其他人工智能网络系统也自2014年以来出现了，并且不断创造新的领域和记录。从发展现状来看，无论是物联网、云计算、大数据、工业4.0、工业网络、无人机、智能驾驶、虚拟现实、人工智能（深度学习），它们仍然是互联网开发过程中的产品，他们应该在互联网的大规模进化中得到研究和思考。

诞生在20世纪的互联网对人类社会带来了越来越多的影响。各种迹象表明，互联网与大脑科学有密切的关系。从2005年开始，科学家的研究发现，互联网将向高度类似于人类的大脑状态发展，不仅有自己的视觉、听觉、触觉、运动神经系统，而且有自己的记忆神经系统、中枢神经系统和自主神经系统。另一方面，不断发展的互联网将有助于神经学家探究大脑的秘密。这项研究激发我们探索是否有可能模拟一台超级计算机的大脑网络的网络功能和架构来建立人工智能系统模型。同时它需要我们检查是否还可以根据互联网的最新发展增加或减少相关的功能和体系结构。

  人工智能系统的理论基础与网络化的大脑就是想实现上述类人脑超级计算机网络模型。它应该结合稳定的典型应用和互联网的架构，模拟程序和数据库，并将其以视觉形式呈现。作为一个巨大的系统，互联网经历近45年的发展，已经包含成千上万的应用程序和子系统。此外，作为快速发展的结果，每天互联网产生新的应用程序。正如马颖峰（2005）所指出的那样，智能浏览器、智能代理、智能数据库系统、智能知识管理、智能答疑系统、智能组卷等技术，已经实实在在地走进了网络教学中的知识传授、问题解答、教学评价、资源管理与应用等方面。

  通过建立人工智能的应用程序库系统模型的网络化的大脑，可以建立一个新的人工智能系统模型来模仿超级计算机网络功能和体系结构。建立网络化的大脑的人工智能系统模型包括以下三个步骤：

  其一，保证类网脑人工智能系统的硬件基础：（1）大型计算机；（2）实验室级传感器网络。传感器网络将与脑模型的其他部分相互作用，在"神经元"的社交网络账户中进行类似互联网的大脑的模型建构。

  其二，实现类网脑人工智能系统的功能：（1）在一个类似互联网的大脑的人工智能系统中建立微型社交网络、维基百科和搜索引擎的功能；（2）连接虚拟视觉、听觉、感觉和运动系统，这些系统建立在物质的微型网络上，并连接到类似网络的大脑的人工智能系统；（3）运行微型社交网络、维基百科和搜索引擎，以及建立在人工智能系统模型中类似网络大脑的微型物联网系统，以生成大数据；（4）将机器学习和深度学习等人工智能算法应用于类网脑的人工智能系统模型。

  其三，利用数据可视化技术作为交互媒介，以视觉的方式呈现服务器上类似互联网的大脑的人工智能系统的运行，使人们可以通过神经元账户模拟社交网络来控制它。研究方法包括：持续改进、更新和研究类网大脑的人工智能系统模型，并在模型中添加新的网络和大脑科学功能进行测试；继续在类网大脑的人工智能系统模型中添加信息和知识库系统；在每一个模拟社交网络上运行人工智能处理和实验人员操作；观察类网脑人工智能系统模型的智能特性。

我们可以看到，智能城市、人工智能、物联网、云计算、大数据、机器人、工业互联网、脑科学、科技哲学等多个领域相互关联、相互影响。今天，人工智能在人类生活的各个领域都发挥着关键作用，并致力于创造一台具有类人智力的计算机。分析人士认为，高度专业化的人工智能将会出现。然而，创建一个先进的智能系统需要首先解决几个问题，例如知识在人工智能系统中的作用问题。

20年前，美国数学家Vernor Vinge发表了一篇题为"即将到来的技术独特性：如何在后人类时代生存？"的报告。报告中的关键概念是技术独特性。Vernor Vinge教授描述了高科技领域的指数变化和进步的趋向——技术独特性，其中进步的指标将趋向无限。他将独特性症状的分析与形成超人智能的方式联系起来，例如提高人类、人类计算机系统的生物能力，乃至最后提高人工智能系统的生物能力。

然而，人工智能以及复杂而又极具前景的数字文化技术对我们的教学究竟意味着什么？王艳霞（2020）认为，"与传统课堂模式不同，人工智能助力打造的智慧校园可以做到依托人工智能的数据挖掘技术，分析学习者特点，建立因人而异的'一对一型'学习模式；借助计算机辅助手段进行智慧课堂设计，促进语言学习者的自主学习；建立阶段性及整体性学习效果分析；减轻高校教师规律性工作量，继而使教师得以将更多的精力投身创新性工作中；同时利用情感计算、大数据、智慧教育、深度学习、人机互动自适应学习、机器人学习等将传统的课堂灌输式教学模式进阶为多元化、智慧化的生态教学模式"[①]。今天，AI的专家们对两个最基本的问题特别感兴趣：

---

① 王艳霞. 人工智能促进建构主义学习环境构建研究[J]. 牡丹江教育学院学报，2020（5）：33.

知识呈现和搜索。在知识呈现的情况下，我们从计算机操作过程中所使用的形式语言的能力入手，探讨知识获取的本质。关于人工智能范围及其应用领域的主要问题，我们可以从中找出符号和操作的结构，通过这些方法来探索解决问题的智能方案，并寻找由某些符号结构和操作所引起的解决方案的战略指导方针。知识呈现和搜索问题是人工智能问题领域研究的基本范畴。

以知识为结构的网络系统掌握了社会的主导资源、知识的新形式、知识社会的形成过程，这就必然要求新的知识呈现形式及其各种模型的发展。这个问题的重要性和困难在很大程度上取决于知识结构，而知识结构又取决于这一知识的应用范围。这种结构包括主体领域的事实和这些事实之间的联系及行动规则。

人工智能发展到现阶段，很多专家探索了不同的知识呈现方式。它们包括逻辑模型、基于框架的生产系统和语义网络，这是最典型的知识呈现模型，应用于人工智能的认知研究中。在逻辑研究中，对知识呈现的理论方法进行了分析。例如，基于一阶谓词逻辑的知识表示模型。对于其他知识表示方法，它们是基于数学形式化的。知识表达的具体方式与知识的具体结构有关。许多分析人士（例如 Alpaydin, 2014；Luckin et al., 2016）认为，人工智能领域研究的历史（不包括早期阶段）是作为知识呈现方法的研究和解释的历史。知识的应用是指根据知识呈现的形式获取解决方案的技术。知识库作为知识体系的一个组成部分，不仅包括描述的知识，而且包括应用这些知识形成结论的机制（Mitchell, 1997）。

综上所述，人工智能的发展是技术与知识结合的生动体现，为基于技术的大学英语教学与学习提供了多维的路径，并且拓展了研究范畴。这些研究范畴将涉及语言的学习与处理、知识呈现、智能搜索、机器学习、知识获取、感知问题、模式识别、逻辑程序设计、神经网络等。我们应该充分应用人工智能所提供的技术支持，为进一步开展大学英语教学实践、拓展大学英语教学研究进行技术性探索。

第三节　教师专业发展

一、教师成长

对教师成长的关注开始于19世纪后期，主要是由于工业的发展以及对公共教育的重视。我们知道，新教师成长为专业型教师需要一个复杂的过程。新教师成长可以区分为三个阶段：蜜月期、危机期和渡过期。由此看出，新教师成长的最初阶段是教师融入学校、学科专业框架和社会结构的阶段。因此，如何帮助那些刚刚进入教学岗位的新教师适应他们的教学与生活，使他们从一开始对教育不产生"厌倦感"，是很重要的。因为教师的理念很大程度上来源于他们个人的经历。如果新教师从一开始就对教育工作失去信心，那么这是相当可怕的。而且，新教师在适应了自己的工作之后，还有更进一步发展的问题。如何让新教师真正地实现从学生到教师的转变，这就需要外部的环境支持和他们的探索型实践，因为教育领域中很多重要问题的解决，比如教学方法的选择、课程的设置，都必须建立在教师的发展之中。教师观念的转变，教师的角色定位，教师的专业知识的发展，教师的研究精神的培养，对教学都是至关重要的。周亚新（2007）认为，如何对新教师进行发展性评价，从而有效地促进高校新教师的健康成长，最终实现高校的持续发展，是高校管理部门迫切需要解决的问题，因此他提出了新教师成长的策略研究。由此看来，教师的发展是一个建立在教育实践经历和伴随着丰富的教育体验基础上的自主发展进程。

二、教师成长的外部机制

（一）学校文化

学校作为一种组织机构，当人创造了它，就形成了与教育直接同一的价值。如果组织成为价值的化身（学校的文化控制），那么将产生人与组织之间的某种异化关系。当学校同潜在价值（比如高升学率）成为学校的主流文化，那么它将阻碍学生的真正学习和教育。而另一方面，这种潜在价值会导致所在学校的课程被预先设计，而忽视了教师的创造性和独特性。这种情况下，教师在学校中会屈从于统一的价值观与教学，从而使个人的有机成长变成了被动的过程，他们把自己的棱角削平从而进入组织的规范中。教师受制于学校的组织化，仅仅在教学中学会如何接受、如何遵循和如何屈从。

  当新教师试图在新的教育形式中重新树立自己的形象，强调自我决定选择有利于学生成长因素时，可能会遇到学校组织文化的障碍。更确切地说，对学生知识学习效果的担心导致了他的教学探究的内外压力。从学校外部因素来讲，学校和家长担心新教师经验不足会导致学生获取知识量和质的差异以及知识结构的缺陷。对于一个新教师而言，除非具备进取心和创新精神，要加强对具体知识在学科发展和学生发展方面价值的认识，组织起有深度的教学活动是很难想象的。这就告诉我们，建立持续、有效的对新教师的专业支持机制，改进和加强促进新教师成长的激励机制是至关重要的。当新教师试图树立自己的教育目标——改变获取知识的方式，让学生获得更活化的知识，培育的是获取知识的智慧以及对知识、对学习的一种积极的情感和态度时，如果学校的组织文化给新教师的教学探究带来压力，阻碍他的创造性努力，将使他屈从于学校的价值体系而丧失了他的专业成长。

（二）教师学习共同体

  学习共同体是通过团队学习来促进教师、学生和学校的发展。吴宗杰（2005）等人认为，作为一个有组织的安排，构建教师学习共同体被认为是一种强有力的教师发展途径和促进学校文化和发展的潜在策略。学校领导班子的价值定位在很大程度上影响学校的发展方向。在学习共同体中，学校领导关注中心不应该在规则与控制，而是强调民主管理，关注教师的共同远景，建立学校未来的发展方向。首先，学校应该鼓励教师合作。教师间的相互合作、共同学习是教师专业发展的一块基石。尤其对于新教师的发展更加重要。在学习共同体中,新老教师之间在知识结构、思维方式和认知风格等诸多方面都存在差异。在合作的群体中,新老教师间要相互理解,加强信息交流;心与心的对话、思想与思想的碰撞会促进教师的认知、动机和情感的整合和全面发展。其次,吴宗杰(2005)等人指出,教师学习群体为教师们提供了一个安全的场所,使他们能放心地分享各自的经历,表达对教、学和人生真实的想法;通过批判性思考,一起观察和商讨教学,共同承担风险。学校要尽力为教师团队的学习创造机会。在学校内鼓励教师共同研讨工作计划,讨论教学策略,分享学习成果。最后,在学习共同体中,要注重教学科研。团队科研是一种组织学习文化,是通过团队成员间的讨论、交流、集体实践达成各成员的创造性认识。学习共同体的学科科研活动是一种基于问题的学习。由于新教师的教学缺乏一定的经验,教学工作中难免会出现一些问题。对于这些问题要善于发现,并通过集体智慧解决问题。同时,改变教学评价体系非常关键,要想让新教师对教学科研怀有热情,对新教师的评价直接影响到他们的教育态度、行为和价值取向,对于新教师的成长,要在肯定中鼓励,在鼓励中肯定,使家长、学生、领导对新教师的评价促进他们的发展,肯定新教师的成绩,指出下一步工作的重点,由此来提升新教师的热情,强化他们的实践动机。

(三)教师成长的激励

学校可根据新教师成长的特点,最大限度地调动新教师的积极性。培训,使新教师完成从学生到教师的角色转换,适应教育教学环境,熟悉教师常规工作,增强工作信心;使新教师进一步巩固专业知识,加强职业道德修养,热爱教育教学工作,热爱学生,增强事业心和责任感。学校应引导新教师熟悉大纲及教材,熟悉班级管理工作,尽快提高教育教学技巧与能力。学校应从理念上激励教师,产生自我成长的动力。学校应让新教师意识到整体教学设计的重要性。陆俊旭(2006)认为,学校可采用目标激励、精神激励和物质激励等手段来激发青年教师实现自我价值。在具体操作技能上,虽然新教师也许不能从根本上转变教育行为,因为他们没有掌握足够多的教育教学技巧，但是如果能具体指导新教师一些教育教学实践方法，并且启发教师认真总结，善于观察和应用，那么新教师就可以在实践中成长。

另一方面，大学时期学到的教育教学理论与现实中的教学行为有一定的差别。当新教师们走进学校的时候，他们对实际的教学显得准备不足。因此，对新教师的成长激励在职前教育中就已经突显出来。因此，基础教育培养师资的院校应注重基础教育教学研究，培育和发展职前教师技能。

总之，学校作为教师开展教学的场所，对教师的影响是不言而喻的。新教师所处的学校文化对他们的发展具有比较大的影响。学校应该对新教师的发展创设一定的平台，应该以一种民主宽松的态度对待新教师成长中出现的问题，而不应该以行政命令或处罚来束缚新教师发展以致限制了他们的热情和创造性。新教师刚刚进入工作岗位，在经验方面欠缺一点儿，教育机构应该为他们的发展提供支持和帮助。教育培训和对新教师进行心理辅导是比较好的途径。帮助教师全面成长。一个人的成长绝不仅仅是职业方面的成长，帮助教师提升其他方面的素质必然对其职业能力和职业素质的提升有所裨益。

三、教师在线专业发展

在今天课程范式转换的背景下，教师教育研究已聚焦到与教育和课程研究同样的问题，即教师自身的发展。人们开始意识到教师专业发展的核心是教师本身。它与教师的行为合二为一。由此，教师专业发展的理论取向应该由行为科学转向认知科学和建构主义。当前教师专业发展必然要求树立"教师即研究者""教师即反思型实践者"，从而超越"教师是技术熟练者"的范式。同时，随着信息技术的发展，教师专业发展可以超越"在场"（受时间和空间的限制）的形式，建立"在线"的学习共同体，扩展了教师学习共同体的广度和范围。

（一）教师在线专业发展的内涵

教师在线专业发展理念的产生得益于以因特网为媒介的现代信息技术的发展与支持。在线教师专业发展，顾名思义，就是教师利用网络进行在线学习或互动,在共同建立的学习环境中实现个人或群体的预定目标。与传统的教师专业发展模式相比,在线教师专业发展可以突破"在场"的时间与空间限制,实现"在线"的交流、互动与知识共享。一般而言,在线教师专业发展可以分为两种类型。一种是结构化和有组织的,教师参加在线会议和网络课程学习,获取相关证书或学历。这种类型所需的费用较高,效果取决于教师有没有时间和参与程度。另一种是自发型的,教师根据自身的需要和兴趣选择参与,具有一定的针对性且较为自由,取决于教师的判断力和爱好,主要活动包括通过 E-mail 和聊天室与其他老师交流意见、学习心得和经验,阅读在线杂志,研究与查找课程相关的材料等(贺明华,2006)。在线教师专业发展的优点是可以激发教师的学习动机,促进教师的自主学习,提高教师的技能和知识水平,增强教师的互动能力;其基本模式是集阅读、讨论、活动、实践于一体的学习共同体的构建;其特点是自主性、交互性、个性化、体验性和经济性(付安权,2009)。

(二)教师专业发展的在线学习共同体机制构建

1. 体系结构

学习共同体(Learning Community)是指"由学习者及其助学者(包括教师、专家、辅导者等)共同构成的团体,他们彼此经常在学习过程中进行沟通、交流,分享各种学习资源,共同完成一定的学习任务,因而在成员之间形成了相互影响、相互促进的人际联系"[1]。在这样的共同体中,成员对团体具有归属感和自我认同感。"在线"是以网络环境为媒介构建的一种虚拟社区,它不仅是学习化社会的一种学习组织,也是由计算机、网络和人组成的一个人机系统。教师在线学习共同体就是以广大教师为参与主体,以网络为交流平台,以合作交流为目的,以教师专业发展为最终目标而建立的虚拟共同体(马南南,顾晓清,2008)。参照何英(2008)所做的关于基于虚拟社区的中小学教师知识共同体构建的研究,本书将教师专业发展的在线学

---

[1] 王海燕. 网络与学习共同体的构建 [J]. 远程教育杂志, 2005 (3): 28.

习共同体的成员分为三类：学习者（教师）、专家、管理员。学习者指的是参与该学习共同体的教师；专家是指具有资深教育经验的研究人员、教研人员、专家教师等，他们对教师的专业发展会给予必要的引领与指导；管理员是指系统的维护人员和网络技术的指导员。根据在线学习共同体的分工不同，可以相应地分为学习者系统、专家系统和管理员系统。从该共同体运作和信息关联的角度来看，教师在线学习共同体可以分为三层体系结构：交互层、媒介层、资源层（如图6-4所示）。

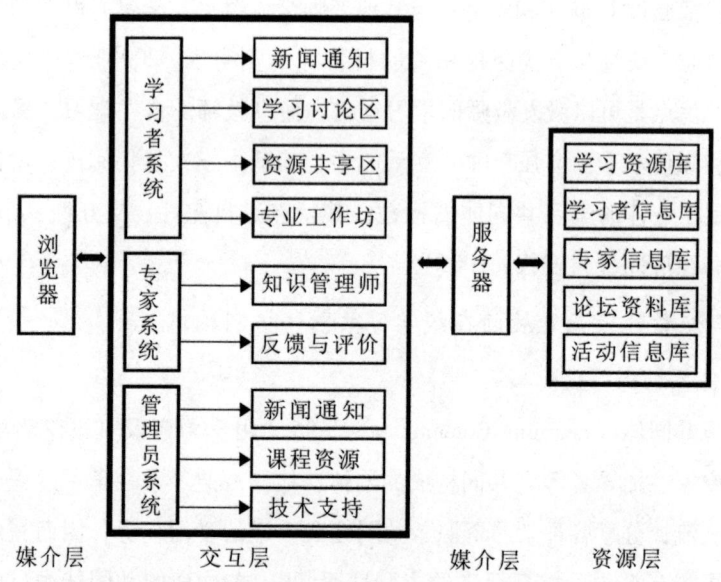

图6-4　教师在线学习共同体体系结构

（1）交互层

交互层由学习者系统、专家系统和管理员系统所构成的交互的计算机界面。通过该交互模型，学习共同体可以实现群体互动和资源共享。具体来说，新闻通知模块用于发布最新消息、通知和动态等；学习讨论区模块的资料来源于教师的工作实践，目的是使共同体成员之间认识与分享教学实践中遇到的问题，发挥集体的力量解决实际问题；资源共享区模块包括教学案例与课件、教学设计与实施有关的各种资源和经验，课程教学策略和评价工具，课程学习资料，教学实践的反馈和反思等；专业工作坊是相同专业教师之间的协作组，提供专业发展的知识共享和促进共同研究。在专家系统里，知识管理师是指在促进知识分享创新的目标下，具有丰富教育经验和专业领域知识的专家教师扮演重要的领域教学知识创新、分享和传播的角色（马南南，顾晓清，2008）；反馈与评价模块中，专家教师对共同体成员专业发展进行反馈和评价。在管理员系统中，管理员的职责在于整理和维护在线课程资源、发布相关的新闻通知、指导教师使用计算机。在线专业发展项目中的技术支持不仅为个体在线用户提供服务，也为区域网提供技术服务。

（2）媒介层

媒介，就是指于传播者与受传者之间的用以负载、传递、延伸特定符号和信息的物质实体，它包括书籍、广播影视、网络等及其生产、传播机构。这里的媒介层是指网络环境。它的功能主要体现在：集中了系统主要的网络服务和分析处理功能，起到连接客户端和数据库的中介作用；负责接受客户端发送的请求，以 ASP 技术与数据库连接，进行数据申请与处理，再传至客户端；通过软件和硬件实现对资源层中数据资源的有效监控并保证数据的安全性，对各项功能进行日常维护，对注册用户的基本资料进行管理（何英，2008）。

（3）资源层

资源层借助网络信息技术的支持，提供构建在线学习共同体的数据资源，包括学习资源库、学习者和专家信息库、论坛资料库、活动信息库等基础数据库。这些数据资源能够确保在线专业发展的顺利实施，使得共同体的所有参与者能够通过登录网络平台随时参与在线学习，同时也能确保在线学习进程中进行资源共享与对话协作。

2. 要素分析

Palloff 和 Pratt（2002）认为，网络条件下创建共同体的基本策略有以下几条：明确定义共同体的目的；创建共同体的虚拟空间；从共同体中产生领导人角色；制定共同体的规则和行为准则；分配或由内部产生一系列的成员角色;在共同体内部建立小组;由成员自己解决内部产生的分歧(转引自何英,2008)。结合相关研究理论,笔者认为构建教师专业发展的在线学习共同体有以下构成要素,如图6-5所示。

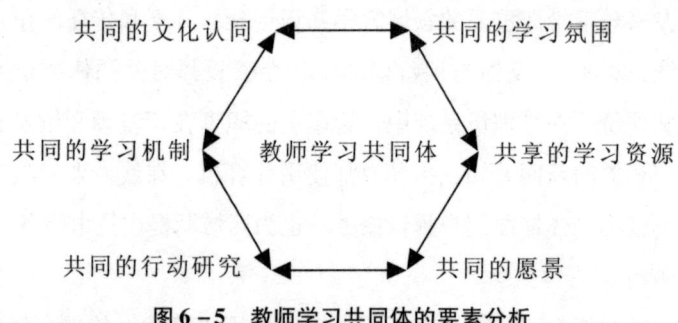

图6-5 教师学习共同体的要素分析

(1) 共同的文化认同

即使在同一所高校,不同的学科部门也会形成不同的文化风格。对教师学习共同体的文化认同就是集体身份的认同,这种认同不是部门群体的,而完全是文化性的和社会性的归属感。从社会学角度看,它是人的社会属性的表现形式。这种对价值观、身份、理念等的文化认同,能够稳固知识共同体,促进个体之间的知识分享与经验交流。

(2) 共同的学习氛围

学习文化是在学校文化建设中逐步形成的弥漫于校园的乐学氛围,是能促进学校持续发展的文化。学校的学习文化是整体文化中的一项重要内涵,亦是一种学习现象,包括无形的学习价值观与有形的学习行为。在知识共同体中,我们有必要创设学习文化,激发学校每一个成员强烈的学习意识,活跃个体的思想。

(3) 共同的学习机制

构建学校学习文化要引导教师进行基于问题的学习机制。这种学习机制可以简单地归结为五个要点:为改进自己的教学而学习;针对自己的教学问题而学习;在自己的教学过程中学习;为参与解决他人遇到的问题而学习;为知识共享而学习。教师合作学习的共同体最终可以促进教师的认知、动机和情感在合作学习中的整合和全面发展。

(4) 共享的学习资源

在高校的学习共同体内，基于网络环境的学习资源是一个基本的条件，决定了教师群体学习的选择和学习的机会。教师群体通过共享他们的知识经验和学习资源，建立"知识库"，共同承担任务，解决实际问题，为群体及个体的专业发展提供智力支持。

(5) 共同的行动研究

行动研究是教师对自己课堂中的教学现象进行反思，探讨并改进教学以提高质量的一种探索性研究。通过开展共同的行动研究，教师群体可以共同探讨和研究教学中遇到的问题，以集体的合力共同解决问题。

(6) 共同的愿景

教师学习共同体的共同愿景是共同体中每个成员真心向往并愿意为之奋斗的目标，并且是推动共同体行动的内在动力。这种共同愿景是在个体的个人愿景的基础上通过合作交流、协商分享来形成和发展的，这样就能有效地解决共同体中出现的分歧。共同愿景是对教职员工的一种利益吸引，也是对个体行为方向的一种界定。

(三) 教师在线学习共同体的构建策略

1. 构建在线学习共同体的团队文化

学校是一个微型的社会组织。如果从人际关系出发来考察的话，学校这个微型的社会组织可以分为三种形态：原生态的共同体社会组织、群集性社会组织和学习共同体。学习共同体是以知识与伦理的共同拥有为纽带所结成的自觉化的共同体，其特征是共同体内部的每个个体在与他人的交流中体验生活。学习共同体的构建要寻求种种的共同体的文化关联，加强与外部世界的交流，营造互动的人际关系和特有的文化氛围。在线专业发展项目的有效实施，首先，需要一定的激励措施，以提高教师参与的积极性，通过激发大家的团队意识来增强学习者共同体的凝聚力。团队文化有助于组织协调在线专业发展的各种活动，如选择在线课程学习内容、组织在线讨论会和在场研讨会、评估在线学习与研讨的绩效,以及商讨进一步的专业发展内容和策略等(付安权,2009)。其次,构建学校学习文化要强调教师群体的合作学习。在合作性的群体中,个体具有较强的工作动机,往往能够相互激励、相互理解。这种合作学习,不是参与者个人智慧的叠加,而是群体智慧的碰撞,这样会带来参与者原有认识的超越,生成新的观念。

2. 资源的共享与信息交互

学习共同体是一个合作与交流的平台,它可以基于一个群体或团体,让任何具有共同兴趣爱好或来自同样团体的人们成为其成员。虽然,成员的同质性是共同体的一个重要特征,但从共同体发展的角度看,异质共同体更能促进成员之间的积极交往和共同体知识的创生,特别是教师在线学习共同体在很大程度上加强了教师和其他异质成员及群体的交往,促进了教师的协作学习,使教师成为主动的学习者(王美,2008)。在该共同体中,成员之间良好的互动与交流以及互动机制的支持可以使他们分享知识和智慧。从理论基础上看,以维果茨基为代表的社会建构主义认为,知识的建构发生在与他人交往的环境中,是与他人合作与互动的结果。教师在线学习共同体中的资源共享与信息交互需要网络协同学习环境为基础。为支持教师在线学习共同体持续的交流协作活动,教师在线学习共同体需要为他们提供有力的交互工具,包括实时的界面交流以及非实时的沟通工具(比如邮箱、留言板、BBS等)。该系统将资源共享、信息交互与学习任务结合在一起。基于信息技术支持,在线专业发展在实施中集文本、视频、音频于一体,实现了学习内容与方式的网络化和参与者的最广泛互动。在线学习共同体中的资源共享与信息互动克服了知识的"无序"状态,以一定的框架和媒介为统一各学科和个体的纽带,促进了学科与学科、个体与个体的交汇,从而创造出的价值远大于个体知识之和。

3. 教师专业发展中的对话与协作

一个对话与协作的学习共同体,会有利于增进知识的积累。建立在对问题领域全面深入的对话与协作,是学习共同体存在的生命线。在学习共同体中，处理问题的关键不在于勉强地捏合意见分歧，而是要在尚存分歧的领域进一步激活有意义的对话，以对具体问题有更深入更全面的把握。教师专业发展由传统的"在场"转向"在线"反映了一种社会趋势，即信息技术的大发展使得思想的传播跨越不同人群，也穿越时空，合作也在超越国界、民族（付安权，2009）。传统的教师专业培训并未从根本上改变教师专业发展的封闭性，缺乏团队合作，而在基于网络互动的在线专业发展中，教师不仅能分享学习资源、技术知识和经验，而且还能通过一个多层次的交流平台和一种开放的对话机制，促进知识的创生。可以说，对话是学习共同体有效运作的一种媒介。从某种意义上说，没有参与、对话、交流的媒介就没有真正意义上的学习共同体。同时，以对话为媒介的学习共同体中，群体的协作能极大地促进成员的积极性和工作成效。协作是学习共同体群体活动的重要方面，其核心是让个体"共同"完成某项任务。

四、结语

教师专业发展必须从外部驱动的"目标—结果"范式转向教师的专业自觉行为，使教师成为教学的行动研究者和反思者。这种自觉行为的建立是通过学校的共同文化来激发的。学习共同体所具有的共享、对话、合作的特性给教师的专业发展提供了一种群体支柱，促进了教师专业发展的主体意识，丰富了教师的个体知识，构建了教师的群体文化。而以网络信息技术为媒介的在线学习共同体将传统的教师发展形式由"在场"转变成"在线"，突破了时空的限制，特别是网络信息技术为教师的专业发展提供了更丰富的资源，成为新时期促进教师专业发展的重要方式。

第七章 混合学习空间视域下的大学英语教学实践与反思

面对现代网络技术构建起来的混合学习空间,大学英语教学势必需要进行改革,开展基于技术的教学实践。本章将结合实例,着重阐述混合学习空间视域下的大学英语教学具体实践、大学英语教学的行动研究以及教学反思中的文化差异及其方法,以期为大学英语教学改革提供一定的参考。

第一节 混合学习空间视域下的大学英语教学实践与研究

一、引言

随着数字技术以明确的形式塑造着学习与教学,人们越来越意识到混合式学习在高等教育领域的重要性。一般而言,混合式学习指的是课堂学习与基于技术的学习或在线学习相结合。更贴切地说,混合式学习需要将课堂学习与技术支持的学习更加紧密地融合起来,发挥两者最大的有效性。对于教师和学生而言,大家有个普遍的共识:技术支持的学习是现代大学教育不可缺少的部分,他们需要适应这种新的教学与学习方式。就从大学英语学习来看,学生采用混合式学习,不仅帮助他们获取语言知识和技能,而且体现为一种学习方式上的变革。教师采用混合式教学,需要在教学设计、教学指导上深入了解学生的学习需要和体验。

二、理论基础

现代教育的发展离不开网络技术的支持。国内外学者不断探索基于网络技术的混合式教学模式,并且取得了许多实证的经验。混合式学习将传统的学习模式与在线学习模式两者的优势整合起来,教师扮演指导、激励、督促的角色,激发学生学习的自主性、创造性和积极性。混合式学习模式可以实现多种层面的融合,包括传统学习模式与电子学习模式的融合、自主学习与小组协作式学习的融合、课本知识与网络学习资源的融合,等等。"混合式学习是学习理念的一种提升,这种提升使学生的认知方式以及教师的教学模式、教学策略和角色都发生了改变,其核心思想是根据不同的问题、要求,采用不同的方式解决问题,具体到教学就是采用不同的媒体和信息传递方式解决问题,而且这种解决方式的目的就是要付出最小的代价,取得最大的效益。"① 目前外语界对混合式学习的探索逐渐侧重于实证方面的研究,比如,马武林和张晓鹏(2011)从实证视角开展了大学英语混合式学习模式研究与实践;白文婧(2011)等人探讨了基于资源的混合式学习的教学设计研究。此外,将混合式学习模式与慕课、微课等结合起来,也是一种新的探索形式,比如,基于 MOOC 的混合式学习模式探究(牟占生,董博杰,2014)。

三、混合学习空间视域下的大学英语教学实践

(一) 教学模式

混合学习空间视域下的大学英语教学模式由三部分组成:课堂授课、网络交互平台和微信群。在课堂授课中,我们使用综合英语教程,注重打好学

---

① 黄荣怀,马丁,郑兰琴,张海森. 基于混合式学习的课程设计理论[J]. 电化教育研究,2009(1):13.

生的语言基础，侧重语言综合应用能力的培养，特别突出和加强了教学的实用性环节，尤其是听说与交流能力的训练与提高。在设计教学活动时，教师根据实际情况对教学内容进行适当的改编或取舍，利用网络信息技术优化和整合教学资源，应用多媒体技术提取丰富教学内容，创设语言学习环境，调动学生的课堂学习积极性。在课后，我们充分利用网络交互平台来开展交流互动。教师在网络交互平台上上传与课堂教学相关的课件、教案、资源等供学生在课后开展自主学习。学生可以下载学习资源，也可以上传学习资料与其他同学进行分享。教师在网络交互平台上设置相关的课后练习以利于学生进行学习巩固。此外，本教学实践利用微信群的便利来开展师生之间的交流互动。微信群不仅可以发布通知、布置作业、解答疑问，还可以发布相关的学习资源和学习方法。

（二）教学过程

混合学习空间视域下的大学英语教学建立在学习空间理论、人本主义、自主学习理论、人机交互理论等理论框架基础上。在教学内容上，充分发挥网络技术的优势，批判性地选择网络学习资源以及课本内容，并且通过多媒体技术进行有效整合与呈现。

在导入环节，使用视频听说的形式引出相关话题。比如，在讲授全球变暖的环境保护主题时，使用相关的环境危机电影视频片段，快速地将学生的注意力凝聚到课堂学习中来，引导学生思考产生环境危机的原因，然后切入课本当中，探讨解决环境危机的办法。

在课文学习环节，学生开展小组讨论与汇报。该环节来自课前小组合作学习成果。具体做法是：教师在课前创设一个综合性的"任务"，学生以小组为单位、以网络互动平台为媒介，在个体开展自主学习、自主搜集相关资源的基础上，最后小组协作完成任务。这种做法可以帮助学生在实践中学到相关知识，培养学生的团队合作精神，在完成任务的过程中体验应用英语的学习成就感。在理解文章内容上，教师通过创设对话任务让学生积极参与，并检验学生对课文内容的理解和掌握。改变传统课堂"满堂灌"的形式，注重师生之间、学生之间的交流，通过小组练习、角色扮演和讨论等操练方式使学生对课文有个整体而深刻的理解，并且使学生听说读写的能力同时得到训练。

在课外学习环节，主要通过网络交互平台和微信群来组织活动。网络交互平台包括班级论坛、资源共享、在线答疑和评价反馈四个方面的内容，可以实现信息资源共享，将网络交互平台的应用推到了前台，实现真实空间和虚拟空间的融合。更重要的是，不是将网络交互平台看作大学英语教学的辅助工具，而是将其作为认知的工具，将其放置到整个教学体系中，成为该教学体系的一个生态要素，转变传统大学英语教学的空间，充分发挥课内、课外各要素的作用，以学生的自主为核心，提高学生的主体性和能动性，创造和谐、自由发展的教与学的环境和活动。微信群的使用也为更有效地开展师生、生生之间的学习互动提供了便利，尤其在课后作业布置、信息发布等方面发挥了独特的作用。

在课程评价上，将过程性评价与结果性评价结合起来，尤其突出过程性评价。网络交互平台、微信群等都可以记录学生学习的整个历程，他们付出的努力、参与的学习活动、完成的学习任务、与他人的协作情况以及对学习的感受等，关注学生的真实体验和逐步取得的进步，让教师和学生能够亲眼目睹这种进步。

四、混合学习空间视域下的大学英语学习效果分析

（一）学生成绩与学习效果

本教学实践在笔者所任教的两个班级展开，参与的学生共60人。为了检验本教学实践开展的成效，我们对学生的学习成绩进行了测试。测试共分为两次，即开学的第1周以及本教学实践开展一个学期后，即第17周，对参与的学生进行综合英语测试和口语测试。综合英语测试采用标准化客观题，满分为100分，机器阅卷，以便最大程度地反映出学生学习成效。口语测试包括单词发音、句子朗读、对话讨论三个环节。测试结果显示，经过一个学

期的教学实践,学生的英语综合能力,尤其是英语应用能力、阅读能力等都有了较为显著的提高,综合英语测试的平均成绩提高了 12.62%。而从口语测试的比对来看,学生能够结合音标准确发音,句子朗读的节奏感、语感等得到加强,学生敢于开口进行对话交流且能够围绕话题进行拓展讨论。

(二)学生反馈情况

在本教学实践开展的中期和后期,我们对参与该教学活动的学生进行了混合学习空间视域下的大学英语教学实践调查,以便及时了解和掌握活动效果。调查结果显示,在课堂空间、课外空间、网络虚拟空间三维环境中,师生之间、生生之间、学生与网络资源之间开展了积极而有效的交互活动;教师根据活动情况,对教学过程和教学设计作出必要修正与调整;学生在做中学、探中学中完成意义建构,并将获得的知识外化为具体的学习成果;教师、学生和其他学习伙伴对所完成的任务及时进行评价,反馈于前述环节,更好地促进教学。这些评价包含小组协作学习评价、教师评价、同伴互评、网络交互平台学习记录评价、微信群互动评价。学生的书面反馈、口头反馈等都体现出对该教学实践的肯定性评价,同时也提出了一些需要改进的意见和建议。

五、讨论与建议

该研究试图探索大学英语教学中学生由传统的课堂学习转向混合式学习。纵观研究的过程与取得的研究结果,我们发现以下几点。

首先,学生们期望使用技术支持的混合式学习方式,并且将其看作传统课堂学习之外非常有益的补充,这与国内外研究所得出的结论是一致的。就混合式学习的优势而言,学生们认为,混合式学习提供给他们更多的学习资源、学习途径和学习便利,为个人学习空间创设、学习进度规划、学习策略选择等方面提供了灵活性与自主控制性。学生们同时积极肯定了混合式学习,认为混合式学习提高了学习参与度、交际范围和团队学习。

其次,混合式学习面临的主要问题与挑战是学生对学习时间的管控。除了正规的课堂学习之外，混合式学习特别体现在课外的学习活动中，尤其是基于技术的学习，比如在线学习。研究发现，作为自主学习的一部分，在开展自主学习时，学生的积极性存在显著的差异。有些学生能够较好地管控学习时间，积极参与在线学习，在网络交互平台上开展各项学习活动，包括与师生之间开展交流互动、上传和分享有意义的学习资源等。而少数学生缺乏学习自主性，甚至存在应付作业的情况。因此，教师需要对学生个人混合式学习开展监督引导。在实施过程中，教师需要投入大量的时间和精力检查学生的混合式学习的情况，如果教师精力不足、监督不够容易造成学生的课后开展混合式学习情况不理想。针对这一问题，本研究认为可以参考引入第二课堂助教帮助教师监督和处理学生混合式学习开展中遇到的问题，比如网络交互平台中学生自主学习情况，定期向教师进行汇报。

最后，师生需要具备必要的条件才能优化参与混合式学习。学生需要具有自主学习意识、乐于开展在线学习、具备良好的数字媒介素养等。教师则需要进一步加强信息化教学能力培训。因为混合式教学模式不同于传统的多媒体教学，不是简单的教育技术的应用，而是需要在混合式教学理念的指导下，有效地利用信息技术来开展教学设计，创设语言学习环境，将传统课堂教学与技术支持的教学有机融合，实现真正意义上的混合式教学实践，提高大学英语教学水平。

六、结语

我们开展混合学习空间视域下的大学英语教学实践，主要目标在于充分利用现代教育技术，构建个性化的大学英语教学，更好地通过网络技术增强大学英语教学的实用性，提高学生学生的学习自主性与参与性，进一步提高学生的大学英语综合应用能力，尤其是强化听、说与交际能力的训练与培养。在课程评价体系改革方面，将发展性评价和结果性评价两部分结合起来，特别关注学生的整个学习过程的评价，关注学生的成长历程。

当然，一方面，对于教学理论与实践的结合还需要在实施过程中得以加强,尤其是需要结合学生的特点和实际,进行检验和进一步探索与完善,从而使得该教学实践能够最有效地开展。另一方面,教学实践不仅需要教师的共同参与,还要调动学生积极参与。在实际操作过程中,教师需要充分地调动学生的参与热情,使他们与教学实践共同成长。此外,现代教育技术、现代网络技术应用于大学英语教学过程中,需要特别关注网络技术应用的实效性,特别是需要加强学生基于混合学习空间的课外第二课堂自主学习的开展。

第二节 大学英语教学行动研究

一、引言

跨文化交际能力培养是大学英语教学一个主要关注的问题。外语教育专家认为,语言教学的一个重要目标是让学习者具备跨文化交际能力,能够进行有效的跨文化交流。但是,从目前现状来看,大学英语教学依然主要聚焦于语言—语法教学,跨文化能力培养往往成为被忽视的对象。显然,仅仅习得语法规则和语言知识不足以形成真正的跨文化能力,因为它缺乏真实语境中的语用要素。应该说,大学英语教师都充分意识到,大学英语教学中不仅需要开展语言交际,而且需要跨越文化差异,理解文化融合点,但是在具体实践上,对于如何更有效地培养学生的跨文化能力缺乏可实证的操作与理解。其原因有三。一是受传统大学英语教学模式影响,认为大学英语教学的根本目标应该是让学生掌握语言—语法知识。二是在教材的处理上存在一定的偏差,认为我们的教材传递给学生的都是一些固定模式的语言素材,缺乏能够开展跨文化交际的"真实的"语料。三是在教学上采用灌输式的方法,忽视了交际、探究、意义协商等建构主义的教学方法。针对以上问题,笔者开展行动研究,从实证角度构建融合跨文化能力培养的大学英语教学模式。

二、文献回顾

从术语上来看,跨文化交际能力和跨文化能力是两个不同的概念。文秋芳认为,跨文化交际能力包括交际能力和跨文化能力。学者杨盈和庄恩平(2007)则认为,"将跨文化交际能力与跨文化能力对等有利于将我们的观念从语言交际的狭隘视野中解放出来,从而在跨文化交际能力培养过程中注重语言交际能力的同时,看到跨文化意识、思维能力、非语言交际及交际策略等方面的重要性"①。本研究对这两个概念不作具体区分,将其对等为跨文化能力。从语言与文化关系角度来看,跨文化能力一定是包含语言能力和文化能力的习得的。由于信仰、思想和群体认同等是通过使用语言来建构和交往的,因此语言与文化是不可分割的。Borghetti(2013)认为,跨文化能力培养与语言教学完全可以结合起来,并提出了两者融合的整体思路和宏观途径。这也正是跨文化能力应该被诠释为一种能够通过实际语言使用过程来辨别文化问题的能力。

对于跨文化能力的定义,学界从不同的视角给出了不同的界定。Dinges 和 Lieberman(1989)认为,跨文化能力包括认知技巧、情感品质和行为能力,简言之,就是情感、认知、行为三个层面。与之相对应,张红玲(2007)在《跨文化外语教学》一书中指出,"任何全面的人际交流能力至少要包括动机、知识、技能、语境和效果五个方面"②。在此基础上,许力生和孙淑女(2013)构建了跨文化能力递进—交互培养模式,"按照知识习得、动机培养、技能训练逐层递进的方式培养学习者的跨文化能力"③。通过将文化融入语言研究,Byram(1997)提出的"跨文化交际能力"概念将文化推向语言教育的前端,他将跨文化交际能力定义为"能够确保不同社会身份的人有共同的理解能力,并能与具有多重身份和个性的复杂人群互动"。Byram(1997)认

---

① 杨盈,庄恩平. 构建外语教学跨文化交际能力框架[J]. 外语界,2007(4):16.
② 张红玲. 跨文化外语教学[M]. 上海:上海外语教育出版社,2007:70.
③ 许力生,孙淑女. 跨文化能力递进—交互培养模式建构[J]. 浙江大学学报(人文社会科学版),2013(4):113.

为，具有跨文化能力的学习者表现出一系列的情感、行为和认知能力，主要包括：态度/知识、解释与关联技能、发现与互动技能和批判性文化意识。

从相关文献来看，国内对于跨文化能力研究基本上可以总结为以下几类：一是从宏观的、理论的视角，为我们界定了跨文化能力在外语教学中的定位，构建了跨文化能力培养的框架和模式（比如，胡文仲，2013；杨盈，庄恩平，2007；丛明才，2014；葛春萍，王守仁，2016）。二是结合外语教学实际，进行跨文化能力培养的实证研究（比如，潘亚玲，2008；金虹，2015）。三是采用质的研究和行动研究方法，开展外语跨文化能力培养的相关研究（比如，杨华，李莉文，2017；郑萱，李孟颖，2016）。此外，学界对跨文化能力培养与思辨性、批判性思维能力结合方面日益重视，一些学者综合理论与实践，为我们提供了研究借鉴（比如，伊蕊，2014；沈鞠明，高永晨，2015）。跨文化能力培养的效果如何需要通过测量得出，因此有些学者从能力测评角度为我们提供了研究参考（比如，吴卫平等，2013；高永晨，2014）。当然，随着现代教育技术的不断发展，我们需要思考发挥现代教育技术与传统教学的双重优势，倡导现代技术支持下外语跨文化能力的培养（孙淑女，许力生，2014）。

虽然国内对于跨文化能力研究颇为丰富，但我们仍然可以发现，对于实证方面的研究稍微欠缺一些，尤其是从建构主义视角出发，依据跨文化能力培养的递进模型，结合具体教学实际，采用行动研究方法来探究跨文化能力培养的整个过程，还有待进一步探索。这正是本研究试图去尝试的新方向。

三、行动设计：融合跨文化能力培养的要素构成

该研究的主要问题是：如何构建融合跨文化能力培养的大学英语教学模式？这种教学模式针对的是以上所提到的大学英语教学存在的问题。因此，该教学模式首先必定是有别于传统的语言—语法教学模式的，它将在使学生掌握语言技能的基础上，基于"思辨、反思、探究、共情和体验的跨文化教学原则"（孙有中，2016），融合跨文化技能的培养，提高他们的跨文化能力。其次，该教学模式将探索如何有效地析取教材中的真实语料，促进学生

的语言交际。最后，该教学模式将着重探索建构主义教学方法。鉴于此，我们将紧紧围绕跨文化能力最广为接受的定义："基于个人跨文化知识、技能和态度，能够有效、恰当地在跨文化情景中交流的能力"①。教学中跨文化语境的构建来源于对教材中的真实语料的析取和使用，达到让学生真实体验和将跨文化知识内化、融合的目的。同时在培养学生跨文化能力时，强调的是学生自主获取跨文化知识，具备跨文化交际的情感动机，并进行分析、对比、解读、融合的能力。由此，融合跨文化能力培养的要素构成可以通过以下图7-1模型体现出来。

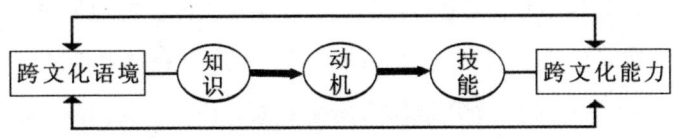

图7-1 融合跨文化能力培养的要素构成

从该模型可以看出，融合跨文化能力培养的要素构成模型是一个具有开放性、系统性、过程性、动态性的系统，其具有以下的特征。第一，开放性与系统性。不论是语言习得还是文化习得，从来不是封闭的，该模型必须置于开放的本族文化、异族文化和跨文化语境来考察，只有建立在跨文化语境的基础上，学生才能够洞悉跨文化差异。同时，从跨文化语境的构建到知识、动机、技能的养成，再到最终跨文化能力的形成，是一个系统性的体系。第二，过程性与循环性。过程性是指构建融合跨文化能力培养的教学模式是一个有步骤的连续过程，因此对其进行操作时也要按照相应的过程有步骤地进行。循环性原则是指从跨文化语境入手进行各个环节的体系建构，最后回归跨文化能力形成的环节，中间是个不断进行反馈循环的过程，并且这种循环模式处于一个建构主义的关联体系；跨文化能力的形成最终也有助于学生对跨文化语境的理解。第三，动态性与持续性。动态性是指教学过程和跨

---

① DEARDORFF, D K. Identification and assessment of intercultural competence as a student outcome of internationalization [J]. Journal of Studies in International Education, 2006, 10: 249.

文化能力的培养不是一个静态的、被动的系统，而是一个动态的系统，因为它引入了反馈机制，对学生跨文化能力形成、来自学生的评价进行监控和调节。持续性是指整个教学的过程分为几个阶段，并将在前一阶段工作中所获得的成果，应用于后一阶段的教学设计中去，以此达到持续改进教学效果的目的。

四、行动研究过程

（一）行动研究的准备阶段

笔者长期以来对大学英语的教学改革都非常关注，特别是对大学英语课堂教学的"费时低效"进行了深入的思考。为了更有针对性地开展行动研究，笔者选择所任教的一个班级作为研究对象。该班级为国际经济与贸易专业大一年级学生，共有31人，其中女生26人，男生5人，总体英语水平为中高级。在开展本行动研究之前，首先，笔者通过课堂听课、学生访谈等形式，对大学英语课堂教学实际进行实地观察与了解，收集数据，对大学英语课堂的现状进行了分析与总结。其次，通过设计《大学英语课堂跨文化教学状况调查问卷》，实际调查了解学生对大学英语课堂跨文化教学的期待和需求。通过问卷调查，了解到：学生对跨文化对比、跨文化批判等了解不多，希望课堂教学能够更多地从方法上引领他们开展大学英语跨文化学习；希望课堂能开展更多的交互式探究学习；希望课堂能给他们创造更多的语言输出与表达的机会，提高跨文化交际技能。以上学生们对大学英语课堂跨文化教学的期待与需求，与本研究所倡导的"融合跨文化能力培养的大学英语教学模式"是完全契合的。

在此基础上，笔者着手对"教育生态学理论""建构主义学习理论"、自主学习理论以及英语教学与学习理论方面的学习、搜集和总结，提炼出对本研究具有指导性的理论框架和基础。

（二）行动研究的实施阶段

行动研究的实施阶段，我们紧紧围绕建构主义的教学方法，依据 Micheal Byram（1997）提出的跨文化能力的四个组成部分：态度/知识、解释与关联技能、发现与互动技能和批判性文化意识,构建起融合跨文化能力培养的大学英语教学模式(见表7-1)。

在行动研究开展的整个学期,笔者的教学均依据该教学模式。为了更清晰、概要地展示该教学模式实施情况,以下选取课程的一个单元进行教学设计,课文来自《新视野大学英语》第二册,Text A: Marriage Across Nations(跨国婚姻)。该课文讲述了一位纽约白人女孩与一位来自非洲大陆黑人小伙喜结连理的故事。他们的婚姻从一开始就没有得到女孩父母的祝福。女孩的父母对异国通婚持有保留意见,周围的朋友也对这个事情表示震惊。但是这对恋人经过两年的相处之后,坦诚地面对彼此性格中的弱点和优点,克服了种族和文化差异所带来的阻隔,举行了一个不是很张扬的婚礼。这篇课文以叙述的形式,讲述了跨国婚姻可能遭遇的困境与阻碍,但是如果我们抛弃种族之间的偏见,学会彼此宽容、理解和开诚布公,跨国婚姻不应该被排斥。基于这样的课文内容和主题,我们期待通过融合跨文化的教学设计,使学生在掌握语言知识的基础上,能够具备跨文化批判能力,从跨文化的视角来深入分析和洞察"跨国婚姻"这一现实的问题。

表7-1 融合跨文化能力培养的大学英语教学模式(带★的不涉及跨文化主题)

教学方法	跨文化能力	教学主题	具体教学内容	课堂形式
以内容为依托的教学方法	态度/知识	课前预习	学生熟悉有关跨国婚姻背景知识、课文内容,进行独立思考	/
		语法词汇★	对课文中语法、词汇、词组等的学习	教师讲授、学生提问
		句子分析	深层分析句式表达差异、蕴含的跨文化语境、含义等	师生互动、小组讨论、教师结合语言、文化进行讲解
		阅读理解★	快速阅读课文,回答课后阅读理解问题	学生阅读、教师提问、学生问答

续表

教学方法	跨文化能力	教学主题	具体教学内容	课堂形式
探究式教学方法	批判性文化意识	拓展评价	运用本民族和异族视角和标准进行评价	小组课外探究，轮流上台PPT汇报
		对比反思	对比跨国婚姻体现出的隐形和显性价值观，反思文化差异	小组课外探究，轮流上台PPT汇报
	解释与关联技能	主旨分析	分析不同民族对跨国婚姻的不同态度、价值观	小组课外探究，轮流上台PPT汇报
		文本解读	解读异文化中的跨国婚姻文本和事件，并将其与本国文化关联对照	师生互动、小组讨论
交互式教学方法	发现与互动技能	小组讨论	运用新知识、新观点进行交流、讨论	课堂小组讨论
		角色扮演	如果你是文中的某一角色，你作何选择和决定	学生组内讨论、分别发言

从表7-1，我们可以发现，整个单元的教学流程分为十个教学主题，每个教学主题均由具体的教学内容组成。(1) 在课前预习阶段，教师作为教学设计的主体，依据教学目标，在分析学生和资源的基础上，进行学习任务布置，并促进、协调、参与学生的知识建构，其中主要是要求学生熟悉有关跨国婚姻背景知识、课文内容，进行独立思考。(2) 课堂教学中对知识习得的要求不能弱化。语法词汇、阅读理解等的学习是为了夯实语言基础，虽然不涉及跨文化主题，但也是必不可少的环节。在句子分析和文本解读时，需要从语言形式和深层跨文化含义方面进行阐释，突出跨文化关联、对比能力。(3) 在拓展评价、对比反思、主旨分析等环节，我们采用探究式的教学方法，集中培养学生的批判性文化意识和解释与关联技能，学生通过小组课外

探究，以PPT汇报的形式在课堂呈现他们的学习成果。学生作为知识建构的主体，对需要完成探究任务的步骤、时间、空间作出规划，并优化选择学习资源，开展个性化的自主学习与小组协作探究。为了激发这些知识创生活动，小组协作探究的目标是以促进交互的方式达成更富有成效的协作成果。这可以通过"问题解决"的形式设置那些能激发学生进行探究的主题，并通过合作学习活动来实现，比如，上文所设置的具有深层次探究意义的主题任务："分析不同民族对跨国婚姻的不同态度、价值观""对比跨国婚姻体现出的隐性和显性价值观，反思文化差异""运用本民族和异族视角和标准进行评价"。(4) 在课堂教学中，我们需要充分采用交互式的教学方法，以"小组讨论""角色扮演"等形式多样的活动，调动学生的学习积极性，深化学生的个体体验与知识内化。

（三）行动研究的总结阶段

为了达到研究的真实性与可靠性以及进行丰富而有说服力的描述，本研究围绕特定的研究对象，从多个方面进行资料收集，所采用的方法有：问卷调查、访谈、课堂记录、反思日记、学生的学习效果评价等。值得一提的是，在本研究开始前和完成后，均针对参与本研究的学生开展匿名调查问卷，一方面，调查参与本研究的学生对"融合跨文化能力培养的大学英语教学模式"的兴趣、投入和接受程度，了解他们在本研究实践中的困难与得失。另一方面，追踪、调查和掌握学生的学习情况，了解学生对课堂开展的评价和领悟。

在行动研究的收尾阶段，本研究对融合跨文化能力培养的大学英语教学行动研究进行总结、交流，对所取得的研究成果、存在的不足，需要改进的地方等这些行动研究结果进行探讨；整理数据并深入理解、分析和处理数据，以便最终形成研究见解。

五、结果分析与反思

（一）教学效果与观察

首先，以内容为依托的教学方法，使学生能够析取和洞察蕴含在"真实"语料中的跨文化理念、传统和价值观;能够辨别中西方文化之间的差异;能够基于文本内容开展讨论,并且反思文化特殊性和负面效应。比如,学生在本单元有关跨国婚姻的主题里学习到异国通婚的夫妻可能有较高的离婚率、混血儿可能受到歧视、何为种族主义者等问题。这些都表明,学生形成跨文化反省、共情、移情的能力。学生能够掌握信息,表达个人观点,对比信息,查证历史事件,不仅获取了语言和文化知识,而且构建了跨文化批判能力。

其次,探究式教学方法使得学生能够主动地参与到整个学习过程,从传统的接受式学习方式转变为主动式学习方式。它能够促进学生开展批判性探究,在意义协商的过程中建构知识。学生的学习不再局限于记忆语法词汇等枯燥的行为,转而开展对比反思、拓展评价、深层文本解读等学习活动。其中令笔者印象特别深刻的是,有的学生提出,假设本课文中是白人男孩和黑人女孩恋爱,白人男孩的父母是否会反对的问题。在接下来的课堂小组讨论中,大多数小组得出的结论是:无关肤色。

最后,交互式教学方法将阅读看作读者与文本对话的过程。读者将个人经验、知识、理念、假说与文本进行联结,通过意义建构实现跨文化交互。因此,文本意义不是固有的、预设的,而是个人与文本的对话中形成的。不可否认,在阅读过程中,文本帮助我们建构对现实的理解,并洞察周围的世界。另一方面,交互式教学方法强调的是师生、生生之间的对话。课堂观察中发现,学生乐于开口表达自己的观点了,口头交际能力也提高了。

(二)学生跨文化能力的变化

通过一个学期的观察,笔者发现学生有了可喜的变化。一是课堂的积极性得到很大的提高。与以往的课堂相比,学生在课堂上能够开展小组讨论,每个小组都设立一个小组长,小组成员都能够针对特定的话题表达自己的不同见解。学生对课堂小组汇报、课堂辩论等活动显得积极主动。有的学生在反思日记中写道:"老师布置的课前任务型探究活动让我们在课外有了学习的动力,就像去完成一个项目一样,总能去找一些资料。""小组合作任务能够使我们独立学习、搜集资料，还需要团队合作。"二是学生跨文化能力的积极变化。学期初，学生对"跨文化能力"这一概念不清楚，认为大学英语学习就是掌握课文里的语法、词汇、句型等语言知识，以及能够应用相关知识开展语言交际。而在学期末，学生已经开始应用本民族和异族的背景知识来解释文化现象、辨别跨文化交往中存在的误解，采用正确的态度进行调和。例如，对于跨国婚姻这一主题，学生都能采用理性的思维进行分析判断。"跨文化能力中'态度'所要求的对异域文化所秉持的好奇心、开放性、包容度、悬置种族中心主义判断意愿等正是思维能力中情感特质的要求。"[①]学生不再用狭隘的种族主义思想去理解与判断不同肤色人种之间的婚姻关系，而是能够超越自我文化边界，建构包容世界多元文化的"跨文化人格"（Kim，2008），从而采用理性的态度来接受。

（三）对行动研究的反思

通过行动研究，我们发现，融入跨文化能力培养的大学英语教学模式是知识、动机、技能的有机结合体，每部分都融合了大学英语教学与跨文化能力培养的要义。

在知识获取上，主要体现为语言知识、文化知识、文化理解力。在这里，我们没有摒弃传统的大学英语教学所侧重的语言知识，因为外语教学中语言知识的重要性不言而喻。但是我们强调语言知识的习得不是一种灌输，而是一种发现、理解、建构、内化。在教学中，我们应该批判性地选择和优化文本资源，并且借助多媒体技术有效地呈现给学生。同时，教师将文本中所呈现的文化话语和生活世界的知识作为师生对话与交流的平台，创设对话机制，将学生的语言学习通过话语文本的形式实现与生活世界的意义连接。

在学习动机上，转变教学方式，使学生主动地参与到学习过程中来，在人本主义、互动、环境心理学等相关理论以及多媒体等现代技术支持下，构

[①] 伊蕊. 在跨文化比较中培养思辨能力："中西文明比较"课堂教学案例分析[J]. 中国外语，2014（3）：92.

建"以学生协作学习、自主学习为主导,教师指导为辅助,多媒体技术为平台"的多元互动教学,转变传统大学英语教学的空间,充分发挥课堂组成各要素的作用,以学生的自主为核心,提高学生的主体性和能动性,创造和谐、自由发展的教与学的环境和活动。

在技能训练上,"技能训练阶段是跨文化能力培养的实践阶段,注重培养学习者将语言知识和文化知识转化为实际的交际能力,包括语言交际能力,非语言交际能力和策略能力"[①]。有两点值得注意。一是技能训练不能一蹴而就,是一个逐步累积的过程,需要结合听、说、读、写、译等各项语言技能。二是尽可能为学生提供真实的语料来源,创设语言环境,在课堂上鼓励学生开展情景对话、角色扮演等活动。

六、结语

本研究采用行动研究的方法,构建了"融合跨文化能力培养的大学英语教学模式",分析和探索了在大学英语课程上实施的教学实践过程和效果。在构建跨文化能力培养的教学过程中,着重采用了三种建构主义的教学方法,即以内容为依托的教学方法、探究式教学方法和交互式教学方法。这些方法为提高大学英语教学实践,促进学生在个性化、有意义的学习过程中学习奠定了基础。从研究结果来看,学生的跨文化能力得到了提高,体现在知识、动机和技能上的逐层递进。

本研究是对改变以单一教材为中心、以"语言—语法"知识传授为重点的大学英语传统教学模式的一次有益尝试和探索;从建构主义的教学观出发来构建以"学生为中心"的体验式教学方式,强化学习者对语言学习的浸入式感知与自主思考。"融合跨文化能力培养的大学英语教学模式",使学习者积极地参与到课堂学习中来,不仅提高了学习者语言综合知识能力,而且提

---

① 许力生,孙淑女. 跨文化能力递进—交互培养模式建构 [J]. 浙江大学学报(人文社会科学版), 2013(4): 118.

高了学习者的学习动机和跨文化批判与思辨能力。本研究以建构主义教学方法、跨文化能力递进为基础，着手构建融合跨文化能力培养的大学英语教学的逻辑框架，分析将跨文化能力培养与大学英语结合的大学英语教与学的各种表现，指出跨文化培养视域下的大学英语教学的实质，为进一步探索、提高大学英语跨文化教学提供新的思路。

第三节 教学反思与文化差异：理论基础、意义与教学方法

教学反思一直以来并且继续成为理论和实证研究的核心，主要是由于教学反思能够引导教师更深层地理解那些可能会被忽视、误解或悬而未决的领域。虽然一些教师意识到反思的价值，但是部分教师对于文化多样性的反思几乎处于真空状态。大体上来讲，部分教师只顾开展常规教学活动，而忽视了对文化差异的教学反思，而往往这种反思能够使教师深思他们的教学行为，以此加强或转变他们的教学实践。

文化情景下的教学反思应该成为反思的重要组成部分，它将使教师的反思在总体上趋向直接化，或更有针对性。文化情景下的教学反思指的是，对许多与文化差异有关的教育问题所作的反思。由于文化多样性存在于根深蒂固的概念与现实中，这种多样性涉及社会经济、价值系统、知识结构以及认知、交际和理解。本书提到的文化情景下的教学反思基于一种事实，即学生学习外语往往受到文化差异的影响，他们对外语使用会由于文化上的误解而出现障碍。实际上，我们应当关注文化差异，不仅在教学法上，而且从掌握文化内容上。然而，部分教师并不关心文化教学，因为他们认为学习外语仅仅是记忆语言点。除了考虑文化差异外，教师也需要对经常涉及的文化情景进行反思。一旦学生开始掌握一门语言的部分知识，他们应当了解如何处理这种语言。探索这种可能性的最好的方法就是阅读大作家的作品，这些作家

对于不同文化历史都作出探索并且拓展该语言的使用范围。当教师讲授文学时，实际上，所教的是如何熟练使用语言。因此，当我们阅读文学著作时，能够了解这些语言大师对语言的修饰并且赋予它们更加丰富的内涵。教师教学，不仅在教一门语言，而且是教学生语言的功能。本章旨在解析文化情景下的教学反思，以期有助于教师形成文化反思的理念。

一、文化差异的教学反思的理论基础

对于反思，Bartlett（1999）认为，反思或批判性反思指的是重新回忆、考虑与评析经历的一种活动或过程，通常具有广泛的目的。理查兹和洛克哈特（2000）认为反思可以促进教师教学实践的改进，他指出，教育过程的反思性方法常常使教师参与到对教学的陈述与检验中，这些有助于发展他们个人的教学原则，促进教学方法的改善。杜威（Dewey，1993）的著作为反思奠定了理论基础，他辩称，反思具有教育的目标。在他看来，反思使教师从冲劲与日常教学常规中解放出来。杜威坚信，当教师经历教学困境时会作反思，因为缺乏反思的教师在职业、学术方面会显得被动，甚至会导致与学生关系的失衡。

文化反思可以认为是一种揭示多变的理念、认知和经验的方法，尤其当考虑文化多样性的时候。它可以是一种理解潜在价值、倾向和信念的过程。教学反思是一种以研究为基础的过程，也是一种社会动力作用的认知过程，而这些经验能够形成我们的思想与理解。由于我们生活在一个生动的社会里，"理解某种能够赋予我们经验意义的系统方法成为可能，而且通过反思找到解决办法"[①]。

除此之外，假如教师能够对他们的课堂进行深层次的反思，良好的计划与决策往往会随之产生。并且教师的反思经常来源于课堂或与学生的关系中，他们经常会根据不同情况调整计划。因此，教师教学时，以往的经验会

[①] 华莱士. 语言教师行动研究［M］. 北京：人民教育出版社，2000：54.

成为他们反思的来源,比如他们在学生时代的经历,或者现在所处的情景。在教学过程中,当教师发现学生很困惑,教师就会反思这个情景,并且调整自己的教学行为来帮助他们融入学习中来。这种有效的教学改变可以通过教师的课堂反思得以实现。相反,不作反思的教师可能会延续既定的计划开展教学而不试图去理解他们的环境,也不反思如何给学生创造更好的学习环境。

二、文化差异的教学反思的意义

教学反思有多种意义。实际上,研究与实践者们都赞同,反思取决于兴趣和倾向。反思型教师是对所见所闻进行思考的思想者(Valli, 1997)。教师对课程作出选择与决定(Van Manen, 1991)。因此,研究者们同意,反思性教学是要求教师考虑工作特性与环境的过程,因为他们要应用逻辑的、理论的、循序渐进的方法来分析自己的教学以及教学环境(Korthagen, 1993)。教育与社会环境的改变对文学研究的作用提出了挑战,对我们设定教育目标、建立新的以培养实用交际技能的语言教学模式提出了新的课题。本章的文化情景下的教学反思主要从两方面进行阐述:对语言与文化的关系的反思以及建构文化情景下的教学反思。

(一)对语言与文化关系的反思

语言与文化密不可分。语言不仅仅是一种符号系统。人们的语言风格会受到习俗、生活习惯、理念、宗教信仰以及人们所生活社区的道德品质的影响与限制。很长一段时间以来,教师不注重文化建构,而是过分强调词汇与语法规则的重要性。实际上,由于缺乏对文化背景的认识,英语学习与跨文化交际时出现的文化曲解现象屡见不鲜。戴炜栋和何兆雄(2002)指出,英语语境日常有几十种不同的打招呼形式,比如从"你好!"到更长一点的像"最近如何啊?""近况如何啊?",等等。英语语境下人们根据不同的情景选择不同的打招呼语言。但是,在中国,人们碰面的时候有时会说:"吃饭了吗?"这种招呼语可能会使外国人感到迷惑。有时,当外国人称赞中国学生很优秀时,中国学生通常会回答:"不,不。"以上局面出现的基本原因在于两种语言环境下的人不理解双方文化的差异。事实上,正如 Piper(1998)所指出的,"任何学过第二外语的人都会发现学习外语就应该包括了解使用这种语言的人与所在社会";他进一步宣称,"学习动词形式和语言句法而不涉及文化是可能的,但是这种学习仅仅包含文化学习的一小部分"①。当然,不同文化也包含相似的地方,这就是"文化融合"(戴炜栋,何兆雄,2002)。部分原因在于不同民族有相同的社会经历,这些都体现在文化当中。文化的类同对于非本族语学习者来说是有益的,因为可以促进目标语的学习。这就是所谓的"积极转移"(戴炜栋,何兆雄,2002)。然而,由于地理与历史的差异,不同民族体现出不同的文化。当谈到文化教学与学习的重要性时,戴炜栋和何兆雄(2002)认为,语言作为文化的基石,与文化是相辅相成的。因此,当学习外语或第二语言时,我们不应当仅仅模仿发音、学习语法与词汇,还要学习外国语言思想、习惯和社会行为方式,学会理解"语言思想"。

文化反思可以看作整个理解的过程,是教师试图理解关于自我与学生,以利于理解整个文化内涵而不是仅仅理解文化片段。文化反思不是只有终极的目标,它包含有意识的积极思索。这样就能使教师从文化多样性上作出反思,有利于更好地理解与习俗、经验等有关的意义,从而抵制死板的、模式化的观念。这种过程能够帮助教师抵制偏见,排除那些干扰他们理解的障碍。

文化反思,尤其对于那些经验丰富的教师来说,是一个自然发生的过程。然而,很多教师并没有掌握进行有效反思的技能并开展研究。这可能不是因为教师有偏见,而是因为他们没有意识到文化反思的重要性。教师可能一成不变地从事自己的教学而没有试图去改变他们的思想与行为。

(二)建构文化情景下的教学反思

在外语教学过程中,教师应该树立文化意识。"教学必须适应整个教育

---

① PIPER T. Language and Learning: The Home and School Years [M]. New Jersey: Prentice Hall, 1998: 126.

与文化情景。"① 基本要求就是去建构文化知识。文化理解可以促进学生对语言的理解，有助于掌握语言。我们可以从解释语音、词汇和语法的角度将文化建构与语言教学结合起来。这里有个典型的例子，讲的是一个中国学生在国外留学，当他听到楼上有人叫"LOOK OUT!"时，他就把头伸出窗外看看到底发生什么。突然他被从楼上扔出来的东西砸到了脑袋。这个倒霉的学生当然懂得"LOOK OUT"这个词的基本含义，但是他不知道这个词的文化意义。这个事情发生的原因在于教师平时倾向于应试教育，过于注重翻译段落和听写句子，而忽视了学生在面对不同文化时所应该掌握的知识与技能。

除了语言所表达的文化意义之外，我们应该重视风俗习惯、宗教信仰和思维习惯。在教学中，教师应该介绍文化背景。本章强调的是文化情景下的教学反思，建议教师将文化作为一个中心问题来考虑，围绕文化探索解决问题的方法。教师在进行文化反思时应该认识到文化反思的动态性。

三、文化差异情景下的教学反思方法

跨文化差异引起的教学与学习障碍应该通过反思文化差异本身来寻找出路，更新文化教学的方法与途径。这种文化反思不仅是对不同文化的比较与认识，而且是建立在对文化发展的选择与走向的思考；不仅是着眼于结构上的文化反思，而且是将文化置于历史、习俗、文化这种多元一体化社会结构中的反思。教师可以通过什么样的方法进行文化反思呢？以下介绍三个方面。

（一）文化反思日记

理查兹和洛克哈特（2000）指出，日记是教师对教学实践所作的书面反映。日记有两个目的：记录下过程或感悟为后续反思服务；记录的过程也是

---

① BRUMFIT C. Reading skills and the study of literature in a foreign language [A]. In C. Brumfit & R. Carter (Eds.), Literature and Language Teaching [C]. Oxford: Oxford University Press, 1987: 176.

对教学进行反思的过程。很多关于文化的主题可以在日记中探索。比如：个人对课文中蕴含的文化因素的反思；对克服文化障碍的重要策略的描述；对涉及文化因素的材料的评价；等等。文化反思日记是教师围绕文化因素进行反思的重要方法。它要求教师在教学与课程设计中反思文化因素。日记并不一定非常系统，它可以是记下一些经历或文化片段。文化反思不是只有终极的目标。它要求教师能够通过"自省"来理解语言与文化的结合点。教师可以通过写反思日记，记录习语、成语和固定表达来反思蕴含在课文中的文化因素。另一方面，教师可以列出课文中潜在的文化因子预防解决学生在学习中将会碰到的文化问题。

（二）使用语言文化方法

除了文化反思日记，教师或教育指导者可以使用语言文化方法。语言文化方法是比较广泛的，它涉及不同的目标和程序。总体来说，综合语言与文化的因子应该在教学中得到展现，因为这样有助于学生获取他们的目标——提高知识层面以及提高学习效率。需要提醒的是，学生不应该只注重学习或阅读文化本身，而应该更注重如何使用文化来提高语言使用能力和理解文化意义。这个可以通过开展一些活动来实现。比如：教师可以要求学生欣赏文学片段、写学习报告等。学生对于这个过程可能比较熟悉，因此能够架构理解语言与文化的桥梁。

除了把语言当作活动的副产品外，教师也可以提供那些聚焦语言的活动。讲授文化含义，一种可行的方法是，应用相互作用法。有时，一些教师忽视相互作用法，因为他们不理解文化与语言的关系。他们认为语言教学的目的就是讲授语言点（语言的精确、词汇、语法、句法等）。语言教学中，另一个误解是，教师认为文章内容过于简单而不必要给予文化指导。实际上，包含在语言中的文化是丰富多样的。学生需要发展的交际能力，不仅包括知识语言功能，还包括情景、语言与文化关系、社会文化知识。发展学生的交际能力能促使他们在特定场合恰当地使用语言。因此，语言教学应努力培养学生的语用能力，而非局限于语言技能。仅仅侧重语言结构教学将会忽视语言形式与语意功能的关系。学生可能较好地处理了语法与结构问题，却缺乏使用语言功能的语用能力。学生的学习困难在于如何正确地使用语言。因此，教师注意文化与语用因素才能真正实现教学目标。教师应尽量努力促使学生形成语用观念。

（三）教师间的交流讨论

上述两种方法比较侧重教师个体单独进行，即教师主要通过自我观察、自我监控、自我评价来进行自我反思，相对来说，具有一定的封闭性和局限性。毕竟单纯的内省反思活动，往往比较模糊、难以深入，而且容易局限于自我。因此，教师在时间和条件允许的情况下，还应该加强与同事间的交流对话，因为反思活动不仅仅是一种个体行为，它更需要群体的支持。和同事进行对话，可以是交流对文章中潜在文化因素的理解，也可以探讨对蕴含其中的文化内涵的理解，这样不仅可以使自己的思维更加清晰，而且来自交流对象的反馈往往也会激起自己更深入的思考，激发自己更多的创意和思路。教师个体将自己对某一问题的思考与解决过程展现给小组的其他成员，在充分交流、相互提问的基础上，反观自己的意识与行为，从而进一步加深对自己的了解，并了解和借鉴其他人的不同观点。另外，教师间的交流讨论也可采用主题或专题的形式，可围绕一个共同的课题进行畅谈，也可分小组进行讨论。当然，同事之间也可以进行相互听课，帮助挖掘和探索文化内涵。

四、结语

反思性语言教学就是教师对日常教学中所发生的事情加以注意，通过撰写教学日记、教学报告、进行问卷调查与座谈、做课堂教学现场记录、听同行讲课等教学行为进行研究的方式，研究思考自己的教学行为从而加深对外语教学的理解。基于中英文化差异给外语学习者带来困惑和难题的基础，本书提出文化情景下的教学反思，期望教师建构文化意识、发展知识与技能来反思自己的经历，解决文化与语言情景的关系。内省的行为可以促进教师更好地理解情景，把语言教学与文化多样性阐释结合起来。

第八章　大学英语教学改革与实践的趋向

借助现代网络技术的优势，大学英语教学改革应摈弃传统"语言—语法"灌输式教学，注重构建任务型情境，通过任务型主题的模式设计以及场景、图片、视频等启发性强的相关素材，为语言学习提供形象立体的语言学习情景，构建仿真的语言学习环境，加强实际体验；强化立体化的学习环境设计，通过多媒体学习课件、网络课堂学习、课外协作学习等，提供立体、互动的英语教学环境，倡导基于计算机/网络课堂教学的新型教学模式；注重培养表达能力，使教学文本和学生的协作式学习活动成为一个有机的整体，注重培养学生实际应用英语的交际能力；利用协作式的学习方式促进课堂教学和小组学习探究相结合。以上这些都是大学英语教学改革与实践需要开展的具体举措。当然，回归到事物的本质，大学英语教学改革与实践实际上应结合学生的发展性评价视域下的外语主体能力的培养，采用批判性思维视点开展对话型外语教学，摆脱语言符号的控制。外语教学过程本质上应体现为一种基于批判性思维的对话的过程。

第一节　发展性评价视域下学生外语主体能力之培养

一、引言

在外语教学实践中，灌输式的记忆存储教学方式，忽视了教师与学生的平等对话和沟通合作，学生只是知识的存储体，严重挫伤了学生的创新精神和主体实践能力，导致学生学习的厌倦感。实际上，学生的思维方式需要具备独立的主体意识构成，创新性地自我发现和思考。外语教学中，教师应当创造一种新型的"文化适应教学模式"，帮助学生培养创新性主体学习能力。

二、学生发展性评价研究

国内外现有的研究已经形成了一种新型的发展性学习评价理论，其目的是促进个体的发展，关注教师和学生的发展需要，突出评价的激励与调控功能，激发学生发展的内在动力，促进其不断发展。发展性评价在评价内容上体现其综合性；在评价标准上体现其层次性，即根据被评价者个体的差异和不同的发展需要，制定其适合个体发展需要的个性化标准；在评价方式上体现多样性，注意评价的操作性（陈凌峰，2004）。发展性评价改变传统的工具量性评价方式，真正从学生的发展角度来体现其学习目标和效果，其更注重学习的过程。发展性评价实质是"质性评价"，即评价不是对预期的结果进行测量，而是要对整个方案，包括前提假设、理论推演、实施效果及困难问题作出全面深入的研究（钟启泉，2003）。发展性评价体现了外语教学的根本，即通过语言教学让学生作为人主动地运用改造世界的语言工具，获得健全发展，而不是借助外语教学的工具性，使人本身变成工具化。

三、学生创新性主体学习能力培养研究

创新性人才培养必须关注学生的主体学习能力发展，其可行的途径是提高学生的创造性思维水平；并且学生的创新性学习能力以创造性思维水平为核心（相悦丽，2005；刘锟，2006）。实际上，学习是借助自我中心式思维，拥有确定的活性化的知识的，只有通过在对话情景中引导各自的认识，学生才有可能重建概念。

关于学生主体学习能力的研究很多是从学生自主学习能力的培养角度出发的。其中涉及的研究包括如何培养学生的自主学习能力、如何培养学生在学习中的主动性，以及学生学习的主体性和主体间性（刘锟，2006；李福华，2004）。学生自主学习，主要体现在学生能主动地学习，能根据自身的水平和需要进行有选择地自主学习，并随时调控学习过程，充分调动自己的潜能及非智力因素（李福华，2004）。学生学习主体性的发挥需要教师的主导作用，要在教学过程中，最大限度地适应学生的实际和需要，通过主导设计的一系列教学活动，有针对性地实施差异教学，使学生在原来的基础上开发和发展潜能。因此，教师的主导是学生在学习过程中发挥主体性的关建。

四、学生外语主体学习能力培养机制

学生外语主体学习能力的培养，应涉及教师的主体性思维教学、学生的主体性学习与探究以及基于发展性视域下的教与学的评价（包括发展性教学评价和学生的自我评价）。这种以人为本的教育理念将学生的生活与教育联系起来，将教育作为关于人的发展的活动，基于发展性评价来构建促进学生主体学习能力发展的培养机制，进而深化自我主体性建构。

（一）主体性思维教学

学生主体性学习能力的培养与批判性思维习惯的养成存在密切的关系。批判性思维是发现外语教与学现象的问题所在，并根据自身的思考逻辑作出

主张的思考（钟启泉，2003）。教师的教学是探究外语教学的内部联系、解决学生存在的学习困惑以及与学生一起探讨外语知识技能习得的活动。这种教学过程必须建立在对外语教学的批判性分析基础上，通过课程重构以及与学生的对话沟通实现。实际上，外语教学不应是知识的被动累积，而是作为培养塑造人的一种过程；应该将教学作为一种动态的过程，用发展和变化的观点把握知识的本质和性质，充分调动学生的学习积极性和创造性，激活对话因子。

外语教学中，教师应致力于引导学生获得发展的主动权，成为有独立思维的个体，从而主动地构建自我体验与探究的行为方式；同时学生应获得自主的话语权，摆脱以课程体系为表征形式的各种控制符号和制约因素，实现本质层面的主体性回归。学生外语主体学习能力的培养，其实质是以批判性思维理论为支撑，以主体性课堂实践为基础，以发展性评价为视角，形成能促进学生发现某种事物、现象和主张的逻辑思考，构建独特的主体性思维文化。

（二）主体性学习与探究

认知学习理论认为，有效的学习者应当被看作一个积极的信息加工者和诠释者，能使用不同的策略来存储和提取信息，实现学习环境的自我适应，并对学习负责。只有学生接受外来的指导并改变信息加工过程，才能改进和促进学习。因此，外语学习中，学生的知识不能是被动接受，而应在认知领域形成意义建构，并加以有意义的加工和结构化，才能转变为自我知识的内化。外语学习过程应成为自我解读和理解行为，学生独立自主支配学习，从而确立主体意识和自主能力。因此我们强调教与学应以学生为主体，把获取知识的主动权还给学生，从根本上改变学生在教学过程中消极、被动的地位。

主体性学习能力的培养还体现在学生独立性思维的发展上。学生首先必须理解外语独特的思维语言，建构外语概念和高层次的思考。这种独立性思维必须在占有大量语言信息的基础上，超越语言知识层面，关注知识创造与问题解决。其次，学生的思维方式需要具备独立的意识与能力构成，自我发现和思考，敢于追求用不同的观点和逆向思维探究外语习得的方法和途径。最后，外语思维文化应超越被动的知识获取，实现知识情景的转换；应更多关注知识的联系，应用已有知识更广地实现知识活用与情景转换，鼓励利用独立思维寻求合理性解释。

（三）发展性学习评价

教学不是为了知识的被动累积，而是作为培养塑造人的一种过程。教学评价应作为一种动态的过程，用发展和变化的观点把握学生发展的本质和性质；不应把学习看成是一成不变的产品、一种工具量性，而应将学习看作人的自我完善发展的全过程。这就要求做到以下方面。首先，在教学行为与评价上，培养学生的创新性主体思维，而不是灌输式的外语教学实践。教学应创设情境，让学生自主解释信息，师生共同参与知识创生。其次，在学习行为与评价上，主体性学习是学生的重要品质，关系到课堂教学质量的提高和学生的终身发展。"学习是学习者主动地与客观世界对话、与他人对话、与自身对话的过程，从而形成'认知性实践''社会实践''伦理性实践'的'三位一体'的过程。"① 再次，发展性评价视阈下，学生外语主体能力的培养以及自主学习评价能够帮助他们培养创新性外语主体思维，摆脱传统的记忆型教学文化。

五、结论

从发展性评价的视角出发建构学生主体学习能力，可以促进学生外语学习能力的发展；同时，课堂作为学习共同体，摆脱了教育作为一种产品的方式，真正从人的发展角度来看待教育过程。另一方面，引入评价的发展性功能，秉持"学生的发展"理念，依据外语教学与学生语言习得的相关理论，研究基于发展性评价的学生外语主体学习能力培养，有利于促进外语教师教学范式的转变以及提高学生的主体学习能力。

---

① 钟启泉. 现代课程论（新版）[M]. 上海：上海教育出版社，2003：487.

第二节　外语教学的批判性思维视点

一、引言

知识经济时代是崇尚批判性思维的时代，因为批判性思维是推动知识社会前进的主要动力。如今，在大力倡导素质教育、新型教学和创新型社会建设的背景下，教师应该让学生掌握什么样的知识和技能成为我们应积极思考的问题。随着社会的发展，我们需要接受的知识和信息在数量和方式上已经发生了很大的变化。而传统的课堂教学模式是一种记忆型教学文化。在这种文化中，教师的作用是向学生传递信息；学生的作用是接受、存储信息，并且按照这些信息行动。而且，课堂教学总是存在着某种文化，学生都在进行着某种文化适应，那么教师应当创造怎样一种教学文化呢？基于以上的事实，本研究的意义在于探索外语教学的批判性思维视点，以期创造一种新型的"文化适应教学模式"。

二、批判性思维

钟启泉（2003）认为，所谓"批判性思维"，是指发现某种事物、现象和主张的问题所在，同时根据自身的思考逻辑作出主张的思考。同时，他认为，保尔（R. Paul）提出的批判性思维最具有代表性。保尔（Paul, 1993）提出，学生在课堂教学中学习的知识是"惰性知识"。这种知识是我们所拥有的、逻辑上相关但不能被运用的知识。然而，他强调，"对话性"的思维是活跃知识、重建概念的方法。由此，钟启泉（2003）指出，批判性思维的教学方法是对话性思维。

郭元祥（2005）认为，主体论知识观超越了一般认识论的本体视野，不是就知识论知识，不是从知识的产生过程与产生结果来论知识，而是从学生发展过程与发展结果来理解知识。从主体论的角度看，知识的产生问题不是一种普遍性的、一般性的人类知识生产过程，而是一种"知识再生产"的过程。主体论的知识观强调学生作为知识再生产的主体，知识再生产的过程、方式、目的和价值与人类一般的认识过程相比较，具有其独特性，这正体现了新课程强调学生在知识习得过程中获得"情感、态度和价值观"意义的合理性（郭元祥，2005）。从本体论的知识观转向主体论的知识观，是学生主体发展的内在要求。

由此，我们发现，批判性思维和主体论知识观指出了知识的组织与表征，体现了教学由知识传授到学生的内在价值体验的转变，知识习得由被动接受转化为主体探究，对外语的新型教学提出了新的要求。

三、外语批判性思维教学的要求

（一）教学目标的批判性分解

利用批判性思维和建构主义的指导性理论设立外语教学目标的批判性分解。这种批判性教学目标的设立应不同于传统的外部目标驱动，因为批判性外语教学的课堂文化要求教师建立学生的自主和本体，引导学生根据自身的思考逻辑作出自我的目标定位，从而将惰性的课本知识转化为主体性知识。教学目标的批判性分解体现在学生自主目标定向和学生主体发展的内在要求。因此，学生学习目标的设立贯穿于学习的整个过程和学习的内部联结，通过主体思维和概念重构来实现知识的本体转化。在学习过程中，学习者可以从学习的需要出发，对初始目标进行批判性分解或根据不同的学习环境和要素进行转化。钟启泉（2003）的现代课程论认为，使学习者扎实地掌握一定的知识和技能已经不是教学的唯一目标，教学的视野不能局限于单纯地传递人类的文化遗产，而是要通过教学过程使学生掌握学习的方法、感受的方法和行为的方式；教育的真正目的不在于教师是否完成某种教学活动，而在于在学生的行为范式中引起某种重要的变化。由此，批判性外语教学目标应由外部驱动目标转变为学生的主体体验，让学生在学习过程中掌握外语知识和价值的内化,并由此引起学生主体行为的变化,实现自我主体发展和创造性思维的培养。

(二) 教学内容的批判性选择

在外语教学过程中,教师对外语学习资源需要进行批判性选择,选取有效资源运用于外语教学中。在社会不断发展、知识不断更新的环境下,教学内容只着眼于课本的语言知识显然是不够的。实际上,外语的学习资源是丰富多彩的。教师可以有效地利用互联网、外语书刊和语料库充分地选择教学内容,并且将它们有机地与课本教学内容结合起来。高文(2002)认为,学习是建构性的,学习者必须对新信息进行精制,并与其他外部信息关联起来,其学习方式是与真实的本质、知识的本质、人的交互作用的本质以及科学的本质相关的。他进一步阐述,真实的本质是指心智的表征具有"真实的"的本体状态,即外部的世界;知识的本质则强调知识是由个人建构的,它存在于人的头脑之中;人的交互作用的本质是指个人在知识的建构中必须依靠意义的共享与协商;科学的本质在于伴随着人的活动,确定一种带有一定偏见和通过一定过滤镜的有意义的活动。由此,我们发现,局限于课本知识的教学脱离了真实的外部世界,将学生的学习变成一种语言符号控制;缺少了学生对新信息的外部关联和意义建构;并且缺乏知识的社会交互作用。因此,批判性外语教学内容的选择必须立足于真实的外部世界,将教学内容与学生的真实环境相关联,建立学生的意义联结。在学习和处理这些真实的外部信息过程中,学生始终面对着对真实意义的探究和对存在问题的解构,由此会产生学习者与教师、教学内容和外部真实信息的交互作用,从而设立自己的学习目标和探究领域,通过不同途径达到目标和实现进步。

(三) 课堂教学的批判性优化

教学实践的过程就是一个不断总结与提升的过程,总结与概括教师应用对话性思维的教学方法在实际教学中有效引导和培养学生的英语学习思维倾向、策略精神和情境转换。将批判性思维的学习观和教学观贯彻到课堂的设计和课堂教学行为中。集中体现就是课堂教学的批判性优化。这种课堂的批判性优化必须体现对话性思维的教学方法。在课堂的设计上，应考虑学科和跨学科之间以及人文和社会的结合，以唤起学生的学习兴趣和不同学科之间的建构与融合。在教学方法上，提出设问，开展互动，组织教学。这正契合钟启泉（2003）的观点，他认为，"通过认知学习的成就及其成就的高度，在学生中，可以形成批判性思维、逻辑推理能力、感受性、兴趣、情绪、情意、信念、价值观等等有关个人的人格行为的独特性"①。左焕琪（2007）指出，积极、有效的师生互动的前提是教师与学生之间不再是权威式的控制与服从关系，而是指导与被指导和共同构建知识与发展能力的平等关系，这样有助于促进教师发挥创造性与学生主动发展，培养学生外语交际能力与推动课堂持续能动地发展。课堂的组织结构应该强调学科的综合性，同时强调课堂的整体结构。通过批判性思维教学的开展，课堂应建立起创新精神与实践能力培养相结合的教学范式。开展对话性教学实践，将课堂转变为学生发展的学习共同体，注重培养学生的合作精神。课堂作为学生共同体摆脱了教育作为一种产品的理念，真正从人的发展角度来看待教育过程。以批判性思维理论为支撑，以对话性课堂实践为基础，形成能促进学生发现某种事物、现象和主张的逻辑思考，构建独特的"思维型教学文化"。

（四）教学评价的批判性分层

批判性思维教学要求教学评价不同于传统的目标驱动的评价和标准参照式评价，而应该建立一种能帮助学生建构有关外部世界的、有意义的、具有概念功能的、分层次的学习评价体系。该评价应根据学习者的学习需要和他们在与外部条件联结的情况来进行批判性开展。因此，这里所讲的教学评价的批判性分层，是一种动态的、持续的、与学习者的个人体验和教师的整个教学过程有机结合的评价系统和标准。

首先，批判性外语教学应摆脱教学对学生的学习控制，建立起与学生自我知识背景系统相关的新型教学文化，培养学生的探究性和自主性学习行

---

① 钟启泉. 现代课程论（新版）[M]. 上海：上海教育出版社，2003：351.

为，因此，教学评价不应由教师进行单一的目标评价，而应由学生采取自由的目标评价，让学生在动态的学生过程中分阶段进行自我目标评价的开展，自主地检验学习的绩效。

其次，批判性外语教学中，教学的评价不能局限于对学习结果的单一检测，而需要建立对整个学习过程的评价。这种学习过程评价必须贯穿于教师的教学过程中，教师将学习过程评价与教学有机整合起来指导学生的学习，而学生通过学习评价更好地调整学习目标和策略，有效地了解自己的进步和努力的方向。该评价的开展需要教师在教学过程中为学生提供有意义的自我展示和经验建构机会，以建立他们的学习信心和能力。

最后，外语教学评价的批判性分层还体现在学生学习评价的社会性上。学生的学习是一种与外界进行交流和知识联结的动态过程，该过程不能局限于对课本语言知识的获取，而是一种知识技能的迁移能力，即将课本知识进行社会性建构。如果学生获取的知识不能在学生的头脑中形成社会意义，那么他们获取的知识是惰性的。由此看出，批判性外语教学的评价必须与社会对象、观念和事件进行整合，让学生的学习评价能与现实的社会意义相结合，实现课本知识与社会知识的融合。

四、批判性思维的教学启示

（一）外语对话型教学

批判性外语思维是发现外语教与学现象的问题所在，并根据自身的思考逻辑作出主张的思考。传统意义上的外语教学是一种灌输式的记忆存储文化，忽视了教师与学生的平等对话和沟通合作，学生只是知识的存储体，严重挫伤了学生的创造精神和实践能力，导致学生对学习的厌倦感。外语课堂上，教师应为学生提供自我发现问题和自我表达的机会，让他们自我发现信息，并实现与外部知识的有效连接。

（二）外语思维型文化

批判性外语新型教学文化的建立体现在学生独立性思维的培养上。外语学习过程中,学生首先必须理解外语独特的思维语言,建构外语概念和高层次的思考。这种独立性思维必须在占有大量语言信息的基础上,超越语言知识层面,关注知识的创造与问题解决。其次,学生的思维方式需要具备独立的意志与能力,自我发现和思考,敢于追求用不同的观点来思考问题,乃至用"反叛"和逆向思维探究外语习得的方法和途径。最后,外语思维文化应超越被动的知识获取,实现知识情景的转换。在外语学习过程中,应更多关注知识的联系,应用已有知识更广地实现知识活用与情景转换,鼓励利用独立性思维提出怀疑,寻求合理性解释。

（三）外语接受与探究

认知学习理论告诉我们,有效的学习者应当被看作一个积极的信息加工者、解释者和综合者,他能使用各种不同的策略来存储和提取信息,实现学习环境的自我适应,并对学习自我负责。只有当外来的指导被学生接受并改变他们的信息加工过程时,才能改进和促进学习。因此,外语学习中,学生的知识不能是被动接受,而应是将传授的知识在学生的认知领域形成意义建构,并加以有意义的加工和结构化,才能转变为自我知识。在这个过程中,学生的自我知识探究与内化显得非常关键。教师向学生传授的知识结构与信息需要在学生的自我探究中去思考局部和整体的知识方式,发现学习问题,审视自我思维过程,进行认知结构的合理性同化。外语学习过程应成为自我解读和理解行为,使学生独立自主支配自己学习,从而确立学生的主体意识,培养学生的自主能力。因此我们强调教与学应以学生为主体,把获取知识的主动权还给学生,从根本上改变学生在教学过程中消极、被动的地位。

第三节　外语语言符号控制的解构：回归对话

当人们习惯性地将语言知识定义为人类认知的成果并以此为知识观来界定语言习得时,往往把语言知识当作被搁置在人类认识库中的理性思维并以

"符号"的形式保存下来的理性产品。这种传统哲学认识论视野中的知识观，是从语言知识生产过程或生产结果的角度来理解其本质，而没有从学生发展的角度、从教育的角度或从课程教学的角度来把握其多重属性。由此，外语学习者长期以来被定位为一种外语语言符号的记忆与复述的角色，从而限制了他们的情意教育、理性思考和文化关联。学生的外语学习被限制在技术性语言知识获取、工具性教学目标、结果性教学评价以及外语课程与文化中一切以语言符号的方式出现的知识灌输和传递中，突出表现了索绪尔结构主义的"符号学"：把语言看成一个先验的、静止的结构，在声音与思想连续体上对语言进行切割，既排除了语言主体在意义产生过程中的作用，也割断了语言与外部世界的联系。皮尔士（1985）的符号理论避免了结构主义的缺点，将自己的理论建立在产生符号意义的感性基础之上，实现了语言知识与外部现实（生活世界）的知识连接。他认为，符号与生活世界事物之间的对应不是一次性的动作，它需要符号表征的肯定和维持，并且将社会和历史的因素合理地纳入意指活动的研究范围，肯定外部世界的存在，强调世界与认知主体的相互作用。在《符号学的逻辑：符号理论》一文中，皮尔士将符号意义的理解与传统逻辑学中的"外延"（extension）和"内涵"（comprehension）两个范畴联系起来。"外延"指的是语言符号的一般意义；而"内涵"则指语言符号在具体情境中的个别意义。这表明，语言符号不是所在系统所有成分相互消极区分的结果或效应，而是把握文化环境和生活经验的关联性，在词内意义的帮助下，更好地理解语言环境，同时根据外部现实，不断调整自己的语言模式。这样就提出了我们研究的根本问题：怎样解构外语教与学中结构主义形式下控制教师以及学生自主性的语言符号，并且摈弃那种静态知识观指导下的"知识授受主义"教学观无视教学情景、忽视人与人之间的主体交往活动所表现出的"去情景""去过程"的特征。

一、批判基础：学问中心教育

20世纪60年代，美国心理学家布鲁纳（J. S. Bruner）在其《教育过程》一书中提出了"学问中心"的理论,从学问的结构这一观点出发,认为课程的编制要反映某一知识领域的基本结构,强调知识的结构性学习。钟启泉(2003)在《现代课程论》中将该学问中心课程的特点解释为以下几个方面。第一,学问化。学问知识是课程的唯一源泉,教学要根据学问逻辑与结构展开,唯有知识才是适于教学的。第二,专业化。由于学问世界与知识世界具有多元性特征,各个学术领域的学问中心课程,自然也是彼此独立的,以改进各自学科内容的形式出现;各个学问素材与知识具有不同的出发点和不同的目标,其结果是:发现与验证的进程、结构、过程也是不同的。第三,结构化。其简化的机制之一就是借助"符号化"和"概念化"的经验的概括化。一切概念都是抽象的产物,概念的抽象化就是事物的单纯化、概念化,是旨在深化理解和减少复杂性的一种思维方式。从上述的分析,我们发现,学问中心教育片面强调了学问和知识的重要性,却忽视了知识获取的关联性,"往往以权威将论述传递给学生,缺乏有意义的、互动的和参与的对话"(钟启泉,2003)。对学问中心教育的批判一方面在于它忽视学生的差异性,仅仅着眼于专门科学知识结构和理论系统去构成学科内容,导致知识的分裂与断层。另一方面在于其脱离了社会性,妨碍了学生人格的全面发展以及学生的情意教育。学问中心教育在外语语言习得层面上,表现为孤立、静止的知识观。当外语习得被科学思维表面化、标准化、分类化和可测量化了以后,能够支撑自主性、创造性和自发性的灵魂就从教学过程中消失了;在语言课堂中突出表现为将语言的外壳与内在的思想区别开来,分割到不同的课程和不同目标中去实施;反映在自主性发展上就是把学习策略技能培训和教学技术运用作为手段,忽视对人内在精神的关注(吴宗杰,2004)。实际上,语言本身就因其与外部世界的联系而具有积极的意义,其与外部现实的联系处于变化之中,语言的社会意义会在使用过程中不断更新,而新意义又是建立在先前意义基础之上的,这是不断变化的外部世界与不断适应环境的学习主体相互作用的结果。语言意义需要在具体的意指过程中形成,并且以特定的方式来实现语言的社会功用。脱离生活实际和具体的文化背景的语言符号不能使语言学习者识别与话语相关的人物、事件或状态,并以此作为解释文本的经验基础,最终导致语言习得的意义分裂与片段化。

二、情意教育基础

把人看作一种社会存在是情意教育的前提。作为完整的"人"的学生在外语学习中,如果单纯地停留在语言符号上,就不可能真正地开展学习。正是基于这样的教育观,美国的布卢姆(B. S. Bloom)等人提出教育目标分类体系,把情感作为教育目标的一个领域。他在《学会生存》报告中认为"把一个人在体力、智力、情绪、伦理各方面的因素结合起来,使他成为一个完善的人,这就是对教育基本目的的一个广义的界说",并指出,教育的一个特定目的就是要培养感情方面的品质。长期以来我们把外语作为一门学科课程,只是把它作为一门学问来看待,将学生的学习置于某种学问知识的语言符号控制,最多也不过是再掌握一些技能。虽然外语课堂教学中也开展师生对话交流互动,但是这种交往互动只是通过教材进行的交往,教材成了教学中师生交往的中心而不是媒介。这种教学忽视了情意教育的整体复合性,使外语习得变成工具性的机械操作。情意教育不是线型传授式,即从教材到学生,而是具有"场"性特点,具有多维培育空间和多层培育内容;教师、教材、学生三者紧扣情意教育这一中心作出的能动反应都必须受控于一定的文化氛围,也即受到社会环境与文化背景的深刻影响(陈军,1990)。掌握情意教育,要达成理性认识与认知技能的话,学生就得采取适当的人格行为范式,因为不以价值与感情为基础的智慧,往往使人沦为非人的状态。同时,外语习得的语言符号控制,容易造成教师主导的演绎抽象性与形式教学,而情意教育试图将抽象的学习过程转变为经验的归纳,其重点从教材转移到了学生个人,教学内容的组织更加注意学生的心理基础,同时它又汲取学问中心教育的合理因素,致力于从经验上升到观念、原理的抽象化,情感的符号化(钟启泉,2003)。动态的知识观用发展和变化的观点把握知识的本质和性质,一方面,不再把知识看成一成不变的永恒真理,注重把握知识的不确定性；另一方面，不再把知识完全抽象为某种"符号表征"，尤其注重把握知识的文化性和价值性，超越单一的"工具理性"观念，把知识与人的全面发展关联起来。外语教学的根本是通过语言教学让学生作为人主动地运用改造世界的语言工具，得到健全的发展，而不是借助外语教学的工具性，使人本身变成工具化。

三、话语形式：叙事与对话

吴宗杰（2005）认为，把课堂当作一种生活来研究是在传统课堂研究基础上，关心教师和教学的深层问题。这种研究的一个重要前提是区别语言作为知识还是活动，简单说就是不能仅仅把课堂语言看作传播知识的工具，是一个认知的过程，而是把它看作一种教育活动、一种"生活方式"。他将胡塞尔的现象学引入了语言研究的领域，提出将一切科学和抽象知识回归到与概念世界相对立的每个人的具体的、特殊的和"原本"的世界，而不是停留在理性化了的"科学世界"。课堂语言范式的转向体现在教师与学生话语的变革。这种变革就是摆脱传统的语言符号控制，批判性地解读语言教育的情景和社会意义，培养学生的解读能力，并能与学生一起构建符合人发展所需要的自己的活动课程"文本"。语言课程必须"逐渐从狭隘的心理学应用中走出来，把它看作为一种多元'文本'或话语来理解"（吴宗杰，2004）。叙事可以为我们提供一种文本，同时也就相应地提供了一个理解世界的框架和时空构件，同时"叙述研究从语言结构上把人带到认知的根本前提上，使一切被扭曲了的思想回归真实"（吴宗杰，2005），从而摆脱了外语教师课程自主性的控制符号，建立起师生之间平等、真诚的探究和互动的话语交往方式。话语以文本形式存在，是问题和回答的载体；文本作为话语，是一个开放的未完成形态；对话就是交流，一种话语与另一种话语、多种话语相互交流构成对话关系。吴宗杰（2005）指出，我们对文本的理解可以从三个视角入手：文本是生成性的活动，由特定的社会条件决定；文本是符号调节了的活动，语言文本作为构成性的要素渗透在整个活动里；文本在话语的层面上活动，与其他要素处于动态过程中，并且各要素互相内化。语言文本超越了工具性的符号控制，是对结构主义语言学的突破，它将语言教学与情景和人文关怀结合起来。"语言根本不是一种器械或一种工具。因为工具的本性就在于我们能掌握对它的使用，这就是说，当我们要用它时可以把它拿出来，一旦完成它的使命又可以把它放在一边"①。基于对符号、符号思维、符号意指过程以及符号学对话性特征的研究，王艳（2006）指出，语言符号应突破那种静态的、独白式的思维方式和研究方法，因为这样会导致我们的研究脱离认知主体的能动性以及外部现实这幢"富含意义的大厦"，从而导致符号学的危机；我们应当加强"对话"意识，重视具体的、开放的意指过程，以及此过程中主体的自我对话认知和主体与主体之间的对话认知，只有这样才能摆脱结构主义的桎梏，从而深入地了解符号的运作规律。我们的课程不应再把语言作为一种工具来教，而应该从知识的抽象化"符号表征"转变为注重知识的文化性和价值性，超越了单一的"工具理性"观念，以动态的知识观作为知识论基础。

四、教学范式：对话型思维教学

外语作为一种语言知识，不仅有它的结构与形式，还有它的社会功能与意义。缺乏对外语语言社会功能的应用，单纯记忆结构与形式势必影响外语的习得。学生应该建立母语语言与外语的自我联系，比较两种语言的差异，了解外语的特性。系统功能语言理论（Halliday，1978）从社会学视角揭示了语言与社会的关系，提出了语言的社会文化关联，认为社会文化诸方面构成了一个总的符号系统网络，但是语言只是符号系统的一部分，必须从社会的文化背景中阐释语言，实现语言的隐喻意义，而不是抽象演绎和形式化教学。胡塞尔的交互主体性消解了传统认识论中强加在客体身上的权威和控制色彩，而使主体多元化，为主体之间的交互作用提供了一个平等对话的基

---

① 高玉. 语言本质"道器"论［J］. 四川外语学院学报，2001（2）：56.

础。海德格尔和迦达摩尔继承了胡塞尔的观点,他们认为:每个主体都有自己的视界,在各自的视界中进行观点的交流与思想的碰撞,从而实现"视界融合",达成相互理解(易丽,邵雪玲,2005)。

外语对话型思维教学范式在课堂时空里形成的多层次、多向度的关系,构成了教学的特定语境和生成基础,它既是普遍意义上的人际关系在教学活动中的体现,也是师生作为独特生命个体在教学活动中赖以存在和发展的文化纽带,凸显了师生之间相互联系、互动互补和协同发展的价值功能;师生在与对方的关系中"相遇",确立自己的角色,组成对话实体,并通过对话形成对知识世界和生活世界的认知,进而深化对自我的理解,建构自我的社会化及知识性内容(刘晓伟,2008)。外语对话型思维教学中,教师应致力于引导学生获得发展的主动权,成为有独立思维的个体,从而主动地构建自我体验与探究的行为方式;同时学生应获得自主的话语权,摆脱以课程体系为表征形式的各种控制符号和制约因素,实现本质层面的主体性回归。我们应开展对话型教学实践,创设独特的"思维型教学文化",将课堂转变为学生发展的学习共同体,注重培养学生的合作精神。对外语语言符号控制的解构,其实质是以批判性思维理论为支撑,以对话型课堂实践为基础,形成能促进学生发现某种事物、现象和主张的逻辑思考,构建独特的对话思维型教学文化。

五、对话型教学的课堂学习共同体模式构建

在深入分析与总结外语对话型思维教学的实践基础上,我们可以构建对话型课堂学习的共同体模式(见图8-1)。该对话型思维教学将教师作为对话活动的组织者而不是语言课堂的权威和控制者,利用文本话语和生活世界的知识作为师生对话与交流的平台,创设对话机制,这样就摈弃了语言符号的控制,将学生的语言学习通过话语文本的形式实现与生活世界(知识)的意义连接,使他们不会被语言符号所禁锢,从而大大激发学生的学习兴趣。创设对话型话语平台是为师生的对话交流提供一种共同话

语,即在特定的对话语境下进行话语的分享,进而生成知识的理解与习得。同时,外语作为一种语言教学,既是语言知识的习得,又是语言技能的获取,因此,对话型教学的开展离不开教师的组织者的角色:教师从语言符号的权威控制转变成对话与文本的组织者和参与者;而学生则摆脱了被控制与服从关系。这种新型的外语对话型思维教学能够促使师生之间拥有共同话语和"文本",进行对话型互动、问题探究和情景交流,在此基础上,通过教师的反馈(甚至是生生之间的对话反馈)与自我总结,实现学生的自我知识建构。

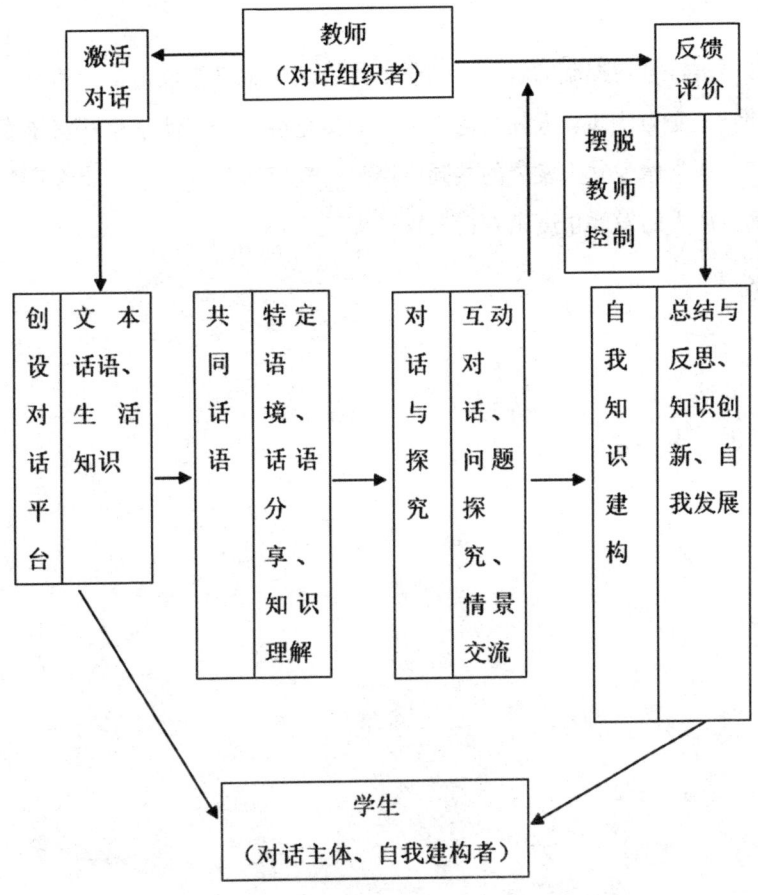

图8-1 对话型教学的课堂学习共同体模式结构

对话型教学的课堂学习共同体模式的构建体现了"学习是学习者主动地与客观世界对话、与他人对话、与自身对话的过程,从而形成'认知性实践''社会实践''伦理性实践'的'三位一体'的过程"①。在这个学习过程中,每个学习者都有一套对信息世界的解读。现代教学论认为,学生是学习的主体,教师的作用是引导学生运用已知去探索未知,并在这个过程中培养他们的主体意识和做"主人"的能力。也就是说,课堂教学的重要任务,是培养学生的主体性,促进学生的全面发展。

六、结语

外语语言符号控制的解构,摆脱了传统结构主义视域下的语言教学,将语言课堂转变为认知、人际和伦理维度的文化性实践,使学生获得了发展的话语权。课堂作为学生发展的共同体摆脱了教育作为一种工具量性产品的观念,真正从人的发展角度来看待教育过程。

---

① 钟启泉. 现代课程论(新版)[M]. 上海:上海教育出版社,2003:487.

参考文献

[1] 陈红,蔡朝辉,戴祝君.大学英语课程教学研究:演进与变革[M].镇江:江苏大学出版社,2009:95.

[2] 戴炜栋,何兆熊.新编简明英语语言学教程[M].上海:上海外语教育出版社,2002:53.

[3] 杜威.明日之学校[M].北京:商务印书馆,1993:92.

[4] 高文.教学模式论[M].上海:上海教育出版社,2002:62.

[5] 华莱士.语言教师行动研究[M].北京:人民教育出版社,2000:54.

[6] 理查兹,洛克哈特.第二语言课堂的反思性教学[M].北京:人民教育出版社,2000:37.

[7] 罗明东,和学仁,李志平.教育技术学基础:现代教学理论与信息技术整合的探索[M].北京:科学出版社,2007:106.

[8] 马杰伟,张潇潇.媒体现代:传播学与社会学的对话[M].上海:复旦大学出版社,2011:73.

[9] 马颖峰.网络环境下的教与学:网络教学模式论[M].北京:科学出版社,2005:62.

[10] 皮尔士.符号学的逻辑:符号理论[M]//伊尼斯.符号学文集.布卢明顿:印第安那大学出版社,1985:82.

[11] 施良方. 学习论：学习心理学的理论与原理［M］. 北京：人民教育出版社，1994：115.

[12] 束定芳，陈素燕. 大学英语教学成功之路一：宁波诺丁汉大学"专业导向"英语教学模式的调查［M］. 上海：上海外语教育出版社，2009：113.

[13] 吴宗杰. 教师知识与课程话语［M］. 北京：北京外语教学与研究出版社，2005：109.

[14] 吴宗杰，黄爱凤，等. 外语课程与教师发展：RICH 研究视野［M］. 合肥：安徽教育出版社，2005：258－266.

[15] 王陆. 虚拟学习社区的社会网络结构［M］. 北京：北京大学出版社，2011：45.

[16] 张红玲. 跨文化外语教学［M］. 上海：上海外语教育出版社，2007：70.

[17] 钟启泉. 现代课程论（新版）［M］. 上海：上海教育出版社，2003：351－487.

[18] 左焕琪. 英语课堂教学的新发展［M］. 上海：华东师范大学出版社，2007：76.

[19] 柏宏权，苏玉凤，沈书生. 融入同伴互评的混合式学习模式实证研究［J］. 电化教育研究，2017（12）：79－85.

[20] 白文倩，李文昊，陈蓓蕾. 基于资源的混合式学习的教学设计研究［J］. 现代教育技术，2011（4）：42－47.

[21] 毕家娟，杨现民. 联通主义视角下的个人学习空间构建［J］. 中国电化教育，2014（8）：48－54.

[22] 陈军. 情意教育略论［J］. 语文教学通讯，1990（12）：7－8.

[23] 程可拉. 基于技术的任务型外语学习研究［J］. 外语电化教学，2003（3）：9－13.

[24] 杜世纯，傅泽田. 基于MOOC的混合式学习及其实证研究［J］.

中国电化教育,2016 (12):129-133.

[25] 杜星月,李志河.基于混合式学习的学习空间构建研究[J].现代教育技术,2016 (6):34-40.

[26] 段钨金,张畔枫.建构主义理论指导下的大学英语开放式教学模式研究[J].现代教育科学,2008 (5):83-86.

[27] 范琳,张其云.建构主义教学理论与英语教学改革的契合[J].外语与外语教学,2003 (4):28-32.

[28] 付安权.内涵与策略:教师在线专业发展理念检视[J].教师教育研究,2009 (3):50-55.

[29] 符章琼.网络混合式模式下大学英语教师专业发展的路径探析[J].兰州教育学院学报,2016 (4):126-127.

[30] 高瑞利.混合式学习评价体系的设计与实践[J].中国成人教育,2010 (15):129-130.

[31] 高玉.语言本质"道器"论[J].四川外语学院学报,2001 (2):56-59.

[32] 高永晨.中国大学生跨文化交际能力测评体系的理论框架构建[J].外语界,2014 (4):80-88.

[33] 葛春萍,王守仁.跨文化交际能力培养与大学英语教学[J].外语与外语教学,2016 (2):79-86.

[34] 郭冠平,张小宁.生态视域下的混合式学习模型构建[J].现代教育技术,2013 (5):42-46.

[35] 郭炯,郑晓俊,黄彬.网络学习空间支持的协同教学模式与应用策略研究:网络学习空间内涵与学校教育发展研究之八[J].电化教育研究,2017 (10):23-29.

[36] 郭颖.论教育信息化在现代外语教学中的作用与实现途径[J].现代远距离教育,2012 (4):47-52.

[37] 郭元祥.新课程背景下课程知识观的转向[J].全球教育展望,

2005 (4): 15-20.

[38] 韩立华, 常樱, 王玉梅. 基于 blended learning 的课程设计、实施与评价研究 [J]. 中国电化教育, 2010 (6): 17-21.

[39] 韩颖. 学术英语听力多模态混合式学习模式设计 [J]. 北京第二外国语学院学报, 2017 (5): 98-110.

[40] 贺斌, 薛耀峰. 网络学习空间的建构: 教育信息化思维与实践的变革 [J]. 开放教育研究, 2013 (4): 84-95.

[41] 何克抗. 建构主义的教学模式、教学方法与教学设计 [J]. 北京师范大学学报 (社会科学版), 1997 (5): 74-82.

[42] 何莲珍. 新时代大学英语教学的新要求——《大学英语教学指南》修订依据与要点 [J]. 外语界, 2020 (4): 13-18.

[43] 贺明华. 论在线教师的专业发展 [J]. 教育技术导刊, 2006 (7): 25-27.

[44] 何一茹. 促进个性化学习的 SNS 型区域网络学习空间应用模式探索 [J]. 中国教育信息化, 2017 (11): 18-22.

[45] 胡文仲. 跨文化交际能力在外语教学中如何定位 [J]. 外语界, 2013 (6): 2-8.

[46] 胡永斌, 黄如民, 刘东英. 网络学习空间的分类: 框架与启示 [J]. 中国电化教育, 2016 (4): 37-42.

[47] 胡啸天. 重新理解学习: 社会、技术与成人学习者——基于社会物质路径的思考 [J]. 远程教育杂志, 2017 (6): 49-56.

[48] 胡智标. 增强教学效果, 拓展学习空间: 增强现实技术在教育中的应用研究 [J]. 远程教育杂志, 2014 (2): 106-112.

[49] 黄红兵, 李跃平. 大学英语写作"新混合式学习"模式探索 [J]. 成都师范学院学报, 2015 (11): 33-37.

[50] 黄荣怀, 马丁, 郑兰琴, 等. 基于混合式学习的课程设计理论 [J]. 电化教育研究, 2009 (1): 9-14.

[51] 黄文红. 过程性文化教学与跨文化交际能力培养的实证研究 [J]. 解放军外国语学院学报, 2015 (1): 51-58.

[52] 黄义娟. 混合式学习在大学听说教学中的汉英对比应用研究 [J]. 语文建设, 2016 (12): 26-27.

[53] 洪春梅. 网络化教学模式下大学英语教学信息资源整合和利用策略 [J]. 信息管理与信息学, 2009 (12): 39-40.

[54] 金虹. 英语教学中跨文化交际能力培养研究 [J]. 课程·教材·教法, 2015 (11): 80-85.

[55] 康萍. 多媒体技术与大学英语教学 [J]. 沈阳师范大学学报, 2009 (4): 166-168.

[56] 孔维宏, 高瑞利. 基于 MOODLE 的混合式学习设计与实践研究 [J]. 中国电化教育, 2008 (2): 80-83.

[57] 李克东, 赵建华. 混合学习的原理与应用模式 [J]. 电化教育研究, 2004 (7): 1-6.

[58] 李欣. 虚拟学习空间的建构与交互设计 [J]. 中国电化教育, 2008 (8): 95-98.

[59] 梁为. 基于虚拟环境的体验式网络学习空间设计与实现 [J]. 中国电化教育, 2014 (3): 81-85.

[60] 廖春燕. 混合式学习模式下的教师角色期待研究 [J]. 湖北成人教育学院学报, 2009 (3): 6-7.

[61] 凌茜, 马武林. 基于 WEB 2.0 平台的大学英语混合式学习探究 [J]. 电化教育研究, 2009 (6): 107-108.

[62] 柳兵. 基于 MOODLE 教学平台的网络教学模式学习效果研究 [J]. 中国成人教育, 2010 (12): 147-148.

[63] 刘尔明. 网络环境下学生自主学习的理论与实践 [J]. 现代远距离教育, 2001 (4): 27-29.

[64] 刘延. 混合式学习理论在成人大学英语教学中的应用 [J]. 北京

广播电视大学学报,2010 (6):44-47.

[65] 刘红. 混合式学习应用于教师教育技术培训的研究 [J]. 教学与管理,2010 (7):30-32.

[66] 刘晓伟. 建构对话教学的伦理价值观 [J]. 杭州师范大学学报(社会科学版),2008 (3):116-120.

[67] 陆俊旭. 青年教师的成长及发展模式初探 [J]. 太原城市职业技术学院学报,2006 (5):108-109.

[68] 马南南,顾小清. 教师在线学习共同体中的学习驱动机制探讨 [J]. 现代教育技术,2008 (5):95-98.

[69] 马武林,张晓鹏. 大学英语混合式学习模式研究与实践 [J]. 外语电化教学,2011 (3):50-57.

[70] 毛伟,盛群力. 聚焦教学设计:深化我国大学英语教学改革的关键 [J]. 外语学刊,2016 (1):106-109.

[71] 牟占生,董博杰. 基于 MOOC 的混合式学习模式探究——以 Coursera 平台为例 [J]. 现代教育技术,2014 (5):73-80.

[72] 梅家驹. 虚拟学习空间与真实学习空间 [J]. 现代教育技术,2001 (2):10-13.

[73] 梅明玉. 基于微信公众平台和微社区的混合式学习研究:以《开放英语》课程的设计与实践为例 [J]. 广西广播电视大学学报,2017 (1):27-32.

[74] 潘孝泉. 发展性评价视域下学生外语主体能力之培养 [J]. 山西广播电视大学学报,2009 (5):67-68.

[75] 潘孝泉. 中学英语教学多媒体应用的误区及解决范式 [J]. 中小学电教(教师版),2011 (7):59-60.

[76] 潘孝泉. 以学科文化为依托的研究生英语教学改革新方向 [J]. 中国高教研究,2011 (1):81-83.

[77] 潘孝泉. 电子学档与大学英语自主学习的契合 [J]. 兰台世界,

2016（7）：38-39.

[78] 潘亚玲. 我国外语专业学生跨文化能力培养实证研究 [J]. 中国外语, 2008（4）：68-74.

[79] 乔慧娟. 基于探究社团体系的混合式英语学习模式研究 [J]. 外语电化教学, 2017（4）：43-48.

[80] 靳琰, 杨明托. 基于VIRTOOLS开发平台设计大学英语的虚拟学习空间 [J]. 外语电化教学, 2017（4）：17-22.

[81] 忻燕君. 谈以自主学习为中心的外语学习环境设计 [J]. 辽宁教育学院学报, 2012（12）：58.

[82] 秦丹. 社会认知理论视角下网络学习空间知识共享影响因素的实证研究 [J]. 现代远程教育研究, 2016（6）：74-81.

[83] 沈鞠明, 高永晨. 思与行的互动：思辨能力与跨文化交际能力 [J]. 苏州大学学报（哲学社会科学版）, 2015（1）：149-154.

[84] 沈书生. 学习空间：学习发生的中介物 [J]. 电化教育研究, 2020（8）：19-25.

[85] 孙淑女, 许力生. 大学英语教学中计算机主导的跨文化能力培养研究 [J]. 外语界, 2014（4）：89-95.

[86] 孙有中. 外语教育与跨文化能力培养 [J]. 中国外语, 2016（3）：16-22.

[87] 唐斌. 利用网络创造真实的语言学习环境：一项基于因特网教学的实证研究 [J]. 中国成人教育, 2005（9）：82-83.

[88] 吴江, 陈君, 金妙. 混合式协作学习情境下的交互模式演化探究 [J]. 远程教育杂志, 2016（1）：61-68.

[89] 吴卫平. 中国大学生跨文化能力维度及评价量表分析 [J]. 外语教学与研究, 2013（4）：581-592.

[90] 吴彦茹. 混合式学习促进大学生批判性思维能力发展的实证研究 [J]. 电化教育研究, 2014（8）：83-88.

[91] 吴宗杰. 抑制课程自主性的控制符号: 教师发展的话语权 [J]. 外语与外语教学, 2004 (6): 30-34.

[92] 吴宗杰. 外语教师发展的研究范式 [J]. 外语教学理论与实践, 2008 (3): 55-60.

[93] 王琛, 国兆亮. 混合式学习实施效果的影响因素初探: 基于质性研究的结果 [J]. 北京航空航天大学学报（社会科学版）, 2014 (5): 114-120.

[94] 王笃勤. 大学英语自主学习能力的培养 [J]. 外语界, 2002 (5): 17-23.

[95] 王广新. 网络环境下学习空间的特征分析 [J]. 电化教育研究, 2000 (2): 58-62.

[96] 王国华, 俞树煜, 黄慧芳, 等. 国内混合式学习研究现状分析 [J]. 中国远程教育, 2015 (2): 25-31.

[97] 王海燕. 网络与学习共同体的构建 [J]. 远程教育杂志, 2005 (3): 28-30.

[98] 王欢, 陈冰冰. MOODLE支持下的混合式大学英语教学设计 [J]. 浙江万里学院学报, 2010 (6): 94-99.

[99] 王继新, 郑旭东, 黄涛. 非线性学习空间的设计与建构 [J]. 中国电化教育, 2010 (1): 19-22.

[100] 王静. 网络环境下任务型口译教学模式的设计与实践 [J]. 外语电化教学, 2010 (3): 34-37.

[101] 王靖, 陈卫东. 具身认知视角下的混合式学习本质再审视 [J]. 远程教育杂志, 2016 (5): 68-74.

[102] 王美. 教师在线专业发展（OTPD）: 背景、研究、优势及挑战 [J]. 教师教育研究, 2008 (6): 12-16.

[103] 王伟, 赵桐, 钟绍春. 基于翻转课堂模式的网络学习空间设计与案例分析 [J]. 远程教育杂志, 2014 (3): 71-77.

[104] 王小根,范水娣. 混合式学习环境下学习资源生成模式设计研究 [J]. 电化教育研究, 2018 (1): 61-67.

[105] 王毅敏. 从建构主义学习理论看英语情境教学 [J]. 外语教学, 2003 (2): 85-85.

[106] 王艳. 试析符号学的对话性 [J]. 连云港职业技术学院学报, 2006 (3): 49-52.

[107] 王艳霞. 人工智能促进建构主义学习环境构建研究 [J]. 牡丹江教育学院学报, 2020 (5): 32-34.

[108] 王永锋,何克抗. 建构主义学习环境的国际前沿研究述评 [J]. 中国电化教育, 2010 (3): 8-15.

[109] 王佑美. 网络环境下基于电子学档的学习 [J]. 开发教育研究, 2002 (6): 37-40.

[110] 王佑美. 电子学档系统的整合模型研究 [J]. 现代教育技术, 2007 (4): 65-69.

[111] 谢静. 正规教育环境中的非正式学习研究: 基于建构主义学习理论视角 [J]. 广东开放大学学报, 2018 (2): 15-19.

[112] 许力生,孙淑女. 跨文化能力递进—交互培养模式建构 [J]. 浙江大学学报 (人文社会科学版), 2013 (4): 113-119.

[113] 徐刘杰,陈中,熊才平. 基于连通主义的网络教育资源发展与利用研究 [J]. 电化教育研究, 2014 (12): 81-85.

[114] 徐品香. 技术支持的语言学习: 三个案例分析 [J]. 远程教育杂志, 2011 (4): 77-81.

[115] 许亚锋,尹晗,张际平,学习空间: 概念内涵、研究现状与实践进展 [J]. 现代远程教育研究, 2015 (3): 82-94.

[116] 许亚锋,赵博,张际平. 论技术支持的学习空间的领域基础 [J]. 现代教育技术, 2015 (8): 33-39.

[117] 杨根福. 混合式学习模式下网络教学平台持续使用与绩效影响因

素研究[J]. 电化教育研究, 2015 (7): 42-48.

[118] 杨华, 李莉文. 融合跨文化能力与大学英语教学的行动研究[J]. 外语与外语教学, 2017 (2): 9-16.

[119] 杨进中, 张剑平. 基于社交网络的个性化学习环境构建研究[J]. 开放教育研究, 2015 (2): 89-97.

[120] 杨俊锋, 黄荣怀, 刘斌. 国外学习空间研究述评[J]. 中国电化教育, 2013 (6): 15-20.

[121] 杨延龙, 米涛, 唐琛. 基于多媒体学习认知理论的外语多媒体教学信息呈现方式研究[J]. 外语电化教学, 2009 (6): 42-46.

[122] 杨盈, 庄恩平. 构建外语教学跨文化交际能力框架[J]. 外语界, 2007 (4): 13-21.

[123] 杨现民, 赵鑫硕, 刘雅馨. 网络学习空间的发展: 内涵、阶段、问题与建议[J]. 中国电化教育, 2016 (4): 30-36.

[124] 杨玉宝, 吴利红. 泛在学习视角下网络学习空间的创新应用模式[J]. 中国电化教育, 2016 (7): 29-35.

[125] 易丽, 邵雪玲. 对话性教学浅谈[J]. 当代教育论坛, 2005 (10): 32-33.

[126] 伊蕊. 在跨文化比较中培养思辨能力: "中西文明比较"课堂教学案例分析[J]. 中国外语, 2014 (3): 91-98.

[127] 余明华, 冯翔, 祝智庭. 人工智能视域下机器学习的教育应用与创新探索[J]. 远程教育杂志, 2017 (3): 11-21.

[128] 袁克定, 岳超群. 混合式学习模式下学习者主体意识发展研究[J]. 现代远程教育研究, 2017 (6): 48-56.

[129] 张立国. 从"教学结构"到"学生主体性"的培养: 对教育技术理论建构的哲学思考[J]. 电化教育研究, 2006 (6): 19-21.

[130] 张丽霞, 王丽川. 论连通主义视域下的个人学习环境构建[J]. 电化教育研究, 2014 (12): 63-67.

[131] 张思. 社会交换理论视角下网络学习空间知识共享行为研究 [J]. 中国远程教育, 2017 (7): 26-33.

[132] 张务农. 混合式学习认知工具研究 [J]. 中国远程教育, 2017 (6): 17-22.

[133] 赵冬梅, 尹伊. 基于BLACKBOARD平台的混合式学习模式教学实践探究 [J]. 现代教育技术, 2012 (9): 41-44.

[134] 赵国栋, 原帅. 混合式学习的学生满意度及影响因素研究: 以北京大学教学网为例 [J]. 中国远程教育, 2010 (6): 32-38.

[135] 赵振华, 张芳. 基于微信的大学英语混合式学习应用研究 [J]. 广西教育学院学报, 2015 (5): 155-158.

[136] 郑萱, 李孟颖. 探索反思性跨文化教学模式的行动研究 [J]. 中国外语, 2016 (3): 4-11.

[137] 钟玉琴. 柯式评估模式的混合式英语学习评价探究 [J]. 杭州电子科技大学学报 (社会科学版), 2017 (2): 74-78.

[138] 钟志贤, 王水平, 邱婷. 终身学习能力: 关联主义视角 [J]. 中国远程教育, 2009 (4): 34-38.

[139] 朱珂. 网络学习空间中学习者交互分析模型及应用研究 [J]. 电化教育研究, 2017 (5): 43-48.

[140] 祝智庭, 孟琦. 远程教育中的混合学习 [J]. 中国远程教育, 2003 (19): 30-35.

[141] 周丽华, 陈建. 试论信息化时代的大学生学习变革 [J]. 高教学刊, 2017 (22): 105-107.

[142] 周梅, 邹晓玲. 电子学档: 大学英语信息化教学新模式 [J]. 教育与现代化, 2010 (1): 56-60.

[143] 周亚新. 新教师成长策略研究 [J]. 教育发展研究, 2007 (7): 68-70.

[144] 张松松, 顾云峰. 教育信息化与新一轮大学英语教学改革 [N].

中国社会科学报, 2017-12-13 (04).

[145] 何英. 基于虚拟社区的中小学教师知识共同体构建的研究 [D]. 重庆: 西南师范大学, 2008: 45.

[146] ALPAYDIN E. Introduction to Machine Learning [M]. Cambridge: MIT Press, 2014: 86.

[147] ALTHEIDE D I. An Ecology of Communication: Cultural Formats of Control [M]. New York: Aldine De Gruyter, 1995: 46.

[148] BANDURA A. Social Learning Theory [M]. New York, NY: General Learning Press, 1977: 11-12.

[149] BARTLETT L. Teacher development through reflective teaching [M] //RICHARDS J C, NUNAN D. Second Language Teacher Education. New York: Cambridge Press, 1990: 60.

[150] BEETHAM H, SHARPE R. An introduction to rethinking pedagogy [M] // BEETHAM H, SHARPE R. Rethinking Pedagogy for a Digital Age: Designing for 21st century learning. New York, NY: Routledge, 2013: 1-15.

[151] BENSON P. The philosophy and politics of learner autonomy [M] // BENSON E, VOLLER E. Autonomy and Independence in Language Learning. London: Lonman, 1997: 21-39.

[152] BERSIN J. The Blended Learning Book: Best Practices, Proven Methodologies, and Lessons Learned [M]. New York: Jossey-Bass/Pfeiffer, 2003: 15.

[153] BIGGS J, TANG C. Teaching for Quality Learning at University [M]. 3rd ed. Maidenhead, UK: McGraw-Hill, 2011: 96.

[154] BRUMFIT C. Reading skills and the study of literature in a Foreign Language [M] // BRUMFIT C, CARTER R. Literature and Language Teaching. Oxford: Oxford University Press, 1987: 19-37.

[155] BYRAM M. Teaching and Assessing Intercultural Communicative Com-

petence [M]. New York: Multilingual Matters, 1997: 36.

[156] DICKINSON L. Self Instruction in Language Learning [M]. Cambridge: Cambridge University Press, 1987: 167.

[157] DILLENBOURG P, JÄRVELÄ S, FISCHER F. The evolution of research on computer – supported collaborative learning [M] // BALACHEFF N, LUDVIGSEN S, LAZONDER A, et al. Technology – enhanced Learning. Dordrecht: Springer, 2009: 3 – 19.

[158] DUFFY T M, CUNNINGHAM D J. Constructivism: Implications for the design and delivery of instruction [M] // JONASSEN D H. Handbook of Research for Educational Communications and Technology. New York: Simon and Schuster Macmillan, 1996: 1 – 16.

[159] DUFFY T M, JONASSEN D H. Constructivism: New implications for instructional technology [M] //DUFFY T M, JONASSEN D H. Constructivism and Technology of Instruction. Hillsdale, NJ: Lawrence Erlbaum Associates, 1992: 1 – 16.

[160] ENGESTRO M Y. Learning by Expanding: An activity theoretical approach to developmental research [M]. Helsinki, Finland: Orienta – Konsultit Oy, 1987: 159.

[161] FAURE E. Learning to Be [M]. Paris: UNESCO, 1972: 142.

[162] FERGUSQN M. The Aquarian Conspiracy [M]. Los Angeles: Torcher, Inc, 1980: 79.

[163] GARRISON D R, VAUGHAN N D. Blended Learning in Higher Education: Framework, principles, and guidelines [M]. San Francisco, CA: Jossey – Bass, 2007: 76.

[164] GOODYEAR P, CARVALHO L. Framing the analysis of learning network architectures [M] // CARVALHO L, GOODYEAR P. The Architecture of Productive Learning Networks. New York, NY: Routledge, 2014: 48 – 70.

[165] GOFFMAN E. The Presentation of Self in Everyday Life [M]. New York: Doubleday. 1959: 65.

[166] GRAHAM C R. Blended learning systems: Definition, current trends and future directions [M] //BONK C J, GRAHAM C R. Handbook of Blended Learning: Global perspectives, local designs. San Francisco, CA: Pfeiffer Publishing, 2006: 120 – 135.

[167] HALLIDAY M A K. A Social – Functional Approach to Language [M] // HALLIDAY M A K. Language as Social Semiotic. London: Edward Arnold, 1978: 36 – 58.

[168] HOLEC H. Autonomy and Foreign Language Learning [M]. Oxford: Pergamon Press, 1981: 70.

[169] HOLLINGSHEAD A B, MCGRATH J E. The whole is less than the sum of its parts: A critical review of research on computer – assisted groups [M] //GUZZO R A, SALAS E. Team Effectiveness and Decision Making in Organizations. San Francisco, CA: Jossey – Bass, 1995: 46 – 78.

[170] JEWITT C. Technology, Literacy and Learning: A multimodal approach [M]. Oxon, UK: Routledge, 2006: 82.

[171] JONES A. A Review of the Research Literature on Barriers to the Uptake of ICT by Teachers [M]. Coventry, United Kingdom: Becta, 2004: 129.

[172] KNOWLES M. Self – directed Learning: A guide for learners and teachers [M]. New York: Association Press, 1975: 112.

[173] KUKLA A. Studies in Scientific Realism [M]. New York: Oxford University Press, 1998: 27.

[174] LATOUR B. Reassembling the Social: An introduction to actor – network – theory [M]. Oxford, UK: Oxford University Press, 2005: 82.

[175] LAURILLARD D. Teaching as a Design Science: Building pedagogical patterns for learning and technology [M]. New York, NY: Routledge,

2012: 93.

[176] LUCKIN R, HOLMES W, GRIFFITHS M, et al. Intelligence Unleashed: An argument for AI in education [M]. London: Pearson, 2016: 117.

[177] MITCHELL T. Machine Learning [M]. New York City: McGraw Hill, 1997: 105.

[178] MOORE M G. The theory of transactional distance [M] // MOORE M G. Handbook of Distance Education. New York: Routledge, 2013: 84 – 103.

[179] NORMAN D A. The Psychology of Everyday Things [M]. New York, NY: Basic Books, 1998: 135.

[180] PALLOFF R, PRATT K. Building Learning Communities in Cyberspace [M]. Porto Alegre: Artmed, 2002: 45.

[181] PAUL R. Critical Thinking: How to prepare students for a rapidly changing world [M]. Santa Rosa, CA: Foundation for Critical Thinking, 1993: 78.

[182] PIPER T. Language and Learning: The Home and School Years [M]. New Jersey: Prentice Hall, 1998: 126.

[183] REID E M. Electropolis: Communication and Community on Internet Relay Chat [M]. Melbourne: University of Melbourne, 1991: 77.

[184] SHARPLES M, PEA R. Mobile learning [M] //SAWYER R K. The Cambridge Handbook of the Learning Sciences. 2nd ed. New York: Cambridge University Press, 2014: 501 – 521.

[185] SPERBER D, WILSON D. Relevance: Communication and Cognition [M]. Oxford: Blackwell, 1995: 116.

[186] TOUGH A. The Adult's Learning Projects [M]. 2nd ed. Ontario, Canada: The Ontario Institute for Studies in Education, 1979: 125.

[187] TUDOR I. Learner – centeredness as Language Education [M]. Cambridge: Cambridge University Press, 1996: 87.

[188] VAUGHAN N D, CLEVELAND - INNES M, GARRISON R D. Teaching in Blended Learning Environments: Creating and sustaining communities of inquiry [M]. Edmonton, Canada: Athabasca University, Au Press, 2013: 82.

[189] VYGOTSKY L S. Mind in Society [M]. Cambridge, MA: Harvard University Press, 1978: 48 -57.

[190] WERTSCH J V, TOMA C. Discourse and Learning in the Classroom: A sociocultural approach [M]. Georgia: University of Georgia, 1991: 167.

[191] YAGER R E. Constructivism and the learning of science [M] // GLYNN S M, DUIT R. Learning Science in the Schools: Research reforming practice. Mahwah, NJ: Lawrence Erlbaum, 1995: 35 -57.

[192] AKKOYUNLU B, SOYLO Y M. A study on students' views about blended learning environment [J]. Turkish Online Journal of Distance Education, 2006, 7 (3): 43 -56.

[193] AKKA M M S O, FARYADI Q. The effect of information quality in e - learning system [J]. International Journal of Applied Science and Technology, 2013, 3 (6): 24 -33.

[194] ANDERSON J F, NORTON R W, NUSSBAUM J F. Three investigations exploring the relationship between perceived teacher communication behaviors and student learning [J]. Communication Education, 1981, 30: 377 -372.

[195] AVCI H, ADIGUZEL T. A case study on mobile - blended collaborative learning in an English as a foreign language (EFL) context [J]. International Review of Research in Open & Distance Learning, 2017, 18 (7): 45 -58.

[196] BANDITVILAI C. Enhancing students' language skills through blended learning [J]. The Electronic Journal of E - learning, 2016, 14 (3): 220 - 229.

[197] BARNETT T, PEARSON A W, PEARSON R, et al. Five - factor

model personality traits as predictors of perceived and actual usage of technology [J]. European Journal of Information Systems, 2015, 24 (4): 374 - 390.

[198] BASS B M. The future of leadership in learning organizations [J]. Journal of Leadership Studies, 2000, 7 (3): 18 - 40.

[199] BILLET S. Situated learning: Bridging sociocultural and cognitive theorising [J]. Learning and Instruction, 1996, 6 (3): 263 - 280.

[200] BINES J E, JAMIESONP. Designing new collaborative learning spaces in clinical environments: Experiences from a children's hospital in Australia [J]. Journal of Interprofessional Care, 2013, 27 (S2): 63 - 68.

[201] BIRCH D, BURNETT B. Bringing academics on board: encouraging institution - wide diffusion of e - learning environments [J]. Australasian Journal of Educational Technology, 2009, 25 (1): 117 - 134.

[202] BORGHETTI C. Interacting intercultural and communicative objectives in the foreign language class: A proposal for the integration of two models [J]. The Language Learning Journal, 2013, 3: 254 - 267.

[203] BOWER M. Affordance analysis—Matching learning tasks with learning technologies [J]. Educational Media International, 2008, 45 (1): 3 - 15.

[204] BOWERS K S. Situationism in psychology: An analysis and a critique [J]. Psychological Review, 1973, 80: 307 - 336.

[205] BROOK C, OLIVER R. Online learning communities: Investigating a design framework [J]. Australian Journal of Educational Technology, 2003, 19 (2): 139 - 160.

[206] BROOKS D C. Space matters: The impact of formal learning environments on student learning [J]. British Journal of Educational Technology, 2011, 42 (5): 719 - 726.

[207] BROWN J S, COLLINS A, DUGNID P. Situated cognition and the culture of learning [J]. Educational Researcher, 1989, 18 (1): 32 - 42.

[208] CARVALHO M B, BELLOTTI F, BERTA R, et al. An activity theory-based model for serious games analysis and conceptual design [J]. Computers & Education, 2015, 87: 166-181.

[209] CHAI C S, WONG L H, KING R B. Surveying and modeling students' motivation and learning strategies for mobile-assisted seamless Chinese language learning [J]. Journal of Educational Technology & Society, 2016, 19: 170-185.

[210] CHENG K H, TSAI C C. Students' motivational beliefs and strategies, perceived immersion, and attitudes towards science learning with immersive virtual reality: A partial least squares analysis [J]. British Journal of Educational Technology, 2020, 51 (6): 2139-2158.

[211] CHO M H, SHEN D. Self-regulation in online learning [J]. Distance Education, 2013, 34 (3): 290-301.

[212] COONEY M H, GUPTON P, O'LAUGHLIN M. Blurring the lines of play and work to create blended classroom learning experiences [J]. Early Childhood Education Journal, 2000, 27 (3): 165-171.

[213] DALGARNO B, LEE M J W. What are the learning affordances of 3-D virtual environments? [J]. British Journal of Educational Technology, 2010, 40 (6): 10-32.

[214] DALZIEL J, CONOLE G, WILLS S, et al. The larnaca declaration on learning design—2013 [J]. Journal of Interactive Media in Education, 2016, 1: 1-24.

[215] DANG M Y, ZHANG G Y, AMER B. Social networks among students, peer TAs, and instructors and their impacts on student learning in the blended environment: A model development and testing [J]. Communications of the Association for Information Systems Research, 2019, 44: 764-782.

[216] DASHTESTANI R. Moving bravely towards mobile learning: Iranian

students' use of mobile devices for learning English as a foreign language [J]. Computer Assisted Language Learning, 2016, 29 (4): 815-832.

[217] DEARDORFF D K. Identification and assessment of intercultural competence as a student outcome of internationalization [J]. Journal of Studies in International Education, 2006, 10: 241-266.

[218] DICKINSON L. Autonomy and motivation: A literature review [J]. System, 1995, 23 (2): 165-174.

[219] DINGES N G, LIEBERMAN D A. Intercultural communicative competence: coping with stressful work situations [J]. International Journal of Intercultural Relations, 1989, 3: 371-385.

[220] DONALDSON L, et al. Collaborative tools to enhance engagement in a blended learning master's programme [J]. All Ireland Journal of Teaching and Learning in Higher Education, 2017, 9 (1): 221-239.

[221] DONNELY R. Harmonizing technology with interaction in blended problem-based learning [J]. Computers & Education, 2010, 54 (2): 350-359.

[222] EMERSON R M. Social exchange theory [J]. Annual Review of Sociology, 1976, 2: 335-362.

[223] ERTMER P A, et al. Teacher beliefs and technology integration practices: A critical relationship [J]. Computers & Education, 2012, 59 (2): 423-435.

[224] GARRISON D R. Self-directed and distance learning: Facilitating self-directed learning beyond the institutional setting [J]. International Journal of Lifelong Education, 1987, 6 (4): 309-318.

[225] GARRISON D R. Self-directed learning: Toward a comprehensive model [J]. Adult Education Quarterly, 1997, 48 (1): 18-33.

[226] GARRISON D R, ANDERSON T, ARCHER W. The first decade of

the community of inquiry framework: A retrospective [J]. The Internet and Higher Education, 2010, 13 (1/2): 5-9.

[227] GARRISON D R, KANUKA H. Blended learning: Uncovering its transformative potential in higher education [J]. Internet and Higher Education, 2004, 7 (2): 95-105.

[228] GHAZIZADEH T. The effects of blended learning on EFL learners' reading proficiency [J]. Journal of Language Teaching and Research, 2017, 8 (3): 606-614.

[229] GIBSON P A, Stringer K, COTTEN S R, et al. Changing teachers, changing students? The impact of a teacher-focused intervention on students' computer usage, attitudes, and anxiety [J]. Computers & Education, 2014, 71: 165-174.

[230] GISBERT C M, JOHNSON L. Education and technology: New learning environments from a transformative perspective [J]. Universities and Knowledge Society Journal, 2005, 12 (2): 1-13.

[231] GUNAWARDENA C N. Social presence theory and implications for interaction collaborative learning in computer conferences [J]. International Journal of Educational Telecommunications, 1995, 1 (2/3): 147-166.

[232] GUNAWARDENA C N, Zittle F. J. Social presence as a predictor of satisfaction within a computer-mediated conferencing environment [J]. The American Journal of Distance Education, 1997, 11 (3): 8-26.

[233] HALLAM G, CREAGH T. E-Portfolio use by university students in Australia: a review of the Australian E-Portfolio Project [J]. Higher Education Research & Development, 2010, 29 (2): 179-193.

[234] HANNAFIN M J, LAND S M. The foundations and assumptions of technology-enhanced student-centered learning environments [J]. Instructional Science, 1997, 25 (3): 167-202.

[235] HARROP D, TURPIN B. A study exploring learners' informal learning space behaviors, attitudes, and preferences [J]. New Review of Academic Librarianship, 2013, 19 (1): 58 - 77.

[236] HOFER B K, PINTRICH P R. The development of epistemological theories: Beliefs about knowledge and knowing and their relation to learning [J]. Review of Educational Research, 1997, 67: 88 - 140.

[237] HSU L. English as a foreign language learners' perception of mobile assisted language learning: A cross - national study [J]. Computer Assisted Language Learning, 2013, 26 (3): 197 - 213.

[238] HUGHES G. Using blending learning to increase learner support and improve retention [J]. Teaching in Higher Education, 2007, 12 (3): 349 - 363.

[239] ISIGUZEL B. The blended learning environment on the foreign language learning process: A balance for motivation and achievement [J]. Turkish Online Journal of Distance Education, 2014, 15 (3): 108 - 121.

[240] JAMLAN M. Faculty opinions towards introducing e - learning at the University of Bahrain [J]. The International Review of Open and Distance Learning, 2004, 5 (2): 63 - 76.

[241] JEFFREY L M, MILNE J, SUDDABY G. Blended learning: How teachers balance the blend of online and classroom components [J]. Journal of Information Technology Education Research, 2014, 13 (1): 121 - 140.

[242] JIMOYIANNIS A. Developing a pedagogical framework for the design and the implementation of e - portfolios in educational practice [J]. Themes in Science & Technology Education, 2012, 5 (1/2): 107 - 132.

[243] KEARNEY P, PLAX T G, WENDT - WASCO N. Teacher immediacy for affective learning in divergent college classes [J]. Communication Quarterly,

1985, 33 (1): 61-74.

[244] KELLEY D H, GORHAM J. Effects of immediacy on recall of information [J]. Communication Education, 1988, 37 (3): 198-207.

[245] KHECHINE H, LAKHAL S. Technology as a double-edged sword: From behavior prediction with UTAUT to students' outcomes considering personal characteristics [J]. Journal of Information Technology Education: Research, 2018, 17: 63-102.

[246] KIERAN E. Learning in depth in teaching education [J]. Alberta Journal of Educational Research, 2013, 59 (4): 705-708.

[247] KIM Y Y. Intercultural personhood: Globalization and a way of being [J]. International Journal of Intercultural Relations, 2008, 4: 359-368.

[248] KIM J E, et al. Exploring flipped classroom effects on second language learners' cognitive processing [J]. Foreign Language Annals, 2017, 50 (2): 260-284.

[249] KINTU M J, et al. Blended learning effectiveness: The relationship between student characteristics, design features and outcomes [J]. International Journal of Educational Technology in Higher Education, 2017, 14 (7): 1-20.

[250] KIRAZ E, OZDEMIR D. The relationship between educational ideologies and technology acceptance in pre-service teachers [J]. Educational Technology and Society, 2006, 9 (2): 152-165.

[251] KORTHAGEN F. Two modes of reflection [J]. Teaching & Teacher Education, 1993, 9 (3): 317-326.

[252] KOTSIANTIS S B. Use of machine learning techniques for educational proposes: A decision support system for forecasting students' grades [J]. Artificial Intelligence Review, 2012, 37 (4): 331-344.

[253] LALIMA K, et al. Blended learning: An innovative approach [J].

Universal Journal of Educational Research, 2017, 5 (1): 129-136.

[254] LEASK M, YOUNIE S. Communal constructivist theory: Information and communications technology pedagogy and internationalisation of the curriculum [J]. Journal of Information Technology for Teacher Education, 2001, 10 (1-2): 117-134.

[255] LEWIN C, CRANMER S, MCNICOL S. Developing digital pedagogy through learning design: An activity theory perspective [J]. British Journal of Educational Technology, 2018, 49 (6): 1131-1144.

[256] LIM C P, KHINE M S. Managing teachers' barriers to ICT integration in Singapore schools [J]. Journal of Technology and Teacher Education, 2006, 14 (1): 97-125.

[257] LITTLEJOHN A, BEETHAM H, MCGILL L. Learning at the digital frontier: A review of digital literacies in theory and practice [J]. Journal of Computer Assisted Learning, 2012, 28 (6): 547-556.

[258] LIU G Z, KUO F R, SHI Y R, et al. Dedicated design and usability of a contextaware ubiquitous learning environment for developing receptive language skills: A case study [J]. International Journal of Mobile Learning and Organisation, 2015, 9 (1): 49-65.

[259] LOCKYER L, HEATHCOTE E, DAWSON S. Informing pedagogical action: Aligning learning analytics with learning design [J]. American Behavioral Scientist, 2013, 57 (10): 1439-1459.

[260] LOTMAN Y M. Text within a text [J]. Soviet Psychology, 1988, 26 (3): 32-51.

[261] LYGO-BAKER S, HATZIPANAGOS S. Enabling professional development with e-portfolios: Creating a space for the private and public self [J]. International Journal of Online Pedagogy and Course Design, 2012, 2 (1): 37-

52.

[262] MCGEE P, REIS A. Blended course design: A synthesis of best practices [J]. Journal of Asynchronous Learning Networks, 2012, 16 (4): 7-22.

[263] MCLOUGHLIN C, LEE M J W. Personalised and self-regulated learning in the Web 2.0 era: International exemplars of innovative pedagogy using social software [J]. Australasian Journal of Educational Technology, 2010, 26 (1): 28-43.

[264] MEYER E, ABRAMI P C, WADE A C, et al. Improving literacy and metacognition with electronic portfolios: Teaching and learning with ePEARL [J]. Computers & Education, 2010, 55: 84-91.

[265] MISHRA P, KOEHLER M J. Technological pedagogical content knowledge: A framework for teacher knowledge [J]. Teachers College Record, 2006, 108 (6): 1017-1054.

[266] MIYAZOE T, ANDERSON T. Learning outcomes and students' perceptions of online writing: Simultaneous implementation of forum, blog, and wiki in an EFL blended learning setting [J]. System, 2010, 38 (2): 185-199.

[267] OCHOA A, et al. Blended learning in the teaching of English as a foreign language: An educational challenge [J]. A Colombian Journal for Teachers of English, 2011, 18 (1): 154-168.

[268] OSATUYI B, PASSERINI K. Twittermania: Understanding how social media technologies impact engagement and academic performance of a new generation of learners [J]. Communications of the Association for Information Systems, 2016, 39: 509-528.

[269] OSGUTHORPE R T, GRAHAM C R. Blended learning environments: Definitions and directions [J]. Quarterly Review of Distance Education, 2003, 4 (3): 227-233.

[270] PEACOCK S, GORDON L, MURRAY S, et al. Tutor response to implementing an E-Portfolio to support learning and personal development in further and higher education institutions in Scotland [J]. British Journal of Educational Technology, 2010, 41 (5): 827-850.

[271] PERSE E I, BURTON P, KOVNER E, et al. Predicting computer-mediated communication in a college class [J]. Communication Research Reports, 1992, 9 (2): 161-170.

[272] PINTRICH P R. The role of motivation in promoting and sustaining self-regulated learning [J]. Journal of Educational Research, 1999, 31 (6): 459-470.

[273] POON J. Blended learning: An institutional approach for enhancing students' learning experiences [J]. Journal of Online Learning & Teaching, 2013, 9 (2): 271-289.

[274] PRAWAT R S. Teachers' beliefs about teaching and learning: A constructivist perspective [J]. American Journal of Education, 1992, 100 (3): 354-395.

[275] QUONG J, SNIDER S L, EARLY J. Reducing transactional distance in online and blended courses through the use of closed social media platform [J]. Journal of Educational Technology Systems, 2018, 47 (1): 79-100.

[276] RICE R E. Media appropriateness: Using social presence theory to compare traditional and new organization media [J]. Human Communication Research, 1993, 19 (4): 451-484.

[277] ROMEO K, et al. Exploring blended learning in a post-secondary Spanish language program: Observations, perceptions, and proficiency ratings [J]. Foreign Language Annals, 2017, 50 (4): 681-696.

[278] ROSCHELLE J, DIMITRIADIS Y, HOPPE U. Classroom orchestra-

tion: Synthesis [J]. Computers & Education, 2013, 69: 523-526.

[279] SANPRASERT N. The application of a course management system to enhance autonomy in learning English as a foreign language [J]. An International Journal of Educational Technology and Applied Linguistics, 2010, 38 (1): 109-123.

[280] SELWYN N. The use of computer technology in university teaching and learning: A critical perspective [J]. Journal of Computer Assisted Learning, 2007, 23 (2): 83-94.

[281] SINGH H. Building effective blended learning programs [J]. Educational Technology, 2002, 43 (6): 51-54.

[282] SHADIEV R, HUANG Y M. Facilitating cross-cultural understanding with learning activities supported by speech-to-text recognition and computer-aided translation [J]. Computers & Education, 2016, 98: 130-141.

[283] SHADIEV R, HWANG W Y, HUANG Y M. Review of research on mobile language learning in authentic environments [J]. Computer Assisted Language Learning, 2017, 30 (3/4): 284-303.

[284] SHEA P, BIDJERANO T. Learning presence: Towards a theory of self-efficacy, self-regulation, and the development of a communities of inquiry in online and blended learning environments [J]. Computers & Education, 2010, 55: 1721-1731.

[285] SHEA P, Hayes S, UZUNER-SMITH S, et al. Reconceptualizing the community of inquiry framework: An exploratory analysis [J]. The Internet and Higher Education, 2014, 23: 9-17.

[286] SMITH M, BERGE Z L. Social learning theory in Second Life [J]. Journal of Online Learning and Teaching, 2009, 5 (2): 439-445.

[287] SMITH R M, HAVERKAMP K K. Toward a theory of learning how to

learn [J]. Adult Education, 1977, 28 (1): 3-21.

[288] SONG L, HILL J R. A conceptual model for understanding self-directed learning in online environments [J]. Journal of Interactive Online Learning, 2007, 6 (1): 27-42.

[289] STOCKERT R, STOICA G A. Creating a learning space for collaboration, communication and interaction [J]. E-Learning & Software for Education, 2017, 2 (1): 189-196.

[290] SUGAR W, CRAWLEY F, FINE B. Examining teachers' decisions to adopt new technology [J]. Educational Technology and Society, 2004, 7 (4): 201-213.

[291] SAVIN-BADIN M, FALCONER L. Learning at the interstices: locating practical philosophies for understandingphysical/virtual inter-spaces [J]. Interactive Learning Environments, 2016, 24 (5): 991-1003.

[292] TEO T. Pre-service teachers' attitudes towards computer use: A Singapore survey [J]. Australasian Journal of Educational Technology, 2008, 24 (4): 413-424.

[293] TEO T. Modelling technology acceptance in education: A study of pre-service teachers [J]. Computers & Education, 2009, 52 (1): 302-312.

[294] TEO T. Explaining the intention to use technology among volitional users in education: An evaluation of the Technology Acceptance Model (TAM) using structural equation modeling [J]. International Journal of Instructional Media, 2010, 37 (4): 379-389.

[295] TEO T. Comparing pre-service and in-service teachers' acceptance of technology: Assessment of measurement invariance and latent mean differences [J]. Computers & Education, 2015, 83: 22-31.

[296] TEO T, LEE C B. Explaining the intention to use technology among student teachers: An application of the Theory of Planned behaviour (TPB) [J]. Campus - Wide Information Systems, 2010, 27 (2): 60 - 67.

[297] TEO T, LEE C B, CHAI C S, et al. Assessing the intention to use technology among pre - service teachers in Singapore and Malaysia: A multigroup invariance analysis of the Technology Acceptance Model (TAM) [J]. Computers & Education, 2009, 53: 1000 - 1009.

[298] TEO T, NOYES J. An assessment of the influence of attitude and perceived enjoyment on the intention to use technology among pre - service teachers: A structural equation modelling approach [J]. Computers & Education, 2011, 57 (2): 1645 - 1653.

[299] TEO T, SCHAIK P V. Understanding technology acceptance among pre - service teachers: A structural - equation modeling approach [J]. The Asia - Pacific Education Researcher, 2009, 18 (1): 47 - 66.

[300] TUREL O, SERENKO A. The benefits and dangers of enjoyment with social networking websites [J]. European Journal of Information Systems, 2012, 21 (5): 512 - 528.

[301] VALLI L. Listening to other voices: A description of teacher reflection in the United States [J]. Peabody Journal of Education, 1997, 72: 67 - 88.

[302] VAN MANEN M. Reflectivity and the pedagogical moment: The normativity of pedagogical thinking and acting [J]. Journal of Curriculum Studies, 1991, 23: 507 - 536.

[303] WALTHER J B. Interpersonal effects in computer - mediated interaction: A relational perspective [J]. Communication Research, 1992, 19 (1): 52 - 90.

[304] WALTHER J B. Relational aspects of computer - mediated communica-

tion: Experimental observations over time [J]. Organization Science, 1995, 6 (2): 186 - 203.

[305] WEISS A. Creating the ubiquitous classroom: Integrating physical and virtual learning spaces [J]. International Journal of Learning, 2007, 14 (3): 77 - 84.

[306] WERTSCH J V, TULVISTE P L S. Vygotsky and contemporary developmental psychology [J]. Developmental Psychology, 1992, 28 (4): 1 - 10.

[307] ZIMMERMAN B. Investigating self - regulation and motivation: Historical background, methodological developments, and future prospects [J]. American Educational Research Journal, 2008, 45 (1): 166 - 183.

[308] ZURITA G, NUSSBAUM M. A conceptual framework based on activity theory for mobile CSCL [J]. British Journal of Educational Technology, 2007, 38 (2): 211 - 235.

[309] ARCHEE R, DUIN A H. The WWW and distance education: Convergence or cacophony? [A]. Paper presented at the AUUG' 95 and Asia - Pacific WWW' 95 Conference and Exhibition, Sydney, Australia, 1995.

[310] BROWN, M., ANDERSON, B., MURRAY, F. E - Learning policy issues: Global trends, themes and tensions [A]. ICT: providing choices for learners and learning. Proceedings ascilite. Singapore, 2007.

[311] DERBEL F. Blended learning: Concept, emerging practices and future prospects [A]. Proceedings of the European Conference on Games Based Learning, 2017.

[312] FREIRE M M. A social - cultural/semiotic interpretation of intercommunication mediated by computers [A]. International Conference of L. S. Vygotsky and the Contemporary Human Science, 1994.

[313] HIEMSTRA R. Self - directed Learning [A]. Presentation and dis-

cussion at the National Adult Education Conference, 1981.

[314] LANGLEY A. Experiential learning, e – learning and social learning: The EES approach to developing blended learning [A]. Paper presented at the Fourth Education in a Changing Environment Conference Book, Santa Rosa, CA, 2007.

[315] POPESCU E, CIOIU D. eMUSE——Integrating Web 2.0 tools in a social learning environment [A]. International Conference on Web – Based Learning, Hong Kong, China, 2011.

[316] RADCLIFFE D A. Pedagogy – space – technology (PST) framework for designing and evaluating learning places [A]. Proceedings of the Next Generation Learning Spaces 2008 Colloquium. Brisbane: The University of Queensland, 2009: 11 – 16.

附录一
教师在线专业发展访谈提纲

1. 请您谈谈您是如何开展在线协作式讨论来促进教师专业发展的？
2. 您认为在线教师专业发展有哪些优势和不足？
3. 您对在线教师专业发展的评价如何？
4. 您认为传统的面对面教师专业发展培训有哪些优势和不足？
5. 传统的面对面教师专业发展培训与在线教师专业发展，您更喜欢哪种方式？
6. 当开展在线协作式讨论与学习时，您遇到哪些障碍与挑战？
7. 对于利用网络技术开展在线教师专业发展培训，您有何建议？
8. 对于教师专业发展培训的组织形式，您有何建议？
9. 您觉得教师自身如何更好地利用网络技术这个工具来开展教师专业发展？
10. 您觉得网络技术在促进教师在线专业发展方面的有用性程度如何？

附录二
大学英语课程学生学习过程评价表

时间	教学主题	评价目的	评价方式	评价结果	评价反馈
第1周					
第2周					
第3周					
第4周					
第5周					
第6周					
第7周					
第8周					
第9周					
第10周					
第11周					
第12周					
第13周					
第14周					
第15周					
第16周					
第17周